旅游经济与低碳经济发展新探

叶 云 著

吉林科学技术出版社

图书在版编目（CIP）数据

旅游经济与低碳经济发展新探 / 叶云著． -- 长春：
吉林科学技术出版社，2023.8
ISBN 978-7-5744-0923-1

Ⅰ．①旅… Ⅱ．①叶… Ⅲ．①旅游经济－关系－低碳
经济－经济发展－研究－中国 Ⅳ．① F590-05

中国国家版本馆 CIP 数据核字（2023）第 197963 号

旅游经济与低碳经济发展新探

著　　者	叶　云
出 版 人	宛　霞
责任编辑	刘　畅
封面设计	树人教育
制　　版	树人教育
幅面尺寸	185mm×260mm
开　　本	16
字　　数	270 千字
印　　张	12.25
印　　数	1-1500 册
版　　次	2023 年 8 月第 1 版
印　　次	2024 年 2 月第 1 次印刷
出　　版	吉林科学技术出版社
发　　行	吉林科学技术出版社
地　　址	长春市南关区福祉大路 5788 号出版大厦 A 座
邮　　编	130118

发行部电话／传真　0431—81629529　　81629530　　81629531
　　　　　　　　　　81629532　　81629533　　81629534

储运部电话　0431—86059116

编辑部电话　0431—81629520

印　　刷	三河市嵩川印刷有限公司
书　　号	ISBN 978-7-5744-0923-1
定　　价	80.00 元

前　言

　　低碳经济是人类面对全球气候变化、实践可持续发展理念、寻求生态经济发展模式的突破。它摒弃传统增长模式，采用创新技术和创新制度，通过低碳经济模式与低碳生活方式，实现可持续发展。现代社会经济科技发展水平提升，对生态环境保护工作关注度较高，国家推出低碳环保、绿色发展的目标，对我国旅游经济产业的转型发展提供了新的思路。

　　旅游是综合性的社会活动，可以实践低碳经济发展模式。低碳旅游就是在旅游系统运行过程中，根据低碳经济理论，以低能耗、低污染、低排放为原则，开发和利用旅游资源，实现资源利用的高效、低耗与对环境损害最小化的全新旅游发展方式。按照生态文明建设发展的需要，将绿色经济发展模式合理利用，更好地满足国民在经济发展方面的诉求，结合旅游与低碳环保的产业融合发展需要，积极应对在旅游经济发展过程中的各类问题，达成绿色发展目标。

　　在新时代背景下，降低产业经济碳排量已成为国家经济发展的全新方向。为了提高旅游产业中各种资源的实际利用价值，需要对当下的旅游发展模式进行分析，根据旅游发展中存在的问题制定合理的解决方案，将更多新设施以及新技术应用到原本的旅游产业中，一方面，为了实现低碳经济视角下旅游行业的持续发展；另一方面，为了提高各种能源和资源的使用，优化旅游产业结构，全面提高中国旅游经济发展优势。

　　本书基于旅游经济与低碳经济发展进行研究，先是介绍了旅游活动的经济性，分析了中国旅游经济发展，接着系统梳理了旅游经济发展复合系统的理论、旅游经济发展方式转变，然后探讨了低碳经济的概念和理论、区域经济低碳发展与产业结构调整以及低碳经济与低碳城市建设，最后在低碳经济视角下，对旅游经济、旅游开发、旅游经济发展模式以及旅游经济绿色发展等进行详细总结和研究。

　　本书在撰写过程中，参阅和引用了一些文献资料，谨向作者表示感谢；感谢一直以来支持、鼓励和鞭策我成长的师长和学界同人。由于水平所限，书中错误之处在所难免，敬请读者和同行批评指正。

目　　录

第一章　旅游活动的经济性

第一节　旅游活动

一、旅游活动

旅游是在一定的社会经济条件下产生的，并随着社会经济发展而发展的一种综合性社会活动。在古代社会中，旅游实际上是旅行和游览的结合。旅行是指人们离开居住地而客居异地的行为，是一种为了生存或某种特定目的而进行的被动性的活动；而游览则是以消闲为主的、积极主动的活动，是一种追求享乐、调节生活情趣的活动。在现代社会中，由于社会经济的发展和人们生活水平及条件的不断改善，形成了以游览为目的、以旅行为手段的现代旅游活动。因此，旅游是指人们暂时离开居住地而到异地进行各种包含游览、度假在内的，有目的的全部活动的总称。从更广泛的角度看，凡是包含游览内容在内的各种旅行活动都可称之为现代旅游，诸如公务出差、参加会议、探亲访友、科学考察、康复疗养、体育竞赛、商务活动等。

（一）旅游活动

旅游活动是人类以游览为目的的社会、经济和文化活动的总称。具体而言，是指以旅游者为主体，旅游资源和旅游设施为客体，通过旅游者的流动来表现的一种社会经济和文化活动。

旅游活动反映了人与自然的关系、人与社会的关系以及人与人之间的关系，其中人与自然的关系是旅游活动中最重要的关系。人是生活在自然环境中的，必然要和自然发生各种各样的关系。在旅游活动中，旅游者欣赏自然、认识自然、挑战自然，借此还可以扩大自己的知识面，寻求精神上的满足与享受。这是人与自然的更高层次的关系，是人类和自然双向互动的关系。在旅游活动中，旅游者与旅游目的地发生接触。一方面，在感受旅游目的地的风情、风俗、道德观念、文化理念和价值观的同时，会受到不同文化背景带来的冲击；另一方面，旅游者的行为又会对旅游目的地产生一定的影响，这些都是旅游活动过程中人与社会之间相互接触作用的反映。人与人的关系在旅游活动中表现尤为突出，这些关系主要表现为在提供各种旅游服务的时候，服务人员与旅游者之间的关系。服务的过程是人与人之间交流的过程，促进了人与人之间的相互了解，促进了人与人之间友谊的建立和发展。通过旅游活动，不同国家或地区的人们了解了不同地域的风情百态、不同的文化理念、不同的价值观，这也在一定程度上促进了世界和平。旅游活动就其社会性质来说，体现了两种主体和客体的关系。

（二）旅游活动特征

1. 现代旅游已成为人们物质文化生活的组成部分

不断提高人们的物质文化生活水平，是社会经济发展的基本目标。在人们的物质文化生活消费中，一般包括生存消费、享受消费和发展消费，而旅游消费则介于享受消费和发展消费之间。随着社会经济的发展及个人可支配收入的提高，人们用于享受和发展的消费支出会相对增加，进而增加旅游消费的支出。于是，人们为了减少或消除工作带来的身心疲劳，丰富物质文化生活，就会主动外出旅游。例如，游览名胜古迹、欣赏山水风光，了解异地风情以增长见识，探亲访友以追怀故旧，休闲度假以增进身心健康，使旅游活动成为人们物质文化生活的重要组成部分。

2. 现代旅游是一种有益于身心的文化审美活动

现代旅游不仅是物质资料的消费，更是一种精神文明的享受。因此，从文化角度看，旅游是一种文化活动。它既是文化的创造过程，又是文化的消费过程。作为文化的创造过程，通过旅游活动体现出一种社会、民族文化的内涵及特质，从而创造出一种包括食、住、行、游、购、娱在内的新的物质文化生活方式。作为文化的消费过程，通过旅游活动使旅游者对旅游目的地国家或地区优美的自然风光和奇异的民风、民俗进行认识和鉴赏，这不仅是一种有益于身心健康的审美活动过程，而且也有利于促进不同国家、不同民族之间的文化交流，增进国家之间、民族之间的团结。

3. 现代旅游是一种以经济活动为基础的综合性社会活动

现代旅游虽然不是以经济活动为目的，但其整个活动过程必须以经济活动为基础。因为任何旅游者要想在旅游活动过程中有效地实现旅游的目的和满足旅游需求，都离不开食、住、行、游、购、娱等各方面的服务，这样就需要有专门的服务部门与之发生一定的交换行为，产生一系列经济活动。因此，现代旅游已不是一种单一的社会文化活动，而是建立在以经济活动为基础，把多种要素集合在一起的综合性社会活动。特别是随着以提供旅游服务为主的旅游业的产生和迅速发展，现代旅游就逐渐发展成以旅游为目的、以经济活动为基础的旅游经济活动。

（三）旅游活动的经济要素

旅游活动是一种人们离开居住地前往旅游目的地的消费活动。旅游活动在其实现过程中，呈现出异地性和暂时性两个突出特征。旅游的异地性特征是指旅游活动的发生要以行为主体的空间移动为前提；旅游的暂时性特征是指旅游仅是发生在旅游者某一时段上的行为。在商品经济条件下，旅游活动在其构成上呈现出系统性。围绕着满足旅游者的需求出发，旅游活动表现为借助各种旅游媒介所提供的不同类型的服务来体现。就旅游活动发生的一般过程来说，它主要包括四个基本的经济要素：旅游者、旅游资源、旅游企业和旅游产品。这四个要素构成了旅游活动的主要内容，如图1-1所示。

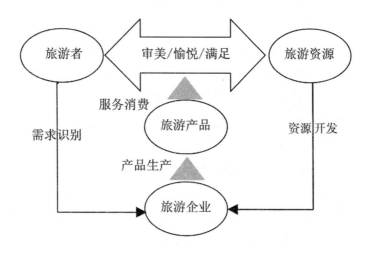

图1-1　旅游活动的构成

从图1-1中可以看出，旅游者所具有的审美和愉悦的欲望将旅游者（旅游主体）和旅游资源（旅游客体）紧密联系在一起。旅游者通过对旅游资源的经历可以满足自身审美和愉悦的欲望，而具有一定支付能力的旅游者所拥有的欲望形成的社会需求被旅游企业捕捉到，旅游企业对旅游资源进行综合开发并产生旅游产品，以便更好地服务于旅游者审美和愉悦的需要，最终形成一种基于市场交易的循环过程。

旅游者是指拥有一定审美或愉悦消费动机、支付能力和相应余暇时间，前往异地并在该地作短暂停留不超过12个月的人。旅游资源是旅游者的消费对象，是客观地存在于一定地域空间，并因其所具有的审美和愉悦价值而使旅游者为之向往的自然存在、历史文化遗产或社会现象。旅游资源是一种特殊的资源，可以是有具体形态的物质单体或复合体，也可以是不具有物质形态的社会文化现象。旅游企业是指向旅游者提供包含审美和愉悦价值在内的产品或服务的经济单位。旅游企业是现代企业的组成部分，运行和发展于现代旅游市场之中。旅游企业的主要职能是提供能够满足旅游者审美和愉悦需要的物质产品或服务，并实现自身盈利和持续发展。旅游产品是指为满足旅游者审美和愉悦的需要，在一定地域上被生产或开发出来以供销售的物象与劳务的综合。旅游产品是由旅游企业专门为出卖给旅游者而生产开发出来的，是可供交换的商品。旅游产品在功能上具有可观赏性或愉悦性，能够满足旅游者的核心消费需求；在空间上具有地域独有性，表现为旅游者需要以空间移动来进行异地消费。

二、旅游经济活动

（一）旅游活动的经济性

旅游经济活动是随着经济社会的发展，在旅游活动发展到一定阶段时产生的。旅游经济活动是伴随着旅游活动的产生和发展，在旅游需求和旅游供给的对立统一的矛盾运动中所产生的买卖交易、设计咨询、营销策划、消费体验、投资建设、融资保险、竞争合作、监管协调等各种经济行为，是旅游活动采用商品交换形式所形成的旅游消费者与旅游生产者、旅游个体主体与旅游企业主体、行业组织主体以及其他利益相关者之间的经济联系和经济关系的总和，旅游经济活动是由旅游消费者在空间流动所产生和引发的社会、经济、自然综合现象。

旅游活动是一种以旅游者为主体、旅游目的地为对象、旅游产品为客体，通过旅游者的流动来表现的一种社会经济文化活动。它不是指单个旅游者的孤立旅行游览活动，而是指社会的旅游活动，反映了人们对旅游的需求和社会满足这种需求的关系。旅游活动并不是一开始就进入商品经济关系之中。在生产力发展到一定水平时，社会的一切联系变成了商品关系，一切社会产品都成了商品，旅游活动所依赖的物质产品、精神产品和劳务也变成了社会商品总体的一部分，出现了专门从事旅游活动的组织和经营机构，旅游消费具有了类似商品消费的趋势，旅游才逐步成为一个新的产业，旅游市场才逐步形成，旅游活动过程中才出现了经济现象和经济关系。在旅游活动商品化的过程中，旅游活动的社会化程度也不断提高。原来的个别或少数人的旅游活动发展为人数众多的大众旅游活动，地区内活动的局限性被打破，旅游活动成为跨国界的全球性活动。旅游过程中的经济联系不断加强，经济关系的范围不断扩大，同整个社会经济的依存关系更加紧密，对整个社会经济的作用和影响也越来越大。在市场经济条件下，旅游者必须通过购买和消费旅游经营者提供的旅游商品和劳务来最终完成旅游活动。旅游者在付出一定费用下在行、游、住、食、购、娱等方面获得需要满足，旅游经营者在投入一定费用下获得最大利润。

在市场经济条件下，旅游消费者在旅游过程中满足出行交通、游览观光、住宿休息、餐饮购物、娱乐体验等方面的需求，是以支付一定量的货币为前提的。在旅游者通过支付货币购买和消费旅游产品、体验旅游服务的过程中，首先旅游者需要与旅游目的地所在国家或地区的旅游经营部门和个人发生交换关系，即旅游产品和服务的需求者同供给者之间的买卖关系，引起了旅游者同旅游目的地国家或地区旅游行业之间的旅游产品和服务的生产、交换、分配和消费关系。其次，为了满足旅游者的需要，保障旅游产品和服务的有效供给，旅游目的地国家或地区的旅游经营者需要同政府、社会、其他行业和个人发生经济联系和经济关系，即旅游经营者一方面要向政府缴纳税收，另一方面需要政府对道路、场站、应急救灾等有关公共服务设施的建设等进行必要投入。旅游经营者为维持和扩大生产经营规模需要向其他相关行业购买产品和服务，投资于旅游住宿、餐饮、运输等的建设。此外，旅游经济活动为满足旅游者在不同国家和地区的消费需求，还要同境外产生经济联系，要开展旅游服务贸易的进出口业务。

（二）旅游经济活动

旅游经济活动是伴随着社会经济的进一步发展，在旅游活动发展到一定阶段产生的。它是指采用商品交换形式所形成的旅游者，与旅游生产者、旅游行业、政府以及其他利益相关者之间的经济联系和经济关系的总和。

旅游经济活动的突出特点是旅游或旅行活动必须具有商品化和社会化特征。游客在旅游过程中满足衣食住行购的需要，都必须以支付一定量的货币为前提，游客和服务者是平等的商品交换关系。社会化是指不仅出现了专门为旅游者提供产品和服务的旅游生产商，而且出现了与之配套的旅游服务组织和环境。当旅游活动借助商品交换和社会化分工组织方式实现时，旅游经济活动就产生了。

在旅游活动过程中，旅游者除了与自然界产生关系外，更多的是接触社会和居民。旅游者的食、住、行、游、购、娱都离不开旅游目的地社会的配合、支持，离不开当地居民提供的服务与帮助。在商品经济条件下，这种社会支持和居民的服务都是以资金和人力的投入为条件，因而在交换中表现为价值。这样，旅游需求的实现便以支付货币为前提，旅游供给则以价格的形式取得补偿。旅游需求与旅游供给的这种关系在现实中表现为旅游者支出货币向旅游供给者购买旅游产品，旅游供给者则事先垫支货币开发旅游资源、建造旅游设施、培训旅游人员，然后以一定的价格向游客销售旅游产品。可以说，旅游经济活动就是旅游需求者与供给者之间的经济联系，以及由于这种联系所产生的经济现象和经济关系运动、变化和发展的总和。旅游经济活动的本质特征是在旅游需求和旅游供给的矛盾运动中达到相对的平衡，这种平衡主要通过市场来调节。

（三）旅游经济活动的发展阶段

旅游经济活动的产生与发展过程根据旅游经济要素特征的差异，我们把旅游经济的演变过程划分为商品化、专业化、产业化和后产业化四个发展阶段。一些专家认为，目前旅游经济活动正孕育着进入新发展阶段的萌芽。

1. 商品化阶段

人类旅游经济活动的商品化阶段起始于旅游商品交换关系的正式确立，终止于旅行社组织的出现。这一个发展阶段也被称为"古代旅游"发展阶段，东西方社会产生古代旅游的时间是大致相同的。在古代西方，早在公元前一千多年前，埃及已是闻名世界的旅游胜地，各地的游客到这里来观赏金字塔和历史奇观。公元前十世纪，中国最大的旅行家是周穆王，他穿过沙漠向北到新疆天山去拜见西王母和红鸟之乡。在社会、经济和文化体系均相对独立发展的情况下，东西方同时孕育出旅游活动这一全新的生活方式和消费形式，充分说明了旅游是人类的共同需求这一基本事实。

早期旅游活动的参与群体还只是社会的特殊阶层，如皇室贵族、达官贵人和部分文人雅士，例外的主体是广大的商旅队伍。而且，早期的旅游活动的食宿都由自己解决，如帝王、贵族的巡视出游，文人侠客的学习、探险旅行，教徒的朝拜等，基本上不存在什么交换关系，他们自备车马、自带饮食。因此，世界上一些专家认为，这一时期是特权阶级的旅游时代，基本上不存在完全的旅游产品交换，早期的旅游活动对社会经济发展推动作用不明显。

2. 专业化阶段

托马斯·库克是旅游发展史上一个里程碑式的人物。1841 年，他组织的一次参加禁酒大会的旅行活动，开启了旅游代理商人参与旅游生产活动的先河。1845 年他成立的托马斯·库克公司，这标志着专业旅游代理服务机构的产生，也标志着一个新的旅游时代的到来，旅游经济进入专业化或专门化发展阶段（19 世纪 40 年代—20 世纪 50 年代），这在旅游发展史上被称为"近代旅游"阶段。这个阶段的突出特点是旅游生产进入专业化分工阶段，生成了新的产品形式和新的经济产业。由于当时旅游需求仍集中在一些特殊的社会阶层之中，世界范围内旅游业规模较小，主要集中在经济较发达的市场经济国家，加之战争等因素的影响，旅游活动对社会经济的影响有限。

3. 产业化阶段

旅游业作为群众性的社会活动是在 20 世纪 50 年代以后，经过短暂的战后恢复，世界范围的战争阴影逐步消退，人类社会进入了一个政治社会相对平稳、经济技术突飞猛进的发展阶段，和平与发展成为这一时期人类社会的主题。伴随着人们收入水平的持续提高和大量先进技术的应用，旅游需求有了质的飞跃，旅游经济进入了高速增长和全面产业化的发展阶段。在这个发展阶段，旅游成为一种大众商品，旅游业的发展速度超过世界经济的平均发展速度。在这一时期，旅游业在世界范围内获得超速增长，而且国际旅游收入的增长速度超过了旅游人数的增幅。不仅旅游人数和接待收入有大幅度增长，观光游览等纯休闲性质的旅游出游比率也逐步增高。

从世界范围看，经过半个世纪的发展，西班牙、意大利、瑞士、奥地利、法国、加勒比海地区、东南亚地区、太平洋岛国等地区成为世界知名的旅游目的地，形成了从地中海地区、印度洋岛屿、东南亚地区、太平洋岛屿到加勒比海地区横贯整个地球的"旅游带"。旅游业形成了日益完整的产业分工体系，开启和创造了一个以"旅游业"命名的全新经济产业，借助旅游消费的关联带动作用，大大拓展了旅游业的空间范围，增强了旅游业内部的分工和协作关系，提升了旅游业发展的效率水平。

4. 后产业化阶段

20 世纪 90 年代，随着互联网等先进技术和旅游业现代化管理的运用，一些发达国家的旅游业开始逐步改变规模化、标准化为特征的产业化发展模式，向更注重满足个人偏好和旅游质量的个性化旅游阶段转变，这预示着一种新的旅游发展模式的出现。在这一阶段，旅游需求趋向个性化，游客更喜欢以散客游的方式来自由组合旅游产品，旅游需求趋向多样化，各种专项旅游消费项目，如探险旅游、健身旅游、修学旅游和度假旅游等成为旅游者的时尚，而观光旅游的地位和影响力在不断下降。此外，旅游者对于旅游产品的质量要求日益提高，不仅要求保证旅游安全，对旅游产品的性价比、刺激性、冒险性等的要求也越来越高。随着社会经济的发展，旅游活动完全转化为一种普通的生活必需品，旅游人数和出游率将继续保持上升趋势，旅游消费将出现分散化的趋势。

第二节　旅游经济

现代旅游经济是社会生产力发展到一定阶段的产物，是商品生产和商品交换长期发展的结果，也是国民经济的重要组成部分。

一、旅游活动的经济性质

旅游活动发展成为现代旅游经济，并成为国民经济的重要组成部分，是现代科学技术进步、社会生产力提高和商品生产与交换长期发展的结果。因此，现代旅游经济是以现代旅游活动为前提，以商品经济为基础，依托现代科学技术，反映旅游活动过程中旅游者和旅游经营者之间按照各自利益而发生经济交往所表现出来的各种经济活动和经济关系的总和。现代旅游经济作为社会经济的重要组成部分，具有以下主要的特征：

（一）旅游经济是一种商品化的旅游活动

在自然经济条件下，旅游活动主要表现为旅游者依靠自己力量而满足自我需求的活动，一般不涉及旅游产品的生产和交换。而现代旅游经济是建立在商品经济基础之上的，是以旅游产品的生产和交换为主要特征的旅游活动，因而必然要产生经济活动中的供需双方和交换的对象。一方面，只有当市场上存在着旅游经济活动的需求主体——旅游者，才可能产生大量的旅游需求。而旅游需求的规模数量、消费水平、旅游目的、游览内容等，不仅决定着旅游经济活动能否有效地进行，而且对旅游经济发展的规模和水平具有决定性的影响和作用。另一方面，只有当市场上存在着旅游经济活动的供给主体——旅游经营者，才有可能为旅游者提供各种旅游产品，满足旅游者的各种需求。因此，旅游经营者既是旅游产品的生产者，又是旅游产品的经营者，还是保证旅游产品价值得以实现并促进旅游经济活动有效进行的重要前提和基础。此外，现代商品生产和交换的发展，还为旅游活动的商品化提供了相应的媒介和手段。这样，旅游活动便完全建立在以旅游产品为对象、以旅游者和旅游经营者为主体、以货币为交换媒介的基础上，真正成为一种商品化的社会经济活动。

（二）旅游经济是一种综合性的服务活动

旅游活动虽然不是以经济活动为目的，但其整个活动过程是以经济活动为基础的。特别是在现代旅游活动中，旅游者要实现其旅游需求都离不开食、住、行、游、购、娱等各种综合性服务。因此，从供给角度看，旅游经济是一种以服务为主并涉及众多企业和行业的经济活动。这种服务性经济活动既可以借助物的形式提供，也可以通过活劳动本身发挥作用来提供。正如马克思所强调的："服务无非是某种使用价值发挥效用，而不管这种使用价值是商品还是劳动。"现代旅游经济是一种以服务为主的经济活动，它不仅要为旅游者提供包括食、住、行、游、购、娱在内的各种直接旅游服务，还要为旅游者提供汇兑、通讯、医疗、保健、商务等多种辅助性服务。因此，现代旅游经济活动不仅涉及旅行社、旅游饭店、旅游餐馆、旅游交通等企业，还要涉及金融、邮电、医院、公安、海关、商检等相关企业和部门。所以现代旅游经济实质上是以旅游为目的、以经济为基础、以服务为主的综合性经济活动。

（三）旅游经济是一个相对独立的经济产业

现代旅游经济在其长期的发展过程中，逐渐形成一个相对独立的经济产业。特别是第二次世界大战以后，旅游经济的发展速度之快、综合经济效益之高、产业带动力之强、吸收劳动力就业效应之大、以及其发展的光明前景，促使许多国家特别是发展中国家都把旅游业作为经济发展的重点产业，进行积极地扶持和发展，又进一步促进旅游产业规模的迅速扩大，产业结构体系的不断完善。产业范围的全球性扩展，使旅游业不仅成为现代经济发展中的"朝阳产业"，还成为第三产业中的带头产业，带动第三产业及相关物质生产部门的发展，在整个社会经济发展中占有十分重要的地位和作用。

（四）旅游经济具有独特的经济运行特征

旅游经济是以旅游活动为前提，以科学技术进步和社会生产力发展为基础，由旅游者空间位移而形成的各种经济现象和经济关系的总和。

旅游经济是受客源地需求推动的敏感性经济。旅游经济是在旅游活动的基础上产生的，而旅游活动是旅游客源地居民出于某种追求或逃避需要而到异地进行消费的活动，作为一种对服务产品的消费活动，客源地需求形成的推动力对旅游经济的发展起到决定性作用。没有旅游需求，任何旅游供给都失去了服务对象和存在的价值，由旅游供求形成的经济体就难以存在。而客源地的旅游需求受多重因素的影响，任何影响旅游需求的因素（正向或负向）发生作用都会导致旅游经济出现敏感性的反应。换句话说，旅游经济的依赖性导致旅游需求的敏感性，也必然会影响对旅游经济性质的判断，使旅游经济具有敏感性。

旅游经济是受目的地供给约束影响的波动性经济。为满足游客的多方面需要，旅游供给必须依赖于国民经济各部门的配合和支持。社会经济技术发展水平不仅决定了旅游目的地各部门能为旅游供给提供多大的配套能力，而且也制约着各种配套资源的整合水平。相对于物质产品的可储存、可移动特性来说，旅游产品与服务是不可储存和移动的，因此，旅游经济在供给约束的条件下将表现出一定的波动性。

旅游经济是受主客体文化差异影响的跨文化经济。旅游活动是一种以人的移动为基本特征的消费活动，而人是具有不同文化背景的消费主体和服务主体，在旅游供求矛盾的运动中，这种文化差异不可避免地反映在供给方的产品设计和提供以及需求方的产品消费和体验上。从旅游者的角度来看，旅游是一种社会文化活动，而实现这种文化消费活动必然离不开服务的提供者。而旅游企业为游客提供服务的同时，必然要求在经济利益最大化上获利，经济利益最大化的前提是提供满足游客文化消费需求的旅游服务，所以旅游经济具有跨文化性质。

二、旅游活动的产业部门特征

旅游经济产业的形成是与社会化大生产的发展相适应的。而社会化大生产是现代各种产业部门形成和发展的前提条件，因而要把握旅游经济产业化过程，首先必须对产业部门形成的共性特征有明确的认识。

（一）产业部门的概念

在现代社会化大生产条件下，国民经济通常是由不同的分工领域所组成，这些分工领域就是通常所说的产业部门或行业部门。根据现代经济学理论和国际标准产业分类规定，所谓产业部门是指国民经济内部按照一定的社会分工，专门从事同类经济活动的企业和事业单位的总称，如农业部门、工业部门、交通运输部门、商业部门和建筑部门等。每一产业部门内部又可以进一步划分为若干"子部门"，如工业部门内部可进一步划分为冶金、机械、电子、化工、纺织工业等部门。因此，在国民经济管理中，为了区别不同层次的部门，通常把较高层次的部门称为"产业部门"，如第一、二、三产业和农、工、商、建筑、交通五大产业部门；而把较低层次的部门称为"行业部门"，如机械行业、电子行业、纺织行业等。

为了正确认识产业部门的概念，除了以上界定外，还必须正确地把握以下几点：一是产业部门作为国民经济体系中较高层次的部门，是以其经济活动的内容和范围来进行界定的。通常是指从事同类产品（替代品或互补品）或劳务的生产经营的企业和事业单位的集合，并不是按行政管理系统来划分的行政部门系统。二是产业部门主要是指直接从事经济活动的部门，包括从事物质资料（即物质产品）生产和非物质资料（即提供劳务）生产的部门集合，但一般不包括非经济活动的部门，如教育部门、文化艺术部门等。三是产业部门与行业部门的层次界定和划分是相对的，不是绝对的。例如，冶金工业部门相对于较高层次的工业部门而言，属于行业部门，但相对于较低层次的钢铁工业、有色金属工业而言，它又是一级产业部门。因此，在一定情况下"产业部门"和"行业部门"往往又是可以通用的。

（二）产业部门的形成特征

产业部门的形成，是由于社会生产力水平的提高而引起社会分工的必然结果。现代科学技术的进步和社会生产力的不断发展，促进了社会生产的分工专业化，而社会分工的专业化又促进社会生产向集中化、协作化和联合化发展，促使各种产业部门不断形成和发展。现代社会分工一般分为三个层次，即一般分工、特殊分工和个别分工。第一层次的分工称为一般分工，即有关一、二、三产业和农、工、商、建筑和交通等五大产业部门之间的分工。第二层次的分工称为特殊分工，也就是对第一层次中每个产业部门内部的行业分工，如农业内部进一步划分为种植业、养殖业、林业等；工业内部进一步划分为机械工业、冶金工业、电子工业、纺织工业等。第三层次的分工称为个别分工，主要指个别经济单位内部的分工，如机械加工企业内部的车、钳、铣、刨、磨等工种的分工等。

根据现代社会分工的三个层次，社会分工引起产业部门形成和发展的途径主要有两条：第一条途径是随着社会生产力的发展而导致分工深化，促使个别分工日益普遍并逐渐独立为新的分工领域，上升为特别分工乃至一般分工，从而形成新的产业部门。例如，工业是从农业中的个别分工基础上逐步发展而形成的独立产业部门，而商业又是在工业中的个别分工基础上分化成的新的产业部门。第二条途径是由于现代科学技术的进步，使各种新技术、新材料、新工艺、新产品不断涌现和广泛应用，逐渐独立为新的分工领域而形成新的产业部门。例如，化学工业部门的形成是由于化学科技成果在生产领域中广泛应用的结果，而现代集成电路及微电子技术的广泛应用，则推动了现代计算机产业部门的迅速形成。

通过以上分析可以看出：一个产业部门的形成可能是社会分工发展的结果，也可能是科学技术进步的推动。但无论是从哪一种途径形成的产业部门，在其形成过程中都具有以下几方面的共同特征：第一，经济活动的集中化。即表现为人们对某类产品需求的集中指向和需求量的快速增长，以及为了满足市场需求扩大而出现的生产和供给的迅速集中化过程。第二，产品生产的专业化。即在经济活动集中化基础上，出现了从事同类产品或其中某一部分产品生产和经营的专业化，从而有可能形成相对独立的生产和经营分工领域。第三，生产经营过程的协作化。即随着产品生产专业化和经济活动的集中化发展，必然引起企业之间、部门之间经济关系的变化，促使各企业、部门之间在产品、产成品和零部件生产和交换关系上的相互依存、密切协作，促进产业部门的形成。第四，生产经营的联合化。即随着专业化和协作化的发展，特别是随着市场竞争的加剧，促使从原材料采掘、加工、经营到各种生产废料的综合利用等相关的企业、部门联合起来，形成了具有一定内在技术经济联系的经济联合体，并逐渐发展为相对独立的产业部门。

（三）旅游经济的产业化标志

通过以上对旅游经济产业化的形成过程分析可以看出，旅游经济产业的形成和发展具有四个显著的特征：其一，旅游经济产业是派生的，是随着物质生产的发展和人民生活需要的扩大而逐渐从商业中派生出来的；其二，旅游经济产业是相对独立的，有相对集中的旅游需求和供给，并形成相对独立的市场结构和生产经营体系，具有独立的分工领域；其三，旅游经济产业是以服务为主的，即旅游产品的生产和消费是同时进行的，因而旅游经济属于第三产业的范畴；其四，旅游经济产业在长期的发展过程中已形成了自己的主体部门和产业结构体系，具备了成为一个经济产业的基础。根据以上分析，现代旅游经济已发展成为相对独立的经济产业，并且正日益成为社会经济发展中的重要产业。其具体标志主要体现在以下几方面：

1. 旅游消费需求的集中化

根据现代经济理论分析，工业化的推进不仅使物质生产获得很大的发展，而且促使国民收入水平不断提高，促进人民群众的生活水平不断改善，并引起需求结构发生很大的变化。特别是随着人们从注重物质生活的需求向更注重精神方面满足的转变，旅游活动越来越成为人们生活中必不可少的内容。据有关研究表明：当人均国民生产总值达到 300 美元时，人们即产生旅游需求；当人均国民生产总值达到 1000 美元时，人们即产生邻国旅游需求；当人均国民生产总值达到 3000 美元以上时，人们即产生远距离的国际旅游需求。可见，随着人们收入水平的不断提高和生活条件的改善，人们对休闲、娱乐、观光、游览、度假等旅游需求日益增长，为旅游经济产业的发展提供了广泛和集中的市场需求。

2. 旅游生产供给的专业化

伴随着旅游消费需求的不断增长，旅游业逐渐从餐饮服务业中分化出来，形成以旅游经济活动为中心并根据旅游者需求，把多个企业和行业集合起来，向旅游者提供食、住、行、游、购、娱等综合性的旅游产品和专门服务的新兴产业。而这些专门经营旅游产品和服务的企业，尤其是旅行社、旅游饭店和旅游交通，不仅对旅游产业的形成和发展具有十分重要的作用，而且成为现代旅游业的三大支柱，标志着现代旅游产业的成熟。

旅行社是指依法成立并具有法人资格，在旅游经济活动中从事招徕、接待旅游者，组织旅游活动，获取经济收入，实行独立核算、自负盈亏的旅游企业。旅行社在旅游产业内部各行业部门中发挥着"龙头"作用，它既是旅游产品的生产者，又是旅游产品的营销者，通过自己的活动把旅游者和旅游经营者联结起来，实现旅游经济活动的有效进行。

旅游饭店，是为旅游者的活动提供旅游住宿、餐饮、娱乐和其他服务的旅游企业。旅游饭店是一个国家或地区发展旅游业必不可少的物质基础，也是衡量一个国家旅游业是否发达的标志。旅游饭店发展的数量、规模、档次、服务质量，在一定程度上决定和影响着一个国家旅游业的发展规模和水平。旅游交通是旅游业的重要组成部分，没有发达的现代交通运输业，就不可能有发达的现代旅游业。因此，旅游交通和食、住、游、购、娱等共同构成了综合性旅游产品，满足旅游者消费需要，并保证旅游经济活动得以有效地进行。

3.旅游经济运行的规范化

在市场经济条件下，旅游经济的运行实质上就是旅游者和旅游经营者之间的旅游产品交换过程，其包括旅游产品的购买与销售两个对立统一的活动过程。一方面，旅游者通过支付一定的货币而购买旅游产品，获得旅游活动中的各种体验和享受；另一方面，旅游经营者将旅游产品销售给旅游者，以获取一定的经济收入。由于旅游产品是一种以服务为主的产品，因而旅游产品的构成要素可以多次重复使用和提供。因而在旅游经济运行过程中，旅行社将各种旅游产品要素进行有机组合，提供给旅游者。而以旅行社为主的经营活动，促进了旅游经济运行的规范化，促使旅游经济产业遵循客观经济规律而有效地进行，促进了旅游业作为一个独立经济产业的发育和成熟。

三、旅游经济的形成过程

旅游业作为一个相对独立的经济产业，是伴随着社会生产力的发展和社会分工的深化，伴随着人民生活水平的不断改善和提高以及人们对旅游需求的不断增加，而逐步从商业中分化出来，形成在第三产业中具有综合性带动效应的"龙头"产业。旅游经济产业化过程，实质上就是旅游经济形成和发展的过程，其大致可以划分为三个阶段：

（一）旅游经济的萌芽阶段

旅游经济是在旅游活动有了一定的发展并具备了一定物质条件的前提下，才产生的一种社会经济活动。因此，旅游经济萌芽于现代旅游的发展，而现代旅游的起源可追溯到人类社会的初期。早在原始社会时期，由于社会生产力水平低下，人们的生活条件极为艰苦，特别是各种自然环境变化所引起的各种灾害及民族部落之间的争斗，使人们不得不为了生存而发生经常性的空间转移活动。尽管这种为生存而进行的空间转移并不是旅游，甚至也不是旅行，但其事实上已蕴含着旅游活动最基本的雏形。从原始社会、奴隶社会到封建社会的长期发展过程中，人类社会经历了三次大规模的社会分工，促进了社会生产力水平的不断提高。社会生产力的提高又促进了经济发展和剩余产品的增加，产生了私有制、阶级和国家，促进了社会分工和商品经济的进一步发展，促进了市场空间的不断扩大和商品交换活动范围的拓展。于是围绕以商品生产、商品交换及各种商业活动为中心的旅游活动就产生了。在漫长的古代历史中，旅游的发展与当时的社会政治、经济及文化发展相适应，出现了各种各样的形式。例如，摩西出埃及，耶稣周游列国传教，古希腊的朝拜、祭祀，马可·波罗的出游，阿拉伯民族的经商往来，孔子周游列国，玄奘西域取经，鉴真东渡日本，郑和七下西洋，徐霞客遍游中华大地，等等，一度使东西方旅游形成高潮，为旅游经济的产生打下了基础。但是，由于古代社会生产力不发达，社会经济的发展水平还不能促使旅游活动商品化，因而旅游活动最终没有成为一种商品化的社会活动，而仅仅是孕育了旅游经济的萌芽。

（二）旅游经济的形成阶段

旅游经济的形成是旅游活动向商品化发展的过程。从旅游经济的发展历史看，现代旅游经济的形成主要发端于18世纪的产业革命。18世纪的产业革命，以机器大工业代替了工场手工业，形成了以机器大工业为基础的社会化大生产，促使社会生产力得到了迅速的提高，促进了资本主义商品生产和交换的迅速发展，为现代旅游经济的形成和发展提供了物质技术基础和经济条件。

（1）产业革命促进了生产手段，尤其是交通运输工具的改善，不仅使社会化大生产的规模扩大、市场空间范围扩展，而且汽轮、火车的产生为人们有目的的大规模、远距离的旅游活动提供了便利的物质技术条件。

（2）产业革命促进了资本主义制度的形成和发展，使资本主义社会生产力有了迅速的提高，商品经济繁荣、兴旺，人们生活水平迅速提高和改善，为现代旅游经济的产生和发展创造了大量的社会需求。于是，伴随着人们可支配收入的增加，交通运输条件的改善，以及工厂化制度的建立，旅游活动逐渐成为人们物质文化生活的组成部分，为现代旅游经济的形成提供了需求前提和经济条件。

（3）在产业革命为旅游经济的产生奠定物质技术基础，资本主义商品经济发展为旅游经济形成创造大量需求的同时，各种专门从事旅游服务机构的建立，标志着现代旅游经济的产生和形成。诸如旅行社、旅游饭店、旅游交通等各种以经营旅游业务为主的企业纷纷建立，各种旅游住宿、餐饮接待设施不断建设和完善，使旅游活动发展成为一种商品化的经济活动，逐渐成为社会经济活动的重要组成部分，具有现代意义的旅游经济就正式形成了。

（三）旅游经济的独特性

一般都认为，旅游产品属于服务性产品，因此旅游产品也就具有了一般服务所共有的无形性、消费与生产同时性、不可储藏性、异质性等特征。西顿和班尼特对旅游产品的特点进行了整理，总结了旅游产品不同于其他服务产品的六个特征，包括"旅游服务同其他服务相比更注重以供给为导向""旅游产品通常是一种联合了多个供应商在内的组合产品""旅游产品是一种复杂的、具有延伸性的产品体验，没有可以预见的评价要素""旅游产品对于消费者而言是一种高投入、高风险的产品""旅游产品在一定程度上是一种由消费者的梦想和幻想所构成的产业""旅游业是一个脆弱的产业，容易受到外界因素的影响，并且这些外界因素不是旅游产品供应者可以控制的"。

不同于供给流动模式，旅游经济是需求流动型的群簇经济，是内生了信息化与诚信要求的经济，是一种具有本地化刚性的经济，是一种主体共享而非分散购买、独占使用的经济，是一种敏感但很顽强的经济。从旅游业跨国经营的角度看，主要的促发点应该是旅游产品的不可贸易性、不可专利性和不可试用性等三个特性，而前提是旅游企业或旅游相关企业希望"抓住"流动型的旅游需求。

1. 不可贸易性与异地商业存在

一般都认为，服务的生产、消费是同一的，因此是不可贸易的。服务具有多样性，不是所有服务的生产与消费都不可分离，因此也不是所有的服务都具有不可贸易性。进一步将服务分成硬服务与软服务，其中硬服务是指生产和消费可分离的服务，这种服务是可贸易的，如软件、工程设计等；而软服务则是指生产与消费不可分离的服务，这种服务是不可贸易的，如医疗服务业、管理咨询业。不可贸易的服务产品的生产显然无法通过传统的运输方式进入异地市场，因此一般只能采取投资进入或其他进入方式的安排，以异地商业存在的方式来供给。如果这种运输是在国内跨区进行，则这就是所谓的区际贸易或国际贸易。相应的，异地商业存在就分别表现为跨区经营和跨国经营。当然，对于各种服务而言，究竟是属于硬服务还是属于软服务，也不是一成不变的，而是相对的。有很多以前认为是不可运输、不可移动的服务现在已经可以实现生产空间与消费空间的分离和转移。随着信息技术、网络技术的发展，很多服务甚至已经可以跨国供应。服务产品的数字化水平使得过去被认为不可贸易的产品具有了可贸易性。

2. 空间固定与跨区域经营

旅游消费是一种更为特殊的服务消费。旅游消费是一种对真实的消费，是一种现实而非虚拟存在的消费，旅游消费对象的虚拟化发展只会改变潜在旅游者在消费选择时的信息充分程度，从而影响最终的目的地选择，但是不会改变长久以来的消费形式。"身临其境"是旅游消费不变的规律。旅游消费是一种具有严格时间固定性和空间固定性的消费，离开特定场所旅游消费无法发生，旅游企业盈利空间的拓展自然也无法实现。

旅游消费的空间固定性，使旅游企业的商业存在具有了某种"区位锁定"的特征。旅游企业不能像其他传统制造业一样，通过完善物流体系甚至价值链的全球分割布局来运输产品，满足目标市场的需要。因此也就无法通过产品的流动来达到生产能力的"虚拟化移动"，因为产品的可移动性也可以理解为生产能力的相对移动。尽管各个旅游目的地之间的竞争越来越激烈，但是由于空间固定的特征，旅游产业其实很难像供给产品可流动的产业一样形成全国统一大市场，也不可能形成全球统一大市场，旅游企业的竞争自然也就是一种区域之间的竞争。保持与竞争对手的持续竞争的方式很容易演变为竞争对手跟随战略，而竞争对手跟随战略是旅游业跨区域经营持续发展的重要原因。

一般而言，满足特定区域市场需求的唯一办法就是异地商业存在，满足任一个新的区域市场都需要在这个新的区域增加一个新的商业存在，市场的多区域性自然也就衍生出了旅游企业跨区域经营的要求。无论是传统意义上的自然旅游资源、人文资源这样的实体性资源，还是城市风光、乡野民风和商业机会等社会性的无形资源，所有的旅游吸引物都是不可贸易性。旅游企业要想满足异国他乡吸引而来的各类旅游者的各类整体转移了之后的需求，自然也就必须到目标区域进行跨区域经营。对象物的时空约束性和不可贸易性，使得规模经济在旅游经济中具有了与其他经济类型不同的表现和实现方式。旅游业中的规模经济只能通过广域分布的"多工厂"方式才能获得，旅游经济是天然的网络经济，是天然的地理空间层面上的"范围经济"，旅游业中的规模经济将不仅表现为企业或企业集团的规模经济，还将表现为特定空间内模块化存在的企业集合的规模经济，即基于集群的规模经济。总体而言，旅游服务有着比其他服务更严格的不可贸易性，强烈的场所依赖进一步强化了旅游业在跨区域经营方面的内在规定性。

3. 不可专利性与网络化布局

服务往往都具有很强的易模仿性。"创新—模仿—创新"的产业发展循环是社会进步所不可缺少的发展机制。任何产业的创新都可能会成为这个行业的主导产品或又可称之为"标准产品"，推动创新企业进一步加强创新，形成新的创新产品，获得新的超额垄断利润，然后再被模仿。这就是"创新—模仿"格局下的"创新产品—主导产品"的产品发展循环。模仿的存在使得市场权力或称市场份额的"所有权"是流动的，最先发现需求的创新企业未必能够最终拥有需求。旅游业与其他产业一样，创新的产品也可能被同行所模仿，而与其他产业不同的是，旅游业中的创新被模仿的速度将会更快。不同于工业制造等领域的模仿还需要通过"反向工程"等方式来了解产品的制作工艺、材料构成等模仿所必须了解的知识，旅游业的产品创新可能是在一夜之间的，尤其是像旅行社行业的产品创新更是如此。旅行社开发出了某个目的地新产品可能会带动一个新市场、甚至新的旅游目的地的形成，但是旅行社花费人力、物力、财力，辛辛苦苦开发出来的这个新市场并不会因此而专属于这个旅行社，市场对这个旅行社也不可能有任何的"保护期"。这与传统工业企业通过创新开发产品后形成产品专利从而获得相对长时间的"市场产权"是完全不一样的。饭店、景区尤其是主题公园等，也都面临着与旅行社同样的问题。发现需求未必等于拥有需求，发现市场者未必是市场的所有者，其源于旅游产品作为一种服务型产品具有不可专利性，其"市场产权"是不稳定的。因此，对旅游业而言，创新固然重要，更重要的还在于如何找到合适的模式来占有这种创新所衍生出的优势以及创新所开发出来的市场。否则，没有了创新应有的利润，创新的持续性就会受到抑制，产业发展的进程就会受到影响。

旅游产业的客观特性难以更改，可改变的是企业的经营模式和盈利手段，而模式的改变将直接影响到旅游业跨国经营行为的产生。旅行社产品的特征在于其"装配性"，所用原材料具有公共产品性质。对此，解决的办法大抵可以分为以下三个方面。其一，既然旅行社产品所用原材料的公共性是导致易模仿的原因，那就根据自身战略发展需要，对这些"原料供应商"进行收购，形成一体化企业。比如在欧洲比较普遍的旅行社与包机公司之间的垂直一体化。从这一点看，低成本航空公司与旅行社的融合进程还可能更快。其二，虽然可能所有的旅行社都可以通过装配具有公共产品性质的"原材料"来模仿创新企业的产品，但是创新企业的品牌是不能模仿的。因此，如果能够给"装配"旅行社产品赋以品牌的影响力，在潜在消费市场中形成消费者对同类产品选择的主观差异性，则原来的不可专利的"装配型"产品也就相对地转化为实际上的"可专利性"的产品了。所以可以观察国外的大型旅行社集团旗下大多有若干个旅行品牌。品牌当然也可以衍生为进行内部化包括跨国内部化的重要"资产"。其三，模仿对创新企业而言，实质性的影响还在于，由于被模仿速度太快而使得自身无法获得创新垄断利润，如果能够有办法获得足够的超额垄断利润的话，创新企业就有动力继续创新下去。而思考问题的角度一旦转换过来，解决问题的思路相应也就产生了，那就是采取"以空间换时间"的方式来在短时间、广空间内占领市场。这就是通过旅行社的网络化布局来改变传统的"长时间、窄空间"的获利机制。由于旅游产品不存在着像传统制造业一样根据产品生命周期的国别阶段性差异进行获利的可能性，因此跨越国界进行网络化布局也就在情理之中了，旅行社的跨国经营自然出现。

饭店领域同样存在这种易模仿的状况，只不过在饭店领域的这种易模仿性往往通过"技术溢出"来表现。理论上，先进饭店的管理经验和营销技术等都可能通过"培训效应"传递给竞争对手。而作为市场中的优势企业自然不希望这种优势迅速被对手"偷走"，所以在发展中国家经常会看到的现象是，外资跨国饭店企业经常会以高工资、高待遇等方式来保留自己企业的人力资源，尽量减少因为人员流动产生对自己的不利影响，同时这种高工资、高待遇也从东道国本土企业那里吸引有利的人力资源。相对于这种区域性的防御策略，更积极主动地策略就是进行广泛的甚至是全球性的区域扩张，让"不可专利性"的饭店的专业知识在更广泛的空间中、尽可能短的时间内获得尽可能多的收益。这就是跨区或者跨国的内部化。不仅如此，优势的饭店集团还会通过各种创新的方式千方百计加快这种内部化的速度，而结果就是衍生出诸如通过将饭店不动产与管理、品牌、营销等专门技术实现分离从而加快网络化扩张等现象。比如，雅高饭店品牌的经营模式混合了自有投资、固定租约、管理合同与特许经营等方式，而其未来的发展目标则是除了部分采取可变式租约、方式经营外，通过管理合同与特许经营的方式来运营；洲际饭店集团同样有一个相应的资产处置计划，其原因也是看到管理合同与特许经营的方式能够获得更高的资本回报率，能够推动集团以有限的股权投资获得加速度的发展。

4. 不可试用性与可信性承诺

旅游服务的购买是一种体验品的购买。不同于可以通过先试看后买、有问题可退换货的搜寻品购买模式，旅游消费是一种整体转移了之后的异地消费，在购买时往往无法看到或体验到所购产品与服务。这种消费空间的异地性、消费时间的限制性以及生产消费的同一性，无疑加大了旅游者在消费质量和补偿机制方面的风险。旅游者对服务质量和补偿机制的风险的预期，要求旅游服务提供商发展出一种能够缓解风险预期的相应机制，从而吸引需求、赢得利润，这就是"质量确认信号机制"。为使顾客能够接受结果无法预见的服务，专业服务业跨国公司首先必须将可信赖的承诺销售给顾客，而企业一直以来所建立的声誉就是其中最关键的指标。

因为发送质量信号的信源可以是完全独立的个体，也可以是中立的公共机构，还可以是营利性的商业机构，因此"质量确认信号机制"至少可以有两种不同的表现形式。一种就是中国国内旅游业中非常成功的标准化发展模式，主要是通过具有中立形象的旅游行政主管部门认证的方式来实现。它充分利用了当地旅游行政主管部门对当地企业的信息相对充分性，来改善旅游者信息不充分的现实状况。这种质量确认信号机制的质量确认成本相对较低，比较适合发展中国家。另一种则是在国际上比较强调的品牌化发展模式，主要是通过市场中最有发言权的消费者的评价，以及企业自身的营销战略来实现。它较好地解决了市场中什么样的信号是相对可信信号的问题。一般而言，高成本的信号要比无成本的信号更具有可信性。这种通过树立品牌的质量确认信号机制的成本显然比较高，而且对信用制度和社会信用环境要求较高，比较适合发达国家。因为旅游消费的全球流动性，则作为商业化质量信号机制的替代性方式，全球性商业存在本身也就成了可以强化消费者质量感知的重要体现——从企业的全球性商业存在来推断其服务质量的全球认可程度。由于旅游消费丰富多样的层次性，以及基于这些多层次性的旅游预期形成的旅游评价机制，要求旅游企业不能仅仅提供一种单一的可信赖承诺，而是要应对各个分层市场提供分层的可信赖承诺，这就构成了旅游企业多品牌的品牌谱系要求。

四、旅游经济在国民经济中的地位及作用

旅游经济作为一个经济性产业，是国民经济的重要组成部分，国民经济作为一个

有机整体，要求各部门保持一定的比例关系，而每一个经济部门在整个国民经济中的地位，则取决于其本身的性质、规模和运行状况。因此，旅游经济在国民经济中的地位如何，主要取决于旅游业的性质、发展规模及运行状况。从旅游业的性质看，旅游业是一个以提供服务为主的综合性服务行业。通过为人们提供食、住、行、游、购、娱等各种服务，不仅为物质资料生产部门的简单再生产和扩大再生产提供了实现的途径和方式，即满足人们对基本生活和精神生活的需求；而且也是社会总产品供给实现的重要环节，促使社会产品在社会各劳动者间进行合理分配，不断创造着新的需求。从旅游业的发展规模看，随着社会生产力提高和社会经济的发展，旅游业在国民经济中日益占据重要地位。因为，人们的消费水平是随社会经济发展而不断提高。随着人们经济收入的增多，用于精神需求、满足享乐方面的开支就相对增加，促进以满足人们精神、享乐需求为主的旅游业的迅速发展，规模也不断扩大，进而在国民经济中占据重要地位。从旅游业的运行状况看，旅游业不仅是一种"无烟工业"，符合当今世界经济发展的总潮流，与发展"绿色产业"相适应。而且旅游业还是一个"朝阳产业"，正展现着良好的发展势头。从现代旅游经济发展的实证分析，当今世界上经济发达的国家，同时也是旅游经济发达的国家，即经济越发达，旅游业在国民经济中的地位就越高。旅游经济不仅在国民经济中占有重要地位，而且其对国民经济的发展及促进，对相关产业的带动，对经济结构的改善等都具有十分重要的作用。具体表现在以下几方面：

（一）增加外汇收入

任何国家要扩大对外经济合作关系，就必须扩大外汇收入。而扩大外汇收入，一是通过对外贸易获得贸易外汇；二是通过非贸易途径而获得非贸易外汇。在当今世界贸易竞争激烈、关税壁垒林立的背景下，旅游业作为非贸易外汇收入的来源渠道，作用是非常突出的。因为，旅游业是一个开放性的国际性产业，通过旅游经济的发展，不仅能吸引国际闲置资金的投入，参与国际市场竞争，改善对外经济关系；而且旅游业能吸引国外大量旅游者，增加外汇收入，因此人们通常把旅游业创汇称为"无形出口"收入。特别是由于旅游业创汇能力强、换汇成本低，又不受各国税制限制，已成为各国创汇的重要手段。

（二）加快货币回笼

积极发展国内旅游业，不仅能够满足广大国内消费者对旅游的需求，而且能够大量回笼货币，促进市场的稳定和繁荣。特别是随着人们收入增多，生活水平提高，必然促使人们的消费结构改善，有更多的可支配收入用于旅游活动。因此，大力发展旅游经济，激发人们对旅游产品的购买动机，促进各种旅游活动的进行，就能扩大旅游消费，加速货币回笼；同时还能减少人们持币待购而造成的市场压力和风险，增进市场的稳定和繁荣。

（三）扩大就业机会

旅游业是一个综合性服务行业，能为社会提供大量的就业机会。因为旅游业本身就是包含多种服务内容的产业，并且许多服务项目不是用现代手段就能取代人力的，因而旅游业所需的就业人数相对于其他产业要高得多。再加上旅游业的带动力较强，除了自身迅速发展外，还能带动相关产业的发展，增加相关产业的就业，能为社会提供较多的就业机会。

（四）带动相关产业

旅游业虽然是一个非物质生产部门，但它的关联带动功能很强，不仅能带动物质生产部门的发展，而且能带动第三产业的迅速发展。一方面，旅游业的发展必须建立在物质资料生产部门的基础之上，没有一定水平的物质生产条件，就不可能为旅游业的发展提供基础，因此要发展旅游业，必然要促进各种物质生产部门的发展。另一方面，旅游业作为国民经济中的一个独立综合性的行业，其生存和发展与其他行业密切相关，能够直接或间接地带动交通运输、商业服务、建筑业、邮电、金融、房地产、外贸、轻纺工业等相关产业的发展，促进整个国民生产总值的发展。据测算：在中国，旅游业每收入 1 元，可使国民经济增加 3.12 元，使利用外资金额增加 5.9 元。

（五）积累建设资金

任何经济产业的发展都离不开资金的投入，但相对于传统产业而言，旅游业的发展主要是依靠自身的经济效益，并且还为其他产业发展积累资金。旅游创汇之比为 1：2.03，说明旅游业是一个高投入、高产出、高创汇的产业。其经济效益的增长，不仅为自身发展创造了良好的条件，也为整个国民经济及社会发展积累了资金。

（六）带动贫困地区脱贫致富

贫困问题是全人类面临的巨大难题，世界许多国家都十分关注并提出许多解决问题的对策及措施，从实际上看，贫困地区多数是经济不发达地区，其同时也是旅游资源富集的地区。因此，通过开发贫困地区旅游资源，大力发展旅游，不仅有利于充分发挥贫困地区旅游资源富集的特点，开发特色鲜明、品质较高的旅游产品；而且能够通过旅游开发及旅游业发展，带动贫困地区及其周边地区人民群众的脱贫致富，加快贫困地区的开发和社会经济的发展。

综上所述，旅游业在国民经济中的重要地位，决定了其在促进经济发展中具有显著的作用。因此，大力发展旅游经济，以旅游带动地区经济发展，促进整个社会经济发展已为许多国家和地区所认识，从而采取了许多政策及措施来加快旅游经济的发展。例如，把旅游经济纳入国家的发展计划，增加旅游投资和设施，广泛进行旅游宣传，大力培养旅游人才，制定旅游法规，减免税收，简化出入境手续等，从而促进了世界旅游经济的高速发展。

第三节　旅游经济分析理论与方法

一、旅游经济分析对象

各门科学都有各自不同的矛盾规定性，从而决定了不同的科学有各自不同的研究对象。正如毛泽东同志所说："科学研究的区分，就是根据科学对象所具有的特殊的矛盾性。因此，对于某一现象的领域所特有的某一种矛盾的研究，就构成某一门科学的对象。"由于旅游经济活动过程中总是存在着旅游需求与旅游供给的主要矛盾，及由此而产生的各种矛盾，因而旅游经济学就是要揭示旅游经济活动过程中的内在规律及其运行机制，以便能有效地指导旅游工作实践，促进旅游业持续、协调地发展。具体讲，旅游经济学的研究对象和任务主要有以下几方面：

（一）旅游经济学研究旅游经济的形成过程及规律

旅游经济是伴随着旅游活动的发展而形成的。旅游活动是人类社会发展到一定阶段的产物，是商品生产和交换发展的必然结果。因此，旅游经济学研究的首要任务就是要分析旅游经济的形成条件，揭示其商品化过程的客观规律性，以及其在社会经济发展中的作用和影响。

（二）旅游经济学研究旅游经济运行的机制及实现条件

旅游经济运行是旅游活动在经济领域的表现，而贯穿旅游经济运行的主要矛盾是旅游需求与旅游供给的矛盾，它决定了旅游经济运行中其他一切矛盾。因此，旅游经济学的研究应从分析旅游需求和旅游供给的形成、变化及矛盾运动入手，揭示旅游经济运行的内在机制，分析旅游供求平衡的实现条件，为旅游经济有效运行和顺利实现提供科学的理论指导。

（三）旅游经济学研究旅游经济活动的成果及实现状况

在旅游经济活动过程中，不同的参与者（如旅游者、旅游经营者）有不同的目标和要求，因而旅游经济活动是否有成效就看其达到各参与者的目标的状况，简言之，就是旅游经济活动的效益。这些效益主要体现在三方面：一是旅游经济活动是否满足了旅游者的需求，从而需要对旅游者的消费进行分析和研究；二是旅游经济活动是否满足了旅游经营者的需求，从而需要对旅游经营者的收入和分配进行研究；三是旅游经济活动是否满足了旅游目的国的需求，从而要求对旅游经济活动的宏观效益和微观效益进行综合的分析研究。

（四）旅游经济学研究旅游经济的地位及发展条件

旅游经济是国民经济的有机组成部分，在国民经济中占有十分重要的地位，旅游经济的形成和发展必须以整个社会经济发展为基础，同时旅游经济的发展又对社会经济、文化及环境产生重要的影响。因此，必须研究旅游经济与社会经济各产业、部门间的相互联系，从整个社会的角度为旅游经济的发展创造良好的条件，促进旅游经济健康、快速、持续地发展。

二、旅游经济分析内容

旅游经济学研究的目的是通过对旅游经济活动过程中各种经济现象和经济规律的研究，揭示影响和作用于旅游经济活动的基本因素和经济关系，探索支配旅游经济运行的内在机制和规律性，寻求获取旅游经济效益、社会效益及环境效益的最佳途径，并为各级政府制定旅游业发展规划及各项方针、政策和法规提供理论依据。为达到上述研究目的，旅游经济学的研究内容主要有以下几方面：

（一）旅游经济的形成及产业标志

现代旅游经济是社会生产力发展到一定历史阶段的产物，是国民经济的有机组成部分。因此，研究旅游经济学首先应明确旅游经济的形成及发展特点，明确旅游经济产业的性质及主要标志，从社会经济发展的角度把握旅游经济在国民经济中的重要地位，以及其对社会、文化和生态环境的作用和影响。

（二）旅游产品的开发及供求关系

旅游经济活动是以旅游产品的需求和供给为出发点的，但由于旅游产品具有不同于其他物质产品的属性和特点，因而必须研究旅游产品的科学含义及构成，把握旅游产品的市场生命周期，根据旅游产品的市场供求及影响因素，制定合理的旅游产品开发策略，实现旅游产品的供求平衡等。

（三）旅游产品的市场开拓及销售

旅游产品的供给和销售离不开旅游市场。因此，必须加强对旅游市场的研究，掌握不同分类市场的特点及竞争态势，采取合适的市场开拓策略；并遵循价值规律的要求，对旅游产品的价格进行合理的分类，掌握各种科学的定价方法和策略，促进旅游产品的销售。

（四）旅游产品的消费及合理化

旅游产品的消费是旅游经济活动的重要环节。由于旅游产品的特殊性，使旅游消费直接表现为旅游经济活动过程之中的现实消费。因此，必须研究旅游者的消费倾向、消费行为和消费结构，探寻旅游消费的合理化途径，以实现旅游者消费的最大满足。

（五）旅游产品的经营成本及效益

追求旅游经济效益是旅游经营者从事旅游经营活动的主要目标，也是旅游目的地国家发展旅游业的基本目标之一。因此，要研究旅游的经营成本及投资，研究旅游的收入及分配，研究旅游的效益指标体系，并通过对旅游经济宏观和微观的效益分析，对旅游经济效益的实现做出合理的评价。

（六）旅游经济结构及发展

旅游经济不仅研究旅游经济现象及其运行机制，还要研究旅游经济活动中各种经济关系，它们对旅游经济的发展会从不同方面产生影响。因此，要研究旅游产品结构、产业结构、地区结构，以寻求旅游经济结构的合理化；要研究旅游业管理体制及制度、法规建设，以加强旅游业的行业管理；要研究旅游经济的发展格局和发展模式，以探寻促进中国旅游经济发展的最佳模式。

三、旅游经济分析方法

旅游经济学是一门综合性的学科，其研究的内容十分广泛，涉及多种学科的内容。因此，要使旅游经济学的研究成果具有科学性，并能对实际工作具有指导意义，就必须选用科学的研究方法。马克思主义的辩证唯物主义和历史唯物主义，是研究任何学科都必须遵循的根本指导思想和方法，也是研究旅游经济学必须遵循的基本指导思想和方法。具体讲，在研究旅游经济学的过程中，必须坚持以下方法：

（一）坚持理论联系实际的方法

科学是对事物运动的客观规律性的理论概括。任何科学的理论都是来源于实践，又对实践起指导作用。只有通过实践，才能发现真理，才能证实和发展真理。旅游经济学是对旅游经济活动实践的科学概括和总结，因此研究旅游经济学必须坚持实事求是的科学态度，把理论与实践相结合。

坚持理论与实际相结合，要求一切研究都要从旅游经济活动的客观实际出发，运用现代经济理论分析旅游经济活动中的各种经济现象和经济关系，解决旅游经济发展中的实际问题，揭示其发展变化的客观规律性，并上升为科学的理论，用以指导旅游经济的实际工作。

坚持理论与实际相结合，必须以"实践是检验真理的唯一标准"为准绳，把对旅游经济现象、经济关系及经济规律的科学总结和概括，又拿到实践中进行反复检验，并根据实践的发展进行修改、完善和充实，才能使旅游经济理论体系不断成熟和发展。

（二）坚持系统分析的方法

建立在系统论、信息论和控制论基础之上的系统分析方法，是一种新型的、综合型的研究方法。它强调从系统、综合的角度研究事物运动的客观规律性，从而克服研究问题中的狭隘、片面、孤立、静止及封闭的观点和方法。旅游经济虽然是从属于国民经济系统的一部分，但其本身也是一个系统，只有运用系统分析的方法，才能真正掌握旅游经济的整个理论体系和方法，有效地指导实际工作。

坚持系统分析的方法，首先要坚持全面分析的方法。旅游经济活动是社会经济活动的一个子系统，其本身又是由各种要素所组成的系统。因此，在研究旅游经济时，既不能局限于旅游经济活动的某一个方面或环节，更不能以地理划界而孤立地研究某个区域。因此，旅游经济的研究要着眼于旅游经济活动的全局，以整个社会经济为背景，才可能揭示和掌握旅游经济的客观规律性。

坚持系统分析的方法，还必须坚持历史的观点。根据历史唯物主义的原理，历史的发展与逻辑的发展总是一致的。因此，要掌握旅游经济的理论和方法，就必须从旅游活动的起源、旅游活动的商品化过程开始研究，并把它置于社会发展的不同历史时期来分析，按照社会生产力及经济发展水平的差别，认识旅游经济在不同社会发展阶段的特点及作用，才能科学地预见旅游经济的发展趋势，有效地指导旅游经济活动的实际工作。

坚持系统分析的方法，必须对旅游经济进行动态的分析。运动是客观世界永恒的规律，因而旅游经济活动也是动态发展的，这就要求运用动态发展的观点和方法分析和研究旅游经济活动。尽管有时为了掌握旅游经济的本质及规律，要对大量旅游经济的资料、信息进行客观的静态分析。但把旅游经济理论和方法应用于实践时，必须根据各种因素及条件的变化，做动态的分析和运用。

（三）坚持定性分析与定量分析相结合的方法

辩证唯物主义认为，任何事物都既有质的规定性，又有量的规定性。一定的质包含着一定的量，而量变发展到一定程度必然会引起质变。旅游经济活动中的各种经济现象也都是质和量的统一。一方面，对旅游经济学中的许多范畴都具有质的规定性，才能区别各种不同的旅游经济现象。例如，旅游需求的质的规定性，是由旅游者的意愿、一定的闲暇时间与一定的价格所规定的；而旅游供给的质的规定性，则是由旅游经营者在一定时间、价格条件下提供旅游产品的意愿所确定。另一方面，旅游经济的许多范畴同时又具有量的规定性，如旅游产品、旅游需求、旅游供给、旅游经济效益等。因此，在旅游经济学的研究和学习中，必须把定性分析与定量分析有机结合起来，通过定量分析揭示各种旅游现象之间的变动关系及发展趋势，为定性分析提供科学的依据；通过定性分析，准确界定事物的本质和属性，为定量分析提供指导，达到事物的质和量的统一，促进旅游经济的持续发展。

（四）坚持运用多学科知识综合的方法

旅游经济活动是一项综合性的社会经济活动，其内容涉及人类生活、生产的多个方面。因此，旅游经济的研究必然要涉及经济学、旅游学、社会学、心理学、旅游统计学、会计学、计算机科学等多学科的知识。因此，在研究旅游经济学时，要拓宽思路，开阔眼界，注意学习和了解其他相关学科的理论研究及发展，并充分运用其他学科的最新研究成果，不断丰富本门学科的内容，提高旅游经济的研究水平和对实践的指导性。

四、旅游经济分析基础理论

旅游活动既是一种社会性的活动，也是一种经济性的活动。旅游产业作为经济发展的一个重要产业，其发展要遵循基本的经济规律。经济学的基本理论不仅为工业、农业等产业部门的发展提供了理论指导，也为旅游产业的发展提供了理论指导。

（一）价值规律是基本的理论依据

价值规律是商品经济的基本规律，价值规律的基本内容和要求是：商品的价值量是由生产商品的社会必要劳动时间决定的，商品交换要以价值量为基础，实行等价交换。价值规律的基本内容和要求对所有的经济活动都具有指导作用。价值规律是支撑市场经济运行的最基本的经济规律，旅游产业作为具有重要战略地位的国民经济的支柱产业，作为社会主义市场经济的重要组成部分，其发展必须遵循价值规律的基本要求。

价值规律为旅游活动的经济分析提供了基本的理论依据，主要表现在三个方面：一是为旅游商品价格的确定提供基本的理论支撑。商品的价值量是生产商品的社会必要劳动时间决定的，是价值规律的基本内容和要求。按照价值规律的要求，影响商品价格的主要因素有两个，即商品的价值和供求关系。商品的价值是影响商品价格的最重要的因素，对商品的价格具有决定作用，一般来说，商品的价值越大，商品的价格就越高。商品的供求关系对商品的价格有一定的影响，供不应求时，价格就会高于价值，供过于求时，价格就会低于价值。旅游商品的价格对旅游产业的发展有重要的影响，旅游商品的价格过高或过低都不利于旅游产业的科学发展、可持续发展。旅游商品在定价时，就要按照价值规律的要求，根据旅游商品价值量的大小和旅游商品供求的状况合理确定旅游商品的价格，用价格的杠杆推动和促进旅游产业的发展，避免和防止由于旅游商品定价不合理而影响旅游产业健康发展情况的出现。

二是旅游产业发展中，商品的交换要遵循等价交换的要求。等价交换是价值规律的基本要求。旅游商品和其他商品的交换需要遵循这一基本的要求。旅游产业在发展过程中，存在着多种形式的商品交换，既有旅游行业内部的商品交换，也有旅游行业外部的商品交换。在旅游产业发展中，无论是旅游行业内部的商品交换，还是旅游行业外部的商品交换，都必须遵循等价交换的原则，才能使参与旅游活动的各方面的利益得到保证，才能保证和促进旅游产业的健康发展。

三是旅游企业要遵循价值规律的要求才能得到健康发展、高质量发展。价值规律从作用上看，可以刺激企业改进技术与服务，改善经营管理，提高劳动生产率，实现企业的内涵式发展。旅游企业在发展过程中，要按照价值规律的要求，把企业发展的着眼点放在提高企业的技术水平和服务品质上；放在改善企业的经营管理、提高经营管理的水平、降低管理成本上；放在提高企业的劳动生产率和服务的效率上，走高质量发展的道路。走高质量发展的道路，既是价值规律对旅游企业发展的基本要求，也是旅游企业实现科学发展的必由之路。

（二）供求规律是基本的分析框架

供求规律是经济发展必须遵循的基本规律，任何一个产业的发展，都需要有社会对本产业的有效需求为前提。可以说，社会的有效需求既是产业产生的基础，也决定了产业发展的趋势和方向，没有社会的有效需求作支撑，一个产业是无法得到发展的。旅游产业从产生到发展，逐渐成为在社会经济中起重要作用的一个产业部门，成为国民经济的重要的支柱产业，都源于社会对旅游的需求，旅游产业未来发展的趋势、结构的调整也需要以社会需求为依据。

供求规律作为基本的经济规律，是旅游产业发展的基本规律，主要表现在两个方面：

一是社会对于旅游需求的变化是旅游资源的科学配置的基本依据。资源科学合理的配置是一个产业实现科学发展、可持续发展的关键，按照社会的有效需求配置资源是供求规律的基本要求。在旅游产业的发展中，同样面临着怎样科学合理配置旅游资源的问题。要对旅游资源进行科学合理的配置，为旅游产业的科学发展奠定好基础，基本的原则就是要根据社会对旅游有效需求的变化来配置旅游资源。目前，随着经济的发展和人民群众生活水平的提高，人民群众对旅游的有效需求在增加。近年来，各种形式的旅游，包括传统的观光旅游以及新兴的休闲旅游、乡村旅游、探险旅游都得到了不同程度的发展。旅游的持续火热正是社会对旅游有效需求增加的反映，也是旅游产业发展的一个机遇。增加旅游资源的总量，既要满足人民群众对旅游的需求，又要促进旅游产业的发展，并在旅游产业的发展中改善人民群众生活的品质，提高人民群众的生活质量，实现经济发展的根本目的。

二是社会对于旅游需求的变化是旅游产业结构调整和产业升级的依据。旅游产业的结构调整和产业升级其基本的依据是社会对旅游需求的变化。改革开放以来，我国经济社会得到了快速发展，人民群众的生活品质有了较大的改善，生活水平也有了很大的提高。人民群众对于旅游的需求，不仅总量上有了较大的增长，而且需求的类型也发生了变化，从以观光旅游为主转变为观光旅游、休闲度假旅游、健身旅游、生态旅游、文化旅游、探险旅游等多种旅游类型共同发展的状态。旅游产业的发展要适应这一变化的要求，在稳定观光旅游规模、提升观光旅游品质的基础上，积极发展其他类型的旅游，实现旅游产业的结构调整和产业升级，促进旅游产业的可持续发展。

（三）成本与需求理论

成本与需求理论是经济学的基本理论之一，该理论认为，成本和需求之间存在紧密的联系：当成本上升时，需求就会相对减少；当成本下降时，需求就会得到一定程度的增加，而一个产业的发展在一定程度上又依赖于需求的增加。所以，降低成本，刺激需求，是产业发展的基本路径选择。成本与需求理论作为一个重要的经济理论，对旅游产业的发展具有重要的指导作用，旅游产业的发展同样需要选择降低旅游成本，刺激旅游需求。

降低旅游成本，刺激旅游需求，作为促进旅游产业发展的基本路径选择，可以考虑从以下三个方面进行：一是旅游行政管理部门要积极和相关部门协调，在政策上给予支持，降低游客旅游的综合成本。旅游产业的发展涉及诸如交通运输、餐饮食宿、旅游购物、旅游景区景点等很多部门，旅游成本的降低也涉及很多部门。旅游行政管理部门要积极和相关部门进行协调、沟通，争取其他部门在政策上对旅游产业的发展给予支持，降低游客旅游的综合成本，增加人民群众对旅游的需求，促进旅游产业的发展。二是旅游企业要挖掘内部的潜力，通过提高经营管理水平来降低游客旅游的成本。对于旅游企业来讲，无论是旅游景区还是宾馆饭店，无论是旅行社还是经营旅游商品的企业，成本降低都有一定的空间。旅游企业要在提高经营管理上下功夫，通过提高经营管理水平来降低成本，使游客的旅游成本得到切实降低，从而刺激人民群众的旅游需求。三是旅游行业内部各部门之间加强沟通与合作，降低游客旅游的综合成本。目前，旅游的综合成本还处于比较高的水平，这在一定程度上抑制了人民群众的旅游需求，加上旅游市场不规范等原因，影响了旅游产业的健康发展。旅游综合成本比较高的一个原因是旅游行业内部各部门之间的沟通与合作不够，旅游中食、住、行、游、购、娱的成本呈现此消彼长的状态，游客旅游的成本最终得不到下降。要促进旅游产业的健康发展，旅游行业内部各部门之间应加强沟通与合作，认真研究降低成本的措施并认真落实。旅游企业还应加强自律，规范经营行为，让利于游客。旅游行业内部各部门之间的沟通与合作，可以使游客的旅游成本得到真正的下降，从而刺激人民群众的旅游需求。

（四）产业结构协调发展理论

国民经济是一个相互联系的整体，国民经济各个产业部门之间存在着紧密的联系，只有各个产业部门之间相互协调，整个经济才能健康持续发展。旅游产业是一个综合性的产业部门，旅游产业内部包含了旅行社、宾馆饭店、旅游景区等不同的部门，各个部门只有相互协调，整个旅游产业才能健康持续发展。旅游产业在发展中主要应注意两个方面的问题：一是旅游行政管理部门、旅游规划研究部门应统筹考虑旅游产业各部门之间协调发展的问题，把促进旅游产业内部各部门协调发展作为主要的工作任务，统筹规划，科学管理，促进旅游产业内部各部门协调发展。二是旅游产业内部各个部门和企业在考虑自身发展的时候，要把本部门的发展放到旅游产业发展的整体中去考虑，不仅要考虑本部门、本企业的发展，而且还要考虑行业内部其他部门和企业的发展。一部分旅游企业在发展中遇到了一些困难和问题，其根源不在于本企业内部，而是行业的其他部门发展滞后造成的。宾馆饭店客源不足，问题可能出在旅游景区上；旅游景区的客源不足，问题可能出在旅行社上；旅行社客源不足，问题可能出在旅游景区和宾馆饭店上。所以，旅游行业的各部门、各企业是紧密相连的利益共同体，追求和旅游行业内部其他部门、其他企业的共同发展是旅游企业科学发展的必然选择，也是旅游企业科学发展的基本路径。

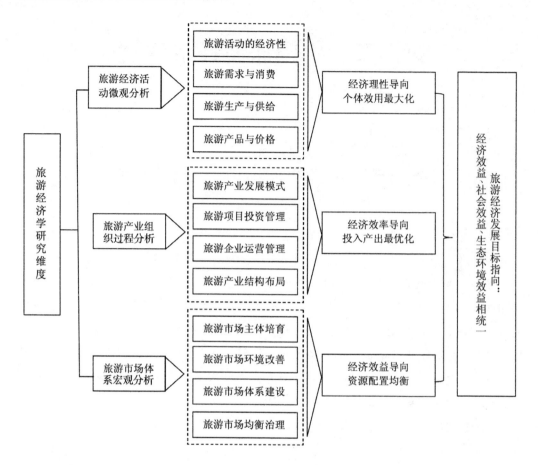

图1-2　旅游经济分析的基本框架

第二章　中国旅游经济发展

第一节　我国旅游业的产业化水平

学者董观治、陈烈采用主成分分析法对我国旅游产业化水平进行了测度。他们通过收集国内 31 个省级行政区的 24 个因子层指标的原始数据，将每一个省级行政区的 24 个因子层指标的原始数据写成矩阵形式，对其进行标准化处理，以减少评价指标的不同计量单位对分析，然后根据标准化后的数据值，计算因子层指标与项目层指标的简单相关系数，获得相关系数矩阵 R；接着应用 SPSS 统计软件中的 Oblimin 方法，计算出相关系数矩阵 R 的特征值、特征向量和贡献率；最后通过计算获得综合评价函数公式，计算出国内 31 个省级行政区的旅游产业化水平指数，并根据 Logistic 过程模型对测度结果进行分类和排序，反映出国内 31 个省级行政区的旅游产业化进程。

国内还没有一个省级行政区旅游业发展到调整阶段，而总体上我国旅游产业化水平指数为 11.3160，属于成长阶段的低端水平。这说明国内旅游业尚处于扩张性发展态势之中，有待进一步提高旅游业现代化、国际化、规模化和市场化的水平。31 个省份的产业化水平大致可以分为以下三个层次：

第一，广东、北京、上海、浙江、江苏与福建，这 6 个省份（市）旅游产业化水平位于 15 ~ 23 的指数区间，已经发展到成熟阶段。旅游产业体系具有良好的完整性与协调性，旅游产业现代化和规模化水平走在了全国的前列。但从测度指标体系的标准化数据来看，6 个省级（市）旅游产业尚处于成熟阶段的低端水平。

第二，山东、辽宁、河南、湖北、海南、广西、云南、四川、重庆、湖南、天津、安徽、吉林、陕西、内蒙古、河北与新疆，旅游产业化水平位于 10 ~ 15 的指数区间，处于成长阶段。这 17 个省份（市）要在旅游产业的结构优化、管理效能、社会服务、知识投入、市场营销等方面加快发展步伐，加大力度提高旅游产业的经济规模、经济效益、发展潜力、关联效应和比较优势。

第三，黑龙江、山西、贵州、江西、甘肃、宁夏、青海、西藏，旅游产业化水平位于 -3 ~ 10 的指数区间，尚处于导入阶段。

从总体上看，国内 55% 的省份旅游的产业化水平属于成长阶段。这与我国 1995 年以来国家"把旅游业作为经济产业来发展"和"实施适度超前发展战略"的宏观政策是相吻合的。

从空间分布上来看，国内省域旅游产业化水平呈明显的梯度发展。首先，处于成熟发展阶段的省级行政区都来自沿海地区；其次，排序前 10 位的省级行政区中有 8 个来自沿海地区，反映出明显的沿海经济指向性；再次，8 个处于导入阶段的省级行政区中有 6 个来自西部地区，排序后 10 位的省级行政区中有 8 个来自西部地区，反映出明显的内陆资源指向性。这种格局与我国经济梯度发展的整体态势基本吻合。在未来的我国旅游发展过程中，需要通过市场经济机制实现产业要素流动，提高我国旅游产业化水平，促进国家旅游经济的全面发展。

第二节 我国旅游产业组织的 SCP 分析

一、产业组织现状

旅行社是旅游产业链的核心。在传统的旅游产业组织结构中，旅行社作为一个存在于旅游实体和旅游消费者之间的中介商，在产业链中主要功能是从单项旅游产品供应企业采购旅游单项产品，然后通过组合销售向消费者提供单项旅游产品、组合旅游产品或者整体旅游产品。而消费者，则既可以通过旅行社向旅游产品提供者直接购买，也可以通过旅行社来购买。旅行社行业的前向行业是各个景点、饭店、交通等旅游实体。这些旅游实体依靠旅行社这一交易中介集中组合他们的资源，最终与消费者完成交易。事实上，在大众旅游时代，旅行社这个旅游中介是旅游产品构成要素的组合者发挥十分重要的作用，是产业链的核心。

旅行社处于"小、散、弱、差"的发展状态。旅行社行业是经济发展和社会分工具体化的产物，它的产生源于节约交易费用，作为商业中介形成了市场和交易环境。产品买卖双方不必单独为产品找到最终消费者和供应者，只要到市场中，与自己最接近的商业中介交易即可。寻找这种中介的交易费用相对要小得多。旅行社存在的意义在于降低交易费用，然而，相对旅游实体和旅游消费者而言，它仍然是一种"交易费用"。

目前，由于中国旅行社行业的集中度和进入壁垒过低，"小、散、弱、差"是旅行社行业的基本特征，造成了过度竞争、中介微利的现状。而旅游单项产品供应商存在产业集中度过低和成本结构不合理的现状，同时缺乏挖掘内部潜力及对新市场开拓意识与能力，为争夺市场份额频频出现非理性的市场行为。旅游产业链上的各级企业亟待通过组织创新、规范竞争等途径进行新一轮整合。

信息技术促使旅游产业链中的各企业前向一体化。就当前的情况看，随着信息技术的发展，人们的生活方式在发生改变，产品购买过程的中间环节由于网络购买的出现而缩短，世界范围内旅游产业链中的各实体走向虚拟前向一体化。众所周知，Internet 是一种新兴强势媒体，在信息传播方面具有高信息量、高速传输、时效性强、信息全球覆盖以及互动性等优势。当旅游实体结合 IT 技术形成旅游电子商务，使得旅游实体具备了生产产品能力的同时，自然就具备了直销的能力，即拥有这种信息传播渠道，自然就拥有了销售渠道。其结果是决定了其商业营运中低成本的优势，这里所指的成本优势就是更节约交易费用。在线销售使得旅游实体虚拟前向一体化，但旅游实体并没有通过物化的兼并来达到前向一体化，IT 技术使得旅游实体具备了生产产品能力的同时自然就具备了直销的能力，即拥有这种信息传播渠道，自然就拥有了销售渠道。因此，旅游实体是在互联网的虚拟空间中，实现的虚拟前向一体化，而非物化的。对旅游实体而言是其在虚拟空间的延伸，为消费者提供零距离服务。

二、产业组织理论及旅游产业 SCP 分析框架

（一）产业组织理论

产业组织理论是从微观经济学中分化发展出来的一门相对独立的经济学科，它的任务在于揭示产业组织活动的内在规律性，为现实经济活动的参与者提供决策依据，为政策的制定者提供政策建议，是一门微观应用经济学。

一般认为，英国著名经济学家马歇尔最先提出了产业组织的理念。1890 年，马歇尔在其名著《经济学原理》一书中论及生产要素时，在萨伊的基础上首次提出了第四生产要素，即"组织"。其所指的"组织"概念，包容了企业内的组织形态、产业内企业间的组织形态、产业间的组织形态和国家组织等多层次多形态的内容。后来的产业组织理论自其真正奠基之日起，即是从马歇尔"组织"概念的第二层次的组织形态，即产业内企业间的关系形态基础上发展起来的。将产业内企业间关系结构从马歇尔混杂的"组织"概念中分离出来的工作，最后是由梅森（Edward S.Mason）和 J·S·贝恩完成的。产业组织理论体系的最终形成，离不开马歇尔、张伯伦等人早期开拓性研究的贡献，特别是张伯伦的垄断竞争学说不仅成了现代产业组织理论的主要来源，而且率先实现了经济理论研究从规范研究到实证分析的方法论的转变。不过，现代产业组织理论体系中的绝大多数实证研究的方式方法和判别标准，主要得益于 20 世纪 30 年代以后的一些西方学者实证研究的结论而发展起来的。可以这样归纳，西方产业组织

理论萌芽于马歇尔的"生产要素理论"，奠基于张伯伦等人的"垄断竞争理论"，形成于贝恩的"产业组织理论"。

贝恩在 1959 年出版的《产业组织》一书，系统地提出了产业组织理论的基本框架，标志着现代产业组织理论的基本形成。以梅森和贝恩为主要代表，理论界称为哈佛学派。哈佛学派的主要贡献是建立了完整的 SCP 理论范式。所谓 SCP 是 "Structure（市场结构）—Conduct（市场行为）—Performance（市场绩效）" 的简称。哈佛学派认为，结构、行为、绩效之间存在着因果关系，即市场结构决定企业行为，企业行为决定市场运行的经济绩效。所以，为了获得理想的市场绩效，最重要的是通过公共政策来调整不合理的市场结构。这一范式的最初形式是贝恩（1956）的市场结构、市场绩效两段论范式，是一种结构主义的理念，主要建立在两项经验性研究基础上，即对经济绩效的衡量和结构与绩效关系。1959 年，贝恩编写的著名教科书《产业组织论》的出版标志着产业组织理论的基本形成。SCP 范式的形成标志着产业组织理论体系的初步成熟，产业组织学因此而成为一门相对独立的经济学科。目前，新产业组织理论则大量引入了新的分析方法，包括可竞争市场理论、博弈论、新制度理论（产权理论和交易成本理论）、信息理论，通过整合厂商内部组织和外部关系，进一步考察了厂商行为的多重复杂关系。

（二）旅游产业组织的 SCP 分析框架

旅游产业实证研究包括市场结构分析、市场行为分析、市场绩效分析等内容。由于旅游产业是一个从需求方角度来加以界定的新兴综合性产业，各方面研究均不成熟，很多概念、定义和研究范畴不清，用 SCP 理论用于旅游产业组织实证研究虽有利于理清旅游产业系统的组织现状，但必然存在一些不尽如人意之处。

三、我国旅游产业组织 SCP 分析

旅游业层面的旅游产业组织，范围主要包括旅行社、宾馆饭店、旅游景区景点企业、旅游交通企业、旅游购物企业、旅游娱乐企业。因为在这些旅游业的子行业中旅行社业是其中的核心，即狭义意义上的旅游业，此处作为重点来分析。另外酒店业也是历年旅游统计年鉴上的主要子行业。

（一）市场结构

根据哈佛学派市场结构分析框架，对市场结构的研究主要是从市场结构形成的原因角度来研究市场结构与市场绩效之间的关系。这些原因主要是产业绩中、产品差异化、进入壁垒、规模经济性等。

1. 旅行社市场结构

旅行社作为沟通游客与旅游目的地之间的桥梁，从其功能上讲是一个以旅游批发和代理为主营业务的实体，或者说旅行社是以旅游批发商为主宰的产业组织体系。决定旅行社产业组织体系的主导力量，是旅行社的规模结构以及由此形成的核心竞争力。旅行社的市场结构主要从旅行社规模经济、进入退出障碍两个方面进行分析。

旅行社的规模经济与网络经济。规模经济可以分为两大类型，即生产性规模经济和经营性规模经济。生产性规模经济是企业通过生产能力的改变，逐步扩大产量规模而导致的单位成本下降的现象。经营性规模经济主要是指企业经营规模的扩大所导致的企业经营收益的增加。经营性规模经济主要可以从三个方面体现出来：生产性投资的扩大、销售和批发网络投资的扩大、管理过程的投资扩大。旅行社规模经济既可以通过生产型规模经济实现，也可以通过经营性规模经济实现，以后者为主。通常生产性规模经济是指旅行社经营规模扩大而导致单位成本下降，具体表现为接待规模的扩大或组团规模的扩大两个方面。经营性规模经济是旅行社由于市场客源组织的空间扩散以及销售门市的网络化而带来的收益增加。同时，旅行社还可通过管理过程的扩大投资来实现规模经济。

就目前的旅行社来说，绝大多数企业是通过针对自己的目标市场，扩大组团或增加接待的数量来降低成本以实现盈利。这些企业通过与旅游者旅游所必需的服务提供部门（如旅游交通部门、旅游住宿部门、旅游餐饮部门、旅游景区景点、旅游购物部门等）建立紧密的业务联系，获得在这些独立的服务企业的采购其旅游服务产品的数量折扣，从而获得采购的价格优势，然后再组合成线路产品，销售给消费者，获得价差。因此，旅行社的组团或接待能力越强，其获得的折扣价格越多，其服务产品的成本越低，企业的盈利能力越强。但旅行社要想形成较强的接团和组团能力，除了在营销上下功夫，还要增加终端的销售网点，即需要通过扩大销售和批发网络投资来实现规模经济。目前，中国国际旅行社总社、中国旅行社、中国青年旅行社是我国最大的三家旅行社。

旅行社进入与退出壁垒。旅行社的进入和退出壁垒与市场集中度有关，如果进入市场壁垒高，旅行社的数量就越少，那么旅行社的市场集中度也就高，在市场容量相对稳定时，就越容易产生市场垄断行为。反之，如果旅行社的进入部类壁垒越低，旅行社的数量将越多，市场集中度也就越低。在市场容量相对稳定时，市场竞争就越激烈。同理，如果退出壁垒高，则旅行社的市场集中度也就低。一般来说，旅行社的进入壁垒由行政与法规、网络经济、产品差异化程度、营销费用、经营成本等几个因素决定。

在对旅行社产业的实际研究中，我们常使用一种简易的方法来判断旅行社行业的进入壁垒，即利用对旅行社产业的企业数量和企业规模比中进行研究。如，可以通过对旅行社历年企业数目增长率指标来比较，也可以通过百强旅行社企业在旅行社总业务量的比重来说明，还可以通过百强旅行社企业在旅行社总业务量的比重来说明市场的类型。

尽管旅行社行业的行业利润率很低，但旅行社企业数在过去10多年中仍然以平均两位数的比例增长，说明旅行社行业的进入壁垒很低。从20世纪90年代后半期开始，旅行社经营已全面进入微利时代。大众旅游市场方兴未艾，行业门槛又偏低，许多"作坊"式的办事处也来抢分一杯羹，它们进出市场快，缺乏长远的经营策略与品牌意识，以价格竞争为主要武器。在其推波助澜之下，市场一步步趋于"媚俗"。而一些已基本具备现代营销理念的大中型旅行社，有些疲于应付。尤其是国内社，经营"技术含量"相对较低，小到两三部电话就可以开一家旅行社。所以，国内旅游市场存在多、小、散的问题，恶性竞争不断。

旅行社退出壁垒是旅行社市场经营环境恶化，企业经营业绩不佳，准备退出市场时所受到的障碍。决定旅行社退出壁垒的几个因素是：企业的沉没成本、违约成本、行政法规和市场发育不完善。从目前我国的旅行社发展情况看，其退出壁垒主要是市场发育不完善。因为，旅行社资产专用性弱，退出时企业的沉没成本低；同时，旅行社与顾客的契约是短期的且多为一次性购销合同，企业退出时违约成本较少。另外，从我国有关法律法规来看，对旅行社退出没有严格的限制。

旅行社的市场集中度。旅行社市场集中度是指旅行社经营的集中程度，它集中反映旅行社市场垄断程度的高低，一般用旅行社产业中若干个最大的企业所拥有的生产要素或其营业额占整个产业的比重来表示。

根据有关市场占有率判断行业竞争结构的标准：（1）完全垄断，第一名的市场份额超过74%，处于完全垄断位置，这个市场相对稳定；（2）绝对垄断，第一名的市场份额超过42%，且大于第二名的1.7倍，第一名处于市场领先地位，并有独占的优势，第二、第三名的市场份额比率小于1.7%，第二名受到第一和第三名的强大挤压；（3）双头垄断，前两名市场占有率大于74%，二者份额比率在1.7以内，第二名有超越第一名的可能，前两者存在战略联盟的可能，从而淘汰更多的弱小企业；（4）相对垄断，前三名的市场占有率大于74%，且三者份额比率在1.7以内，主要竞争将发生在前三名之间。其他企业将受到前三者的强大竞争压力；（5）分散竞争，第一名的市场占有率小于26%，各企业份额比率均在1.7以内，市场竞争异常激烈，各企业位置变化可能性很大。从上述数据判断，我国旅行社行业处于分散竞争的局面，国际旅行社相对来说，其市场集中度高于国内旅行社。

2. 旅游饭店市场结构

从市场结构来研究饭店业，饭店竞争力首先取决于地区竞争能力，其次才是饭店竞争能力。这是由旅游消费行为具有空间指向性的特点决定的。旅游饭店也能够通过联号、特许经营、管理合同、租赁和拥有股权等各种形式,加速饭店业的市场集中程度。

饭店的规模经济。饭店的规模经济表现在两个方面:一是饭店的规模越大,拥有的客房越多,其创造收入的能力就越强,饭店的创收能力基本上与其拥有的客房数成正比;二是饭店在特定的区域空间内,经营点越多,盈利能力越强。

从饭店业的规模来看,中国的饭店业市场还没有形成全国性的大规模连锁集团,其市场具有很强的地域性。

从饭店的空间分布上看,我国的饭店分布具有很强的指向性,一是分布在东部发达地区,二是分布在著名的旅游城市和旅游地。

(二)市场竞争行为

企业的市场竞争行为主要有三种情况:价格竞争、非价格竞争和企业的组织调整。这三种情况构成几种类型的企业行为,即企业的定价行为、企业的差异化竞争、新产品研发及技术创新行为、企业兼并扩张行为。

1. 旅行社市场行为

旅行社的定价行为。多数企业的定价是按照成本加成法来确定的。在价格的实际操作过程中,旅行社往往会实行价格歧视行为,即采用数量折扣、消费时段折扣等二级价格歧视策略,有时也会采用对不同消费群体采用不同价格的三级价格歧视策略。其中,运用最多的是时间价格歧视和数量折扣的二级价格歧视策略。旅行社会根据旅游的淡旺季,调整旅行产品的价格。通过实践价格歧视,旅行社可以将旅游旺季或者需求高峰时间内的旅游消费者剩余转化为旅游企业超额利润;另一方面,也可以提高旅游接待设施的利用率,优化资源的配置和利用。

旅行社的差异化竞争、新产品研发与技术创新行为。前文分析中指出,我国旅行社处于分散竞争的市场结构,各企业在竞争过程中多采用价格竞争的方式,很少有产品差异化的竞争策略,导致了企业间的恶性竞争行为。旅行社产品的价格与其边际成本几乎相当。由于旅游产品具有异地消费、边生产边消费等特征,在契约达成的过程中,信息严重不对称,各企业得以有机可乘。各大旅行社为了吸引更多的游客,往往利用消费者的信息缺陷,打出低价吸引消费者,有些旅行社甚至给出的价格低于成本价,造成产品质量低下。其中的原因在于,旅行社在旅行服务产品的销售过程中,采用了捆绑销售的方式,以低价提供景区景点和住宿产品,以加点或者购物等高价产品销售来平衡整体产品的价格。但消费者不清楚其中的奥妙,往往期待物美价廉,并且在价廉的过程中只想消费旅行社提供的整体产品中的景区景点、住宿、餐饮等产品。这就形成了目前我国旅游市场中消费者满意度差的主要原因。

在分散竞争、市场容量相对稳定的市场环境里，旅行社采用价格竞争策略和捆绑销售的策略进行产品销售。张五常先生说"在完全没有反垄断法例的香港，任何捆绑可以自由使用，捆绑销售的现象并不比美国多"。而且捆绑销售方式在其他行业也经常运用，尤其是垄断行业。比如我国的邮政电信业、保险业的一些捆绑销售。最有名的是微软公司浏览器软件与 Windows 操作系统软件的捆绑销售。但在美国，这是违反《反垄断法》的。所以，2000 年 4 月 4 日，联邦法官杰克逊判定微软违反《反垄断法》，把捆绑销售作为阻碍竞争的手段，维持微软的垄断地位。目前，在我国还没有颁布《反垄断法》。但是，《反不正当竞争法》规定"经营者销售商品，不得违背购买者的意愿搭售商品或者附加其他不合理条件"。《消费者权益保护法》也规定"经营者不得以格式合同、通知、声明、店堂告示等方式做出对消费者不公平、不合理的规定，或者减轻、免除其损害消费者合法权益应当承担的民事责任"。同时，《价格法》规定"经营者定价，应当遵循公平、合法和诚实信用的原则"。因此，总体上旅行社在产品销售合同契约达成的过程中，利用旅游者对旅游产品了解信息不完全的缺陷，在没有征得消费者本人同意的情况下进行产品捆绑销售，这在我国有违反《不正当竞争法》《消费者权益保护法》及《价格法》的嫌疑。这必然会导致消费者的满意度下降，甚至消费者投诉行为。但是，目前国家有关部门对旅行社的这一行为的监管力度不够，旅行社往往可以通过这种方式来获得利润，这在一定程度上也就抑制了旅行社产品的创新行为。但是，谈到旅行社产品的创新，旅行社的产品由于是服务组合型产品，一般为路线产品，产品可复制性强，且没有任何对线路产品具有保护性的法律法规，只要其中一个旅行社开辟了一条受消费者喜好的路线产品，其他旅行社就可以直接复制，一哄而上。因此，这也在一定程度上打击了旅行社产品创新的积极性。也即由于旅行社的线路产品创新具有很强的正外部性，抑制了旅行社企业的创新行为。

2. 旅游饭店市场行为

饭店业的市场竞争行为主要有两种情况：价格竞争和企业的组织调整。价格竞争主要是饭店行业采用折扣价和淡旺季差价、分时差价等形式进行价格竞争。由于饭店行业的进入壁垒低，而退出壁垒高，属于资本密集型的产业。很多企业尽管微利，甚至亏损，仍然留在行业内。目前，行业内的饭店由于多年亏损，逐渐剥离了传统饭店的许多附属部门，如餐饮、康疗、健身、美容美发、洗衣等，逐渐走向简化，一方面在近几年出现了大量经济型饭店，且发展势头迅猛，另一方面饭店业提供的服务逐渐走向专业化、个性化。总体上，逐渐走向差异化竞争的道路。

近 5 年经济型酒店势如破竹，发展速度极快，且是我国饭店业内发展较好、收益较高的一个领域。经济型酒店（Budget Hotel）是相对于传统的全服务酒店（Full Service Hotel）而存在的一种酒店业态，产生于 20 世纪 30 年代而成熟于 80 年代的美国，近几年才在中国出现。经济型酒店最大的特点是功能简化，它把服务功能集中在住宿上，而把餐饮、购物、娱乐功能大大压缩、简化甚至不设，投入的运营成本大幅降低。它把客房作为服务的重点，经济但是绝对不失水准，人们的住宿需求在这里都可以得到满足，而客房的家具陈设可与星级酒店相媲美，这是经济型酒店与其他类型酒店的本质差别。经济型酒店目标锁定在大众消费人群，定位在社会大众、一般商务旅游人士、普通自费旅游者以及学生群体，价格适中，市场规模巨大，需求也非常稳定。

饭店业正向集团化、多元化发展，企业兼并扩张行为较多。产业链有前向一体化的趋势，大型发电集团逐渐向旅行社、景区景点业延伸。

另外，饭店业集团化经营的趋势越来越明显，国内的锦江酒店集团、如家快捷酒店集团等发展迅速，国内的酒店集团也有大规模进军市场的痕迹，世界大型的酒店集团基本都已进入中国，这些国际大型酒店集团不仅进军国内的高端市场，而且逐步涉及中端和经济型酒店市场，中国酒店业的竞争将愈演愈烈。

第三节　空间因素与经济发展

区域空间结构理论不是寻求单个经济活动和经济现象的最佳区位，而是要揭示各种客体在空间中的相互作用和相互关系以及反映各种关系的客体和现象的空间集聚规模和集聚程度。区域空间结构是一个动态的变化过程。著名学者陆大道指出，区域空间结构是区域发展状态的指示器，区域空间结构又主要受区域经济发展水平和发展阶段的影响和制约，不同阶段其区域空间结构具有不同的结构特征。区位势能、极化和扩散机制等对区域空间结构演进起重要作用。

区域空间结构的形成和演变是一个客观点经济现象和过程，在这一过程中它表现出一定的规律性。首先，区域经济的发展总是在均衡与不均衡的否定之否定中螺旋上升的。区域经济的发展是极化效应和扩散效应的力量对比过程，极化效应占优，则表现为区域经济空间趋于不均衡发展；反之，则表现为均衡发展的趋势。两者互相替代，互为补充。其次，区域空间结构演变总是遵循由"点"到"轴"，有"轴"到"面"，由"面"到"网络"的过程。"点"是指空间结构中的节点，是区域经济发展中的重心，一般由中心城镇构成。这个"点"往往是区域的增长极，增长极再通过扩散作用来促进区域的发展。最后，在区域空间结构演进过程中，节点的极化和扩散是最根本的力量。由"点"向"轴"和"面"的发展，及三者之间的融合是区域经济发展良性循环的最高形态。因此，区域经济的发展中，增长极大培育和发展，及其扩散作用的形成，对区域经济发展作用重大。我国东部经济的发展，就可以验证这一观点。学者杨开忠提出，西部地区落后的原因在于西部地区的"空间格局不经济"。西部地区除了关中地区、成渝地区、滇池周边地区、河套地区、兰州周边地区、河西走廊、北疆铁路沿线地区人口密度较高以外，其余地区人烟稀少，聚落分散。杨开忠等指出，西部地区的人口聚落密度低、规模小，它从两个方面制约西部地区发展：一是聚落规模小使其对外交易机会少，交易成本高；二是聚落规模小使内部规模不经济和外部规模不经济。

一、势能与区域旅游经济增长

把地理区域作为一个系统，当一个区域相对于其他区域在地理位置、区际差异、区域结构和环境质量等方面所显示出发展的综合优势，即是该区域在这一系统中的地理势能。这种地理势能的大小受自然环境基础的深刻影响，并可随着不同的历史阶段、科学技术的发展而转化。一个地区的地理位置对比优势的态势为地理位置势能。地理位置和区位在自然条件上的势能促使其获得政策上的势能，并直接影响到产业结构的形成。地域间环境条件、生态功能、产业优势的潜在影响力为地理区际势能。区际的差异还体现在区域发展的历史过程上，历史悠久的区域往往具有较高的地理区际势能。区域自然环境结构对于区域发展优势的影响力为区域结构势能。

影响区位势能形成的主要因素，是自然条件、自然资源、行政、人口分布能、交通运输、技术经济、政策等。资源禀赋的差异和空间距离的不可灭性是区域差异的基础，这是各国经济发展中均存在的客观因素。

二、极化／扩散因素与区域旅游经济增长

极化效应和扩散效应是区域发展和区域空间结构演进的两种最基本的力量，它们分别以自身的特殊机制推动区域经济的发展和空间结构的演变。

（一）极化

区域核心吸引了周围的劳动力、资金、技术等要素转移入核心地区，剥夺了周围区域的发展机会，使核心地区与周围区域的经济发展差距扩大，这种作用称之为极化作用。其产生原因主要是规模经济和集聚经济效应。由于生产规模不断扩大，规模经济导致生产成本逐渐下降，从而使产品价格下降，诱导相关产业进一步得到扩张，并且向核心地区集中，增强核心地区的竞争力。任何一个区域，无论是小的区域，还是一个大的综合经济区，它的全部产业在宏观上都要求组成一个规模适当、结构合理、联系密切的集聚体，才能最大限度获得集聚经济效应。因集聚而造成的有利环境，被称作集聚经济效应。

极化作用是增长极对周围区域产生的负效果。增长极（growth pole）概念最早是

由法国经济学家弗朗索瓦·普劳克斯（F.Peiroux）提出的。20世纪50年代初，他针对古典经济学家的均衡发展观点，指出现实世界中经济要素的作用完全是在一种非均衡的条件下发生的。他认为"增长并非同时出现在所有地方，它以不同的强度首先出现于一些增长点或增长极上，然后通过不同的渠道向外扩散，并对整个经济产生不同的最终影响"。由于增长极主导产业的发展，具有相对利益，产生吸引力和向心力，使周围区域的劳动力、资金、技术等要素转移到核心地区，剥夺了周围区域的发展机会，使核心地区与周围区域的经济发展差距扩大。这种负效果被称为极化效果。瑞典经济学家缪尔达尔（Myrdal）在研究极化发展理论时把这一过程称为"回流效应"。他认为，增长中心无论最初的扩展的原因是什么，其内部经济和外部经济的累积增长都会加强这个中心在区域中的地位。这一过程通过资本、货物和服务等的流动得以实现。

（二）扩散

由于核心地区的快速发展，对其他地区有一定的促进、带动作用，提高其他地区的就业机会，增加农业产出，提高周围地区的边际劳动生产率和消费水平，引发周围地区的技术进步，这种现象被称为扩散作用。扩散产生的原因，主要是极化中心的带动与促进作用、极化中心的经济"外溢"作用和政府宏观政策调节。

扩散有四种形式：就近扩散、跳跃式扩散、等级扩散和随机扩散。就近扩散，是资源、要素、企业和经济部门由集聚地区向周围地区扩散。一般而言，与集聚地区相邻的地区，有与集聚地区相似的外部环境，并且与集聚地区联系方便，便于获取信息。跳跃式扩散，是资源、要素、企业和经济部门从集聚地区越过周围的地区而直接扩散到其他地区。产生跳跃式扩散的原因主要有两个：一是接受扩散的地区虽然与集聚地区在空间上不相邻，但整体发展水平相对较高，具备接受扩散所需的良好条件，因而能够对集聚地区的资源、要素、企业和经济部门产生很大的吸引力，吸引它们进入本地区；二是接受扩散的地区存在某些方面的发展机遇，如有可开发的资源、较大的市场或者优惠的发展政策等，在众多的地区中成为集聚地区进行扩散的优选对象。等级扩散是集聚地区的资源、要素、企业和经济部门按照衷心地等级稀土由上至下地进行扩散。从集聚地区开始的扩散基本上是首先扩散到其他区域的大城市，然后再由大城市扩散到中等城市和小城市。随机扩散是集聚地区资源、要素、企业和经济部门的一种无规律扩散。产生随机扩散的原因，一是地区之间的信息不畅，经济地区在进行扩散时，可选择的范围有限；二是因某些社会因素和心理因素，致使扩散地区选择偏离经济合理的原则。

就总体而言，扩散将促进资源、要素、企业和经济部门在空间上区域相对均衡，有利于逐步减少区域内部的经济水平差异，促进经济协调发展。

三、空间紧邻效应

空间紧邻效应是指区域内各种经济活动之间或各区域之间的空间位置关系，对其相互联系所产生的影响。根据距离衰减规律，各种经济活动或区域的经济影响力随着空间距离的增大而减小。在区域空间结果的形成和发展中，各种经济活动或地区之间的空间距离远近不一，相互发生联系的机会和程度存在差异，因而对他们的空间分布和组合产生不同影响，从而对区域空间结果的形成和发展产生影响。

空间紧邻效益产生是基于以下原因：一是无论哪种经济活动都由节约社会劳动的内在要求，在可能的情况下，就倾向于按就近原则组织相关的资源和要素去进行生产和经营。二是由于受空间感知能力的限制，各种经济活动在进行发展决策时能够获取决定信息常常以周围地区的居多，为了降低决策风险，它们大多数倾向于在周围地区采取行动，谋求发展。

空间紧邻效应对区域空间结构的形成与发展的影响发展表现在以下方面：促使区域经济活动就近扩张；影响各种经济活动的竞争；影响各种经济活动之间在发展上的相互促进。空间近邻效应的这几个方面的作用都会不同程度地影响区域空间结构的形成和发展。

第四节　我国旅游经济发展的空间格局

一、经济发展空间差异的度量

测量区域经济差异一般选取的是人均经济总量指标。在不同的国家和地区，由于可以获得的经济统计数据不一样，所以用于度量区域经济差异的指标有所不同。使用比较普遍的指标是人均国内生产总值、人均国民生产总值、人均国民收入等。在我国，过去限于统计体系，有的学者曾使用人均社会总产值、人均工农业总产值等指标来测度区域差异。无论具体选择什么样的指标，这些指标都是属于单一指标。还有的学者选择多指标或综合指标来测度区域差异。国际上使用的比较多的综合指标有人文发展指数（HDI）、生活质量指数（PQLI）以及各种指标体系。多指标或综合指标复杂，数据不易提取和处理，使用面较窄。

尽管有学者认为单一指标不能全面地反映总体差异，但单一指标具有指标简单、数据容易获得和计算等特点，使用面广，可比性强。考虑到指标数据的可获得性，本书采用单一性指标度量区域旅游经济差异。

区域经济差异的计算方法较多，根据数据的可获得性，本书主要计算变异（差）系数和基尼系数。

二、结果分析

在研究地区间经济发展水平不平衡性时，常把基尼系数 G=0.4 作为预警值，即当 G > 0.4 时，我们就需要兼顾效率与公平，努力减小区域的不平衡性，而不能一味强调效率。从对我国旅游业（小口径）的旅游固定资产投入和营业收入的变异系数和基尼系数的计算结果看，1992—2005 年间，我国旅游业发展是一个从不均衡走向均衡发展的过程，区域差异逐渐减小，目前基尼系数处于安全范围。从测算结果看，我们可以得出下述结论。

（1）我国旅游业空间格局经历的"不均衡—均衡"的历史过程。从测算的时间 1992 年开始计，基尼系数在 1997 和 1998 年前大于 0.4，超过预警值，随后进入均衡状态，实现了梯度发展到均衡发展的转变。尽管在 1999 年又出现新的一轮不均衡，之后就一直朝均衡的方向发展，良好的势头持续至今。

（2）我国西部旅游业突破空间障碍，实现良性发展。在区域经济发展的客观要求和国家宏观政策的主观调控下，我国旅游经济在西部旅游资源十分丰富的资源势能和东部资金势能的双重作用下，突破了北京、上海、广州三个重要旅游增长极的就近扩散状态，实现了跨区域的跳跃式扩散，出现新的以四川和云南为中心的西部地区旅游业增长极，并逐渐扩散到西藏、贵州，与周边的广西、陕西等区域形成旅游经济发展网络。西部旅游业发展势头良好，真正成为西部地区经济新的增长点和重要的特色产业。

结果分析如下：

（一）政策推动对旅游业均衡发展起重要作用

出现 1999 年的不均衡反复，可能与 1998 年我国正式将旅游业确定为"国民经济增长点"有关。在国家政策的推动下，我国旅游业在 1998 年后加大了投资力度，尤其是西部地区，旅游业作为特色产业重点发展，取得了良好的收效。另外，我国在 1999 年启动了西部大开发的重要战略，其中很重要的一个策略就是对基础设施的投资。过去几年的西部大开发中，西部地区基础设施建设取得较大进展。1999 ~ 2004 年五年间，西部地区固定资产投资年均增长 20% 以上，明显高于全国平均水平，投资总规模约 8500 亿元。交通干线、水利枢纽、西电东送、西气东输、通信网络等重大基础设施建设进展顺利。基础设施的发展为西部旅游业大发展奠定了坚实的基础。

（二）我国旅游经济实现均衡增长的资源优化配置的必然结果

在旅游发展初期，我国的旅游固定资产投入基本上在东部，这与东部地区的经济发展和市场需求发育阶段相关，而当经济发展到一定程度，各种基础设施达到能够跨越减少空间距离所带来的时间花费的时候，旅游人流的跨区域流动将成为必然。这既是出于东部地区消费者需求的需要，也是东部地区资本流动的需要。我国西部地区是自然旅游资源和人文旅游资源十分丰富的地区，在旅游业发展方面，其资源的势能十分突出。但要发展其旅游业就要实现空间距离上的突破，就要解决交通问题和其他基础设施问题，这需要大量的资本。两种要素的不均衡存在，是其流行性产生的前提条件。在经济规律的作用下，要素的流向总是趋于使其增值或提高效率的方向。国内资本流向西部，也正是如此，我国旅游经济从经历不均衡到均衡的历史过程，是客观条件决定的。

（三）经济活动的不可分性促进资源利用效率提高，空间上的点、轴、面的结合能带动区域旅游经济发展

我国东部地区旅游业的发展与其经济发展是密不可分的。经济的发展，带动相关的人流与物流，我国的三大经济带带动区域经济发展就是一个明显的事实。而西部地区的旅游发展也是如此，西部地区目前已形成以云南和四川为极核的旅游业发展增值极，其辐射作用在不断扩散，并逐步形成以昆明、成都、重庆、桂林、贵阳为中心城镇的发展域面，带动整个西南地区的旅游业发展。

第五节　空间因素与中国旅游经济发展

研究通过测算我国旅游业的旅游固定资产投入、旅游业营业收入的基尼系数和变异系数，我们知道了在过去我国旅游业发展空间格局从不均衡到均衡发展的演变过程。通过对这一历史过程的分析，我们可以总结出空间因素与旅游业的均衡发展几个关系。

一、旅游资源自身禀赋、资金、外部环境是旅游经济发展的必要因素

在上文分析中，我们看到，在我国经济东、中、西部梯度发展格局下，我国旅游业突破这一格局从不均衡发展走向均衡发展。之所以能有这个转变，有几个必要的条件。第一，我国经济发展到目前阶段的客观必然。旅游业与其他产业的差异在于，其所提供的产品在于能够满足消费者越来越多元化的求新、求异的心理需要和休憩的需

要，而这种需求的满足一定程度上需要空间距离来获得。或者说，东部旅游资源已经不能再满足更大范围消费者旅游需求，需要开辟新的旅游目的地，哪里能够满足消费者的需求，旅游开发的资金必将流向哪里。这是我国经济发展到一定程度，旅游消费成为大众消费形式后的一个必然。第二，西部地区自身拥有良好的旅游资源禀赋。当市场已经发展到需要开辟新领域的时候，哪里有发展空间，哪里能使资本获得更高的效益，资本将流向哪里，西部以其资源优势自然成为新一轮旅游开发的重点。第三，国家政策为西部旅游业发展打下基础。我国从20世纪90年代末开始西部大开发战略，投资建设基础设施，取得良好收效。

二、注重点、轴、面空间结合，构筑区域旅游发展极，带动区域旅游发展

通过对旅游经济空间格局变化的分析，可知在我国旅游经济发展过程中以点带面、以面促进区域发展的经验是值得推广的。我国东部旅游发展历程如此，西部旅游发展的过程依然。尤其是对于旅游业这一以空间位移为基础的行业，注重空间上的合作更是必不可少。以重要的旅游点带动旅游地的发展，形成旅游发展带，促进区域经济发展，与其他旅游带形成联系，建立区域旅游合作网络，优化市场配置，共享各种资源条件，提高资源配置效率。

三、注重政策引导，加速扩散过程

运用区域政策，重点解决前发达地区旅游经济发展问题，实行政府财政转移支付，平衡区域间的公共服务水平，提高地方政府的公共服务供给能力，改善欠发达地区的经济发展条件，尤其是通过大力发展欠发达地区的教育事业和基础设施建设，改善社会环境和自然环境，可以增强欠发达地区经济的自我发展能力，有利于其经济的长远发展。交通是旅游发展的必要条件，交通也是加快旅游产业跨区域扩散的重要基础。因此，通过政策引导大力发展旅游交通，是加快我国旅游业发展的重要途径。

第三章　旅游经济发展复合系统的理论

导致旅游经济在某种程度上畸形发展的重要原因，是将旅游经济作为一个单向度的孤立系统来研究，割断了其与社会系统、生态系统之间的天然联系。从系统学观点来看，旅游系统应该是一个由经济系统、社会系统和生态系统有机构成的复合系统（即旅游生态经济社会复合系统），三部分之间互相关联、作用和制约。本章力图揭示旅游生态经济社会复合系统的基本矛盾，寻找旅游复合系统运行状态和旅游经济发展方式之间的内在关联。

第一节　旅游经济发展复合系统的理论审视

对于旅游经济进行研究的文献，大多集中在对其经济指标、经济效益的考察上，重点解决怎样提高旅游经济的发展速度和水平，至于旅游经济的发展和社会进步、文明发展以及生态改善之间的关系则很少体现。这实际上是将旅游经济作为一个单向度的孤立系统来研究，割断了其与社会系统、生态系统之间的天然联系，导致了旅游经济在某种程度上的畸形发展。

一、旅游生态经济社会复合系统的建立

旅游经济的发展一直以来过分集中于经济系统的业绩增长和财富增加，而忽略了由经济发展所引起的生态系统健康与人类社会福利之间的冲突。然而无论是旅游经济的实践探索还是旅游经济的理论变革，都越来越倾向于承认这样的事实：旅游经济系统是建立在更广大的生态环境系统之上的，继续以能够提供多少旅游产品、创造多少物质财富来衡量旅游经济成功与否的状态，必将面临自然的极限和社会的极限，现存的基于持续的、无限制的经济增长前提的经济范式和旅游经济发展方式，将会使旅游经济的发展陷入不可持续的深渊。

因此，旅游生态经济社会复合系统研究是将生态系统、经济系统和社会系统的发展整合在可持续发展框架中，考察经济系统、社会系统与生态系统之间的相互作用和反馈关系，以便深入探索旅游生态经济社会复合系统的复杂性和不确定性，真正解决旅游经济发展中的实际问题，为旅游经济发展的正确决策提供依据。

（一）旅游生态经济社会复合系统的理论基础

旅游生态经济社会复合系统，实际上就是把旅游经济运行作为一个系统来研究和运作，通过谋求旅游经济系统构成要素间和旅游经济与外部相关系统间联系的科学化、合理化，形成有序的、优化的系统结构，并在优化系统结构的追求中提高旅游经济系统的整体素质，以谋求旅游经济整体功能的最大化。

1. 多维协调发展的系统理论

从系统学观点来看，旅游系统是一个由经济系统、社会系统和生态系统有机构成的复合系统，三部分之间互相关联又相互制约。

旅游经济系统和社会系统从自然生态系统输入物质和能量，经过加工、处理和转化来满足旅游经济发展和人类自身的需要。同时，旅游经济社会系统也向自然生态系统输出物质和能量，其结果改变乃至破坏了自然生态系统的结构和正常功能，形成了对自然生态系统的污染。这种"输入—输出"关系就是旅游经济社会系统和旅游自然生态系统的相互关系问题，也就是通常所说的人与自然的关系或人与环境的关系。旅游经济发展中所面临的环境污染、资源破坏、生态退化等问题，都是经济社会系统和自然生态系统之间关系恶化和紧张的表现，其根源皆来自人类旅游经济活动本身。根据系统科学的理论，我们应从旅游生态经济社会复合系统整体演化规律、系统组成部分之间相互作用规律，特别是旅游经济活动对旅游自然生态系统相互影响出发，来处理旅游经济社会系统和旅游自然生态系统的关系，要使它们之间相互协调发展，形成良性循环，既能保证旅游经济长期稳定发展，又能实现旅游生态改善、资源保护和环境优化。

世界文明发展到今天，随着工业文明高度发展，人类实践活动的广化和深化，人类社会生产和生活过程和自然界的生态过程已经完全相互交织、相互融合而浑然一体。今天，在现实世界系统中，把它区分为自然界和社会只有相对意义，而人、社会和自然之间的相互交织和相互融合比它们的相互区别更为重要。因此，当今维系人类生命和非人自然生命形式的这个濒临失衡的球体上，客观存在的只是自然生态和社会经济互相依存、互相制约、互相作用、互相转化的生态经济社会有机整体，达到"生态—经济—社会"复合系统高度整合、整体优化、良性运行与协调发展。

因此，旅游生态经济社会复合系统既不是单一的经济社会系统，也不是单一的自然生态系统，而是由于人类旅游经济活动介入生态系统，以劳动形式作用于自然生态系统所形成的自然生态要素和社会经济要素共存，并相互作用的对立统一体。它是一个具有独立要素、结构和功能，具备自身性质、特点和发展规律的复合系统。鉴于旅游生态经济社会复合系统的观念，人类的旅游经济活动必须在一定的生态空间进行，都必须依赖旅游资源的供给和生态环境的消耗。旅游生态经济社会复合系统不能脱离自然生态系统而存在，在旅游生态经济社会复合系统中，自然生态系统是整个系统的基础；同时，经济社会系统则逐渐对整个系统的变化起着主导作用。自然生态系统对整个系统的基础作用表现在：生态系统为经济系统提供了物质基础。经济系统所有运转的物质和能量，都是人类通过劳动从生态系统中取得的，所以，旅游经济系统离开自然生态系统是无法存在的。与此同时，旅游生态经济社会复合系统也无法脱离经济社会系统而独立存在，因为它是由人的活动支配的，系统的结构、功能直接与人的活动有关，并且深受社会制度、经济条件、科技发展水平的制约。在尊重客观规律的前提下，旅游经济复合系统可以按照人的主观愿望进行适度改造，生态效益是经济效益的基础和前提，经济效益又是生态效益的必然和保证，撇开旅游经济活动的单一生态系统是不存在的。

2. 可持续发展理论的生态内因论

可持续发展理论在认识旅游生态经济社会复合系统的结构方面，主要关注永远处在变化之中的自然生态系统、经济系统和社会系统三者的耦合关系。在该复合系统的演化过程方面，主要关注自然生态系统、经济系统和社会系统形成的集合体演化的规律性。在该复合系统的功能方面，主要关注这一演化进程是否朝着和谐、公平与效率三者协同方向发展。同时，它认为虽然旅游经济复合系统的复杂结构及其复杂的演化过程是不依人们意志而转移的客观规律变动的客观过程，但它可以为人们所认识。但由于旅游经济复合系统结构及演化过程的复杂性，人们要在实践、认识、再实践、再认识过程中通过不断反复进行的信息反馈过程，才能逐渐掌握客观规律。

生态内因论作为可持续发展经济学主要的理论主线，深刻阐释了自然生态系统对于旅游经济复合系统的意义和作用。生态内因论克服了过去所有的经济增长与发展理论关于生态环境外生假定的根本缺陷，转向在生态环境内生假定下考察现代经济发展及可持续性的源泉，将生态变迁、生态创新这一长期经济可持续发展最基础的决定因素视为可持续发展经济系统的内在力量，指出生态环境不仅是现代生产力运行的外部环境，而且是现代生产力发展的内在因素，成为现代生产力稳定运行与健康发展的基本要素。生态环境与经济社会发展正在形成一种新型的关系，环境变迁、生态发展将日益决定现代经济发展模式、道路方向和发展趋势，使生态环境日益成为现代经济社会发展的内生力量。

基于可持续发展理论的生态内因论的基本观点，旅游经济的复合系统得以可持续发展的基础，就是自然生态系统。因此，旅游经济的发展不可能脱离自然生态系统的支撑而独立存在，旅游经济不可能是一个单向度的独立系统，而必须是建立在生态系统基础之上的多维复合系统。

（二）旅游生态经济社会复合系统的关系分析

旅游生态经济社会复合系统概念的提出，即是要促进旅游经济社会系统与自然生态系统之间相互作用关系的协调、优化，促进旅游经济可持续发展。因此，必须深入研究系统之间的关系，使系统处于协调运转状态。

1. 系统之间的耦合关系

一直以来，旅游经济的传统发展方式正是忽视了经济系统、社会系统与生态系统的整体性和关联性，人为割裂了自然生态系统与经济社会系统的内在联系。其价值取向必然是把对自然界的征服和改造程度视为人类超越自然界其他生物的标志，成为人的主体性上扬的表征。在旅游经济发展中的具体表现就是：片面追求旅游经济效益最大化、旅游经济快速发展，最大限度地满足旅游者现实和潜在的旅游需求，甚至不惜掠夺式开发旅游资源，无节制地拓展旅游市场需求，诱导和促进旅游消费，这些如果只在旅游经济子系统内部考虑，无疑都是符合经济学最基本的原理和规律的，但这种传统的旅游经济发展方式忽略了系统的环境适应性。任何系统都处在特定的环境中，处在一定环境之中的系统永不止息地与外界进行物质、能量和信息的交流。这是系统与环境相互联系的具体表现。旅游经济子系统的发展也离不开一定的环境，微观的市场与宏观的政策都是经济系统的外部环境，生态环境也是任何经济系统的一个不可忽视、具有强限定性的外部环境。旅游经济子系统对环境的作用和功能使经济系统的运行和过程都受到自然系统、生态环境的外部制约，忽视这种作用，任其发展，必然导致经济发展对生态系统的破坏。

因此，旅游生态经济社会复合系统是由自然生态系统和经济社会系统相互交织、相互作用、相互耦合而成的，是具有特定功能和结构的复合系统，既包括自然要素、生态要素、环境要素、资源要素，也包括社会要素、技术要素和经济要素。自然生态系统是客观存在的，其自身能够自主地进行物流、能流的循环，并具有规律性。这是不以人的意志为转移的。人类的旅游经济活动只能遵循生态系统的固有规律，充分利用生态系统提供各种旅游资源和自然环境才能有效运行。资源和环境的差异性和多样性也是旅游经济子系统中旅游产品多样化的客观基础。旅游经济子系统通过各种科学技术手段，直接或间接地从生态系统中获取各种生态要素，产出社会所需的旅游产品及服务，生产和消费的剩余和残渣再输入自然生态系统。这种关系总的表现为自然生态系统是基础，经济社会系统是主导，这种主导既有正向的作用又有负向的作用。片面追求旅游经济效益和旅游经济发展速度，并不能保证使旅游生态经济社会复合系统整体处于最优状态，生态经济平衡、人与自然协调发展才是旅游生态经济社会复合系统发展的最终目标。

2. 系统之间的辩证关系

旅游自然生态系统和经济社会系统的关系既是对立的，又是统一的，但从根本上说是统一的。这是由旅游生态经济社会复合系统内部存在的基本矛盾及矛盾转化的条件所决定的。

旅游生态经济社会复合系统内部不同子系统存在着各自的运动规律，有质的差别。仅就经济系统而言，就是要达到最大产出水平，以满足旅游者日益扩张的旅游需求，即经济系统存在着经济增长不断扩张的驱动机制，这正是社会经济系统在整个旅游复合系统中主导性、能动性的表现。而自然生态系统是一个自然的供给系统，自然生态系统演替的目标是达到顶级稳定状态，并力求维持长期的相对稳定格局；自然生态系统的基础性作用，还表现在经济系统的生产能力受到生态系统有限供给能力的制约，因此，旅游复合系统供给能力受到生态系统的有效制约，即存在有限性。自然生态系统供给有限性和经济社会系统需要扩张无限性之间的对立关系是旅游生态经济社会复合系统最基本的矛盾，而且这种矛盾存在着日益尖锐化的趋势：一方面在一定时期内形成前所未有的产出水平，提升了人类的旅游体验和生活质量；另一方面旅游资源消耗加剧，生态环境严重破坏，恢复生态平衡的技术却严重滞后，而且这种差距还在加大，并不受国界影响。同时，这种尖锐化的矛盾还将长期存在。

3. 系统之间的统一关系

这种统一关系是由旅游生态经济社会复合系统的本质属性所决定的，自然生态系统是经济社会系统的基础，自然生态系统先于经济社会系统存在，经济社会系统是在自然生态系统的基础之上产生并发展的。

人类所有的旅游经济活动都是在自然生态系统中进行的，离开了生态系统的物质、能量供给，离开了生态系统优美的自然风光和优良的生态环境，旅游经济子系统的发展就成为无源之水、无本之木。另外，旅游经济活动又影响、改变着自然生态系统原有的面貌和秩序。这都说明自然生态系统与经济社会系统是统一的整体，二者不可分割。这种关联性决定了旅游经济平衡的实现有赖于生态平衡这一必要条件，要求人们在旅游经济实践中遵循旅游经济复合系统的运行规律—不仅是经济规律，还有生态规律，在取得社会、经济发展的同时，又能维护生态平衡，在良性的生态系统中保证旅游经济的良性循环。

旅游生态经济社会复合系统的运动具有规律性，说明人类可以通过掌握其运动的特性，进而有效调节和控制旅游经济的运行过程，使之既符合经济目标，又尊重生态准则。这一过程也正是人类遵循生态规律和经济规律的内在要求。这个系统主要受人类旅游经济活动的驱动，其可控性正是人类对旅游经济进行宏观和微观管理的主要依据。利用系统的反馈机制，把经济活动导向促进生态经济衡、协调发展的良性循环。

但可控性并不意味着人类是生态系统的主宰，可以为所欲为。在一定社会发展阶段和一定科技发展水平下，人类对生态规律和经济规律的认识程度和驾驭能力是具有一定局限的，这也是生态经济系统可控性的条件。

二、旅游生态经济社会复合系统的有机构成

（一）旅游经济子系统

经济子系统是生产力系统和生产关系系统在一定自然环境和社会制度下的组合。社会生产力和生产关系的相互作用，又是通过社会再生产过程中生产、交换、分配和消费的循环运行进行的，再加上适应这种经济活动与经济运行的组织方式、方法、制度和机构系统，就构成了一个经济子系统。

旅游经济作为国民经济的一部分，纳入国民经济运行系统之中，与国民经济总体及其他子系统、旅游业内部各部门以及旅游业整体之间存在着复杂的系统关系。

旅游经济子系统是在一定的社会、经济、文化、环境背景下，以旅游业生产力六要素，即吃（旅游餐饮业）、住（旅游宾馆业）、行（旅游交通业）、游（旅游景观业）、购（旅游商品业）、娱（旅游娱乐业）为核心，以旅行社为产业龙头，由一系列行业部门组成一个开放的复杂系统。

旅游经济子系统包括以下几个系统：

1. 旅游产业系统

包括旅游交通、旅游游览、旅游住宿、旅游餐饮、旅游购物、旅行社、娱乐等部门。这些部门按递进关系横向构造旅游产品形成旅游产业链，满足旅游者在旅游活动中的行、游、吃、住、购、娱等各种基本旅游需求。这些部门彼此相互关联、相互作用，在为旅游者服务这个共同宗旨下形成一个大的产业系统。其中每一个产业的经济活动都是以其他产业的经济活动为基础的，经济规模的变化也都是与其他相关产业经济的变化相联系的。

旅游产业系统的变化可以反映各类经济资源和要素（如资金、劳动力）在旅游经济的各个产业之间的配置状态，并通过一些特定指标（如某个特定时期内旅游总收入、旅游总利税）反映旅游经济总产出水平。

在旅游产业内部，由于历史的原因，加上我国还处在经济体制转轨时期，旅游产业的综合性与部门分割的矛盾十分突出，而且随着旅游经济的发展这一矛盾变得越发尖锐。特别是旅游的产业内部各子系统之间联系的人为障碍，割裂了旅游经济的内在联系，难以实现一体化经营与管理，制约了旅游经济子系统的健康发展。

2. 旅游地域系统

旅游地域系统是由旅游资源在旅游系统（或旅游环境）中的主体地位决定的，是旅游产业结构和旅游产品结构的空间形式，表现为一定区域内旅游资源的合理配置与协调。各种旅游资源及其依托的自然生态环境都不是孤立存在的，无论是已有的旅游资源，还是新开发的建设项目，都要将其置于国家整体旅游资源系统中形成吸引物体系，增加其整体功能。反对近距离重复建设，讲究以交通主干线为联系纽带的串联路线结构效应，减少不正当竞争，使各部分充分发挥其效应。旅游地域系统要重视各功能区的合理组合，在中小尺度的旅游景区、景点的开发应用中，贯彻综合协调、方便管理、利用保护并充分满足旅游者需要的原则，使各种特色游览区、娱乐活动区、住宿等生活服务区、管理用地区和商业购物区等有机组合。

3. 旅游组织系统

指构成旅游经济的各行业、部门机构和旅游企业机构的设置以及旅游企业的规模等。它一般包括旅游行业组织机构、旅游企业规模结构以及旅游企业内部的组织结构等。各旅游企业群体由于其服务内容、规格与档次等差异，应该坚持以市场需求为导向，同时立足于本地区资源状况实现规模、数量和结构优化，使不同企业群体的数量、质量及其布局科学合理，面向不同的目标市场，实现功能互补。我国旅游产业发展起步晚，旅游企业规模偏小，旅游企业现代企业制度建设滞后等旅游产业结构方面存在的问题必然较多，影响了旅游产业经济效益的提高和旅游企业市场竞争力的提升。要加快旅游企业现代企业制度建设的进程、理顺产权关系、明确责权利，旅游产业经营上实现大型旅游企业集团化、中型旅游企业专业化、小型旅游企业网络化经营的经营战略，走规模化经营、质量型经营、效益型经营的发展道路。

4. 旅游产品系统

旅游产品是指旅游经营者为满足旅游者在旅游活动中的吃、住、行、游、购、娱等各种需要，凭借各种设施、设备与环境条件向旅游市场提供的全部服务要素之总和。

目前，我国的旅游产品在种类、数量、质量和结构上尚与市场需求存在一定差异，旅游产品的生产需要随着旅游需求的多样化和个性化趋势，向个性化与专业化发展，重视相互协作与结构优化，针对不同旅游规模与旅游消费倾向（如习惯性消费内容、新的消费时尚、消费档次等），根据不同旅游目标市场设计具有不同内容、不同档次和不同时间分配组合的旅游产品。这就客观上要求旅行社、旅游饭店、旅游交通企业与旅游景区、景点与各项旅游服务接待设施之间在数量、质量上比例保持协调一致，实现旅游各部门的一体化经营，取得旅游产业的规模效益，既最大限度地满足旅游者需求，又尽可能节约资源、减少成本，以达到经济效益与社会效益的统一。

旅游经济子系统是以旅游地域系统为基础、以旅游产业系统为主体、以旅游组织系统为保障、以旅游产品系统为特色的开放式复杂式动态系统。旅游经济子系统的发展要受到错综复杂的利益主体关系的影响，并最终将会影响旅游经济生态社会复合系统的协调度。因此，在旅游经济子系统的发展过程中，要重视协调好这些不同利益主体的关系，要建立一种生态友好型的旅游经济结构或体系。

（二）旅游社会子系统

马克思认为社会作为一个有机整体，是通过生产力和生产关系的更替不断演进的。社会系统是由社会人与他们之间的经济关系、政治关系和文化关系构成的系统，是由作为社会主体的人按照一定的社会形式组织起来，在从事各种社会活动的过程中，通过与自然环境之间和人与人之间的物质、能量、信息的交换，实现人类自身发展的有机整体。社会系统的要素是个人、人群和组织，联系是经济关系、政治关系和文化关系。旅游社会子系统是指与从事旅游生产经营活动有关并根据一定的规范和制度组合而成的社会群体和社会组织，它包括以下要素：

1. 旅游消费者

旅游消费者就是暂时离开常住地，通过游览、消遣等活动，以获得精神上的愉快感受为主要目的的人。旅游消费者的动机包括满足如学习工作之余出去放松自己、锻炼身体的生理和心理需求；增长知识、开阔眼界的精神文化需求；提高自己的社会威望的社会需求；以结交新的朋友、巩固社交网络的社交需求；家人之间、情侣之间、亲朋好友之间增进感情的人际需求以及实现自我价值、追求自我解放的最高层次。

旅游消费者的行为既是经济行为，也是社会行为，还是生态行为，因为其对旅游地社会文化的影响和自然生态的影响都不容忽视。第二次世界大战后，出现了以大规模的客流为特征的"大众旅游"现象。这种旅游现象在给旅游消费者带来更多生活享受的同时，也给旅游目的地带来了前所未有的社会问题和生态问题。从旅游消费者行为角度来看，"负责任旅游"被认为是符合生态和社会伦理准则的旅游行为，意味着旅游者在旅游目的地必须遵守恰当的行为准则，尊重旅游目的地的文化、社会和环境。世界旅游组织在其提出的《全球伦理规范》基础上，提出了做负责任旅游者和旅行者的建议，认为旅游和旅行是自我教育、相互容忍和了解人民及其文化差异的过程，每一个人具有创造负责任旅行和旅游的责任，政府、企业和社区必须尽量在这方面起作用。建议游客采取下列"负责任旅游"方式旅行：对其他文化保持开放的意识，尊重人权，帮助保护自然资源，尊敬文化资源，采取对地方经济和社会发展做贡献的旅行活动，在出发之前了解目的地当前的健康情况以及其他要注意的紧急和咨询服务，尽量了解目的地，并花一定的时间去了解习俗、道德、传统，避免冒犯当地人民的行为。熟悉所要访问的目的地法律，以免做出被旅游目的地认为是违法的事情。

可见，旅游消费者采取怎样的态度和行为，不仅关系到个人的旅游体验，也关系到旅游生态保护和社会文明进步乃至旅游经济的健康发展。因此，作为社会系统中重要构成者的旅游消费者理应采取负责任的旅游态度，促进旅游社会子系统与经济子系统和生态子系统之间的良好关系。

2. 旅游地社区

旅游地社区和旅游经济发展有着密切关系：社区居民为当地旅游业发展提供较为充足的人力资源保障和民众支持，当地民众对旅游业及其相关支持系统的认知程度，从旅游业中受益的程度，都影响着居民对待旅游地生态资源环境的态度和行为。此外，影响游客体验质量的因素不仅包括旅游景观、服务因素，还包括游客所感知到的当地的好客氛围等方面。只有当地社区积极参与旅游经济开发并从中获益，才有可能为游客提供高质量的旅游体验，维护旅游业赖以生存的高质量生态环境。但是，当地居民一般受教育程度不高，缺乏基本的旅游从业知识和技能，所以旅游地社区是旅游社会子系统中的弱势群体，其地位和权益始终没有得到应有的重视。

旅游地社区是旅游资源所在地，也是当地居民世代从事生产、生活的地方。我国法律规定资源国有或土地集体所有，但土地集体所有权的模糊不清导致了权利真空现象，没有一个人知道究竟谁拥有土地及其资源，因而当地居民也就不知道可以凭借什么来维护自己的权利。这使得地方政府介入土地和旅游资源的使用和管理，当地居民反而丧失了应有的财产权利。在许多旅游目的地，当地居民没有享受相应的旅游收益分配，这在很大程度上损害了当地居民的利益，也导致了旅游开发的社会成本的上升。旅游开发征用居民所使用的土地，而居民所得到的有偿使用或拆迁补偿费远远低于资源的商业使用价值，在开发商以很低的代价获得资源使用权的同时，居民的利益受到严重损害，有时补偿还不到位，有的因失去传统生计而失去生活保障，陷入困境。一些地方政府热衷于旅游的商业化开发，严重破坏了旅游资源的生态性。在一些旅游开发中，政府主导模式往往追求的是短期政绩和旅游经济效益，旅游投资者享有"谁投资，谁受益"的政策。"印象·刘三姐"景区的开发带来了河流污染、各类噪声和对漓江生态的破坏等问题。从目前来看，虽然当地居民获得了一定的经济利益，但是从可持续发展观来看，环境的破坏会对当地发展旅游带来很大的影响，利益受到损害的是世世代代生活在当地的居民。旅游开发投资商用经济来补偿的办法并不是长久之策。

因此，确保旅游地社区居民利益得到实现，改善当地民生，对旅游地社区居民进行相关的旅游教育和培训，才能让当地人拥有参与本地旅游开发的知识和能力，有能力进入即将建立和经营的提供高质量旅游服务的企业和机构，从旅游开发中受益，成为实现旅游经济可持续发展的重要保障。

3.公众

公众是对旅游经济发展有实际或潜在利害关系与影响力的个人及群体。其中，金融公众包括银行、证券公司等金融机构，对旅游经济发展的资金支持和保障有直接影响；政府公众主要指各级各类政府管理部门，他们制定和出台各种与旅游经济发展直接或间接相关的政策法规制度，引导旅游经济的发展和走向；媒体公众包括各种新闻从业人员，他们通过舆论报道监督旅游经济发展中的问题，弘扬旅游经济发展中的健康倾向，规范旅游经济发展中的行为；群众团体是如消费者保护组织、动物权益保护组织等群体，他们客观上起到维护旅游市场公平、保护旅游消费者权益等作用；一般公众就是社会上的普通公众，他们对旅游经济发展具有评判、监督发表意见的权利。各种类型的公众通过不同的渠道和形式，同旅游经济的发展产生着千丝万缕的联系。这种联系既有可能促进旅游经济的发展，又有可能对旅游经济的发展形成阻力。所以，旅游经济的发展必须充分考虑公众的意见和权利。

（三）旅游生态子系统

在系统生态学中，所谓生态系统是指生命有机体与其周围环境形成的一个不可分割的整体。在这一整体中，生命有机体与其非生物环境因素，通过错综复杂的能量流动和物质循环相互作用，从而构成一个相对稳定的自然体，这个自然体就叫作生态系统。当今社会，由于人类活动对自然生态系统干预程度的不断加深，要找到完全天然的旅游生态系统已经不太可能。因此，旅游生态系统是在自然生态系统基础上，通过人类旅游活动对自然生态环境的适应与改造，而建立起来的自然生态、旅游经济产业和地域社会文化复合体系。

旅游生态系统内部存在着具有不同节律特征和运行周期的各个子系统。自然生态系统中的动物、植物、微生物的生长、发育、繁殖和死亡的生命节律，无机环境的年周期、日周期的节律变化，由当地居民生产、生活方式所表现出的社会文化节律，还有旅游消费者的旅游活动及旅游经济活动的运营节律往往都存在一定差距，特别是旅游消费者的旅游活动节律与其他子系统的运行节律之间的矛盾非常突出。不同节律特征的各个子系统组合在一起，其运行节律与活动周期必须协同，否则整个旅游生态系统就会变得无序，旅游经济也就不能健康持续发展。

1.旅游生态子系统的分类

自然旅游生态系统和人工旅游生态系统。旅游生态系统是旅游目的地的居民、外来游客与其周围环境相互作用形成的一种特殊的生态系统，是以开展旅游活动作为其主要功能（或主要功能之一）的"自然—经济—社会"复合体。

根据旅游目的地的开发程度，可以分为自然型旅游生态系统和人工型旅游生态系统。前者主要是以自然状态存在的，人为加工、改造的成分较少，多为具有原始性、和谐性、脆弱性的纯自然旅游目的地，如自然保护区、国家森林公园等；后者是那些经过长期、深度人为改造或以人造为主的旅游目的地，如国家级旅游度假区、旅游城市等。

宏观旅游生态系统和微观旅游生态系统。从宏观尺度上讲，旅游生态系统是自然界中的岩石圈、大气圈、水圈、生物圈，与人类社会圈层中的旅游活动圈相互结合而形成的复杂大系统，该系统可以看作自然地理圈层与人类社会活动圈层相结合的一部分。由于旅游生态系统在地域上不构成连续的整体，而主要受人类旅游活动地域范围的限制，所以在中小尺度范围内，旅游生态系统是在自然生态系统基站上，通过人类的旅游活动对自然环境的适应与改造而建立起来的自然与人类的复合体系，表现为旅游目的地、旅游活动及旅游经济发展，与它所依存的自然生态环境之间的相互依赖、相互联系、相互作用所形成的网络结构。

2. 旅游生态子系统的功能

旅游生态子系统具有旅游功能和生态功能的双重性特点。一方面，旅游地凭借区域内古朴、优美、清新的自然环境，拥有满足人们回归自然、返璞归真需求的天然条件，因而具有观赏、度假、养生、科学考察和科普教育等旅游功能。旅游生态系统也是整个地球生态系统的有机组成部分，作为特定的自然生态系统与环境，它又能通过其物质循环和能量动使其具有生产生态产品、净化空气、涵养水源、保持水土、维持地域生物多样性和生态平衡、减缓甚至消除环境污染、减少自然灾害、保持人类生存环境稳定健康等生态功能。

生态子系统的特殊性决定，只有保持该系统中各个生态因子之间的协同与平衡，才能使物质、能量及信息的输入与输出既在数量上相对接近，又在质量上促进生态系统的适应和演进。只有生态系统的发展保持在持续、稳定和平衡的状态，才能通过旅游开发满足地方经济发展的需求，在现实和长远目标中提高旅游目的地社区居民的生活水准和生活质量；满足日益增长的旅游消费需求和旅游经济发展需求，继续吸引更多的游人，同时为旅游消费者提供高质量的旅游体验；维护作为旅游发展基本吸引力要素的资源环境质量（包括自然、人文和文化环境要素）；保持或提高旅游业的综合实力和竞争力。

3. 旅游生态子系统的问题

旅游生态系统问题的实质是旅游经济的发展与社会进步和生态改善之间未能实现平衡和协调所造成的，不仅导致了旅游地社区居民和外来旅游者之间的关系紧张，也使得整个旅游经济社会系统和自然生态系统之间产生尖锐对立，最直接的问题就是旅游地生态环境质量的下降、旅游资源的退化和旅游产品的变味以及由此引起的旅游体验质量的下降。根据其成因，可分为原生生态环境问题、次生生态环境问题、社会生态环境问题三种类型。

原生生态环境问题是指由自然作用而引起的生态环境问题，包括因自然灾害引起的旅游资源和环境破坏，以及自然因素（如风化等）而引起的旅游资源和环境质量的劣变；次生生态环境问题是指由于不合理的旅游活动、生产、生活等引起的旅游资源和环境的破坏、污染和价值降低等问题，包括因旅游经营者、管理者、旅游者不合理的活动造成旅游资源和环境的破坏、旅游活动及其他人类活动所产生的"三废"（废物、废水、废气）等，而造成的旅游资源和环境质量下降（退化）以及建筑或其他景观与生态环境不和谐等；社会生态环境问题是指因人类社会经济畸形发展或政治动乱（如战争、恐怖事件等）所造成的生态环境质量降低或破坏。

其中，次生生态环境问题是最主要、最关键的表现形式，究其成因，既有源于旅游景区的"建设性破坏"和旅游者人为的生态环境破坏所造成的"内源性"破坏，也有源自旅游景区外围"三废"对旅游环境的污染以及经济建设对旅游环境破坏所形成的"外源性"破坏。无论是何种原因造成的何种形式的破坏，都极大威胁了旅游生态系统的健康运行和良性循环，使其无法持续稳定地为旅游经济社会系统的发展提供必要的自然基础。因此，必须加强对旅游生态系统的维护和改善，将生态系统的建设纳入旅游经济发展的必要框架体系之内，使其成为旅游生态经济社会复合系统运行的前提和保障。

从以上的分析中可以看出，旅游生态经济社会复合系统是由旅游经济子系统、社会子系统和生态子系统耦合而成的复合系统，它不同于三个子系统的简单叠加，而是具有自身运行规律和发展目标的全新的开放式动态复杂系统。其中，自然生态系统通过生态承载力和环境容量对旅游生态经济社会复合系统的发展规模、发展水平及其内部结构特征起到支配作用，而社会经济系统则通过生态足迹和旅游需求深刻地影响着旅游生态经济社会复合系统的整体面貌。旅游生态经济社会复合系统能否得到健康发育取决于系统的环境容量与生态旅游需求在总量及其结构上的匹配关系，各子系统的最优并不等于系统整体功能的最优，复合系统的经济功能、生态功能和社会功能一般不能同时得到最佳发挥，必须综合平衡或有所侧重，才有可能达到整体功能的最佳状态。该复合系统的特殊性决定要改善和加强系统功能必须遵循自然规律、经济规律和社会规律的辩证统一，因此，应把旅游经济发展、旅游资源开发利用、生态环境建设和社会文明进步等因素融入一个完整的旅游经济生态社会复合系统中，才能使各个子系统协调互动发展，实现旅游资源的持续利用、生态环境的稳定平衡、旅游经济的优化高效和社会文化的和谐进步。

第二节 旅游生态经济社会复合系统的矛盾运动

社会经济系统和自然生态系统之间的相互作用，一般认为可以形成以下几种状态：一是自然生态与社会经济相互促进、协调和可持续发展状态；二是自然生态与社会经济相互矛盾、恶性循环状态；三是自然生态与社会经济长期对立、生态和经济平衡都被破坏的状态。实际上，第三种状态是第二种状态的发展导致质变的结果，这两种状态都应称为不可持续发展状态，只有第一种才是目前被全世界公认的人类应选择的"可持续发展"之路，才是既满足当代人的需要又不危害后代人满足其自身需要能力的发展状态。所以，可持续发展是生态经济社会复合系统协调互动状态的功能体现。

旅游生态经济社会复合系统的提出是一种新的旅游发展思路和模式，它建立在认识旅游经济运行新特点的基础之上，旅游经济是旅游供给与旅游需求的矛盾运动并由此产生的诸多经济现象和经济关系的总和，旅游经济的良性运行有赖于对旅游供求矛盾及相关经济现象与经济关系的系统分析、有效整合。

一、旅游生态经济社会复合系统的多重矛盾

（一）旅游经济增长需求无限和生态供给有限之间的矛盾

旅游生态经济社会复合系统的基本矛盾是：快速增长的旅游社会经济系统对自然生态资源需求的无限性与相对稳定的自然生态系统对自然资源供给的有限性之间的矛盾。在旅游经济发展实践中，突出表现为人们快速增长的旅游消费需求和自然旅游资源供给相对不足及生态环境容量有限所带来的挑战。

旅游生态经济社会复合系统首先是消耗系统，因此引出了旅游供给消费和旅游资源承载力的矛盾。没有对旅游资源的开发和自然生态环境的利用，旅游经济的发展是难以为继的，所以对旅游资源的消耗和对生态环境的利用存在边界，并非毫无节制。

旅游生态经济社会复合系统同时也是排泄系统，因此引出了旅游生产和消费过程中产生的污染和自然生态系统自净能力的矛盾。旅游产业看似无烟工业，但是实际上旅游经济的发展一样会产生垃圾和污染，成为破坏自然生态的重要根源。因此旅游经济活动也存在极限，不能超过自然生态环境的自净能力。

旅游生态经济社会复合系统还是一个活动系统，因此引发了经济社会系统的活动力和自然生态系统的环境容量之间的矛盾。自然生态系统是旅游经济活动的舞台，但

是这种活动却时时给自然生态系统带来巨大压力，甚至超出环境容量。尤其是近年来，随着旅游经济的高速发展，这种生态压力表现得尤为明显。

目前，旅游经济的发展方式仍然以掠夺性地消耗旅游资源为主，给自然生态环境带来巨大压力，对旅游资源消耗利用以及对环境污染的增长速度要快于旅游经济的增长速度。随着旅游经济的迅速发展和旅游需求的不断增加，这种矛盾已经表现得越来越明显：一方面，人们的旅游需求不断呈几何级数增长；另一方面，由自然生态超负荷运转和环境污染而产生的自然生态的供给力却在不断缩小，其结果必然导致旅游生态系统矛盾的不断激化。所以，旅游经济增长和环境污染、生态破坏、资源退化之间的矛盾是现阶段旅游生态经济社会复合系统基本矛盾运动的主要形式。

（二）旅游经济扶贫意愿强烈和生态保护意识薄弱之间的矛盾

旅游扶贫就是在旅游资源条件较好的贫困地区通过旅游业的发展带动地区经济发展，进而脱贫致富的一种区域经济发展模式。这些贫困地区往往区位条件差，基础设施薄弱，劳动力素质较低，吸引外资能力有限，而旅游资源却异常丰富。但是贫困的治理并不是一项随意的短期行为，否则就会使一些贫困地区在暂时脱离贫困之后又出现"返贫"现象，在这些地区旅游资源的富集性与生态环境的脆弱性是并存的，虽然旅游具有扶贫和促进当地社会经济发展的拉动效应，但是旅游经济是典型的资源依托型产业，对生态环境具有极强的依附性和依存性，良好的自然生态系统是其发展前提。因此，通过旅游扶贫，也必须协调旅游开发与生态环境建设，促进两个产业的互动，解决好经济发展和生态保护之间的矛盾。然而在面临上述矛盾时，无论是当地政府还是社区居民对于通过发展旅游经济来摆脱贫困的愿望都十分迫切。因此对于外来资本的投资几乎都是抱着欢迎的态度，至于环境影响和评价则考虑得十分有限。而资本带有逐利的天性，在面临经济利益与生态利益冲突的时候，他们往往会自觉地选择牺牲生态利益来获取和维护经济利益，导致在很多旅游地消灭贫穷和保护生态环境的矛盾突出。因此旅游扶贫开发必须把生态保护放在首位，在开发中强化保护，做到严格保护，合理开发，强化管理，不能以牺牲旅游资源和生态环境为代价来换取一时的"繁荣"。

（三）旅游经济发展的物质文明追求刚性和生态文明建设不足之间的矛盾

随着社会进步、经济发展、人口增长、生活水平不断提高，人类改造生态环境的能力和范围不断扩大，自然生态环境不断恶化，环境污染加重，自然灾害加剧，资源短缺，生态失衡。生态危机已经到了影响人类生存、社会发展进步和国家兴盛的地步，对此，在我国社会主义社会建设已经着力实施建设的物质文明、精神文明、政治文明三大文明基础上，提出必须重视的作为"三大文明"建设之后的第四文明—生态文明，将其作为人类文明体系的重要组成部分，作为我国社会主义现代化建设的第四个基本目标。

目前，在追求经济发展的过程中，突出了经济发展与环境保护对立的一面，忽视了统一的一面，造成了生态环境急剧恶化。据原国家环保总局统计，每年因环境污染死亡的有 40 万人；每年的环境损失占国内生产总值的 10%，几乎和目前的经济增长率相当。世界银行的估计也与此类似，在 8%～12%，相当于每年 1240 亿～1860 亿欧元。这说明，环境污染和破坏造成的损失是惊人的，我们的收益被环境污染和破坏损失抵消，环境现状仍是十分严峻的。

旅游经济发展对生态环境具有最直接的影响和最明显的作用，重视旅游经济增长轻视生态环境保护建设是一直以来困扰和制约旅游经济发展的问题，成为当今旅游经济发展过程中生态经济矛盾的核心问题之一。事实上物质文明建设不能以失去生态文明为代价，只注重经济效益的物质追求，会造成严重的生态环境破坏，有的破坏甚至无法逆转，以牺牲生态环境作为代价来谋求旅游经济发展反过来又制约旅游经济发展。

长期以来对物质文明建设的过分关注和强调，使得在旅游经济领域物质文明建设的需求和生态文明建设的需求也常常存在矛盾：用于生态环境保护、改善和建设的投资较少，物质文明建设和生态文明建设的投资比例严重失调，旅游供给和消费过程中产生的污染不断增多，已经给生态环境造成了破坏性的影响。这种影响甚至是不可逆的，不可修复的，造成了物质文明追求和生态文明建设的直接冲突，影响了和谐社会的建设。没有良好的生态条件，人类不可能在旅游活动中获得高质量的物质享受、精神享受和政治享受；没有良好的生态条件，人类自身就会陷入不可逆转的生存危机。因此，发展旅游经济不能只顾眼前的物质文明建设而忽视生态文明建设，一定要使两者保持合理比例关系，促进它们同步发展。

生态文明建设不仅包括生态环境保护、污染治理和维护生态安全，而且包括环境建设，修复环境，并且更应该加强生态文明意识形态建设，发展生态文化，培育生态道德。只有有了文明的生态意识，才能有符合生态要求的生活和生产行为。生态文明建设的目的就是使旅游经济建设与资源、环境相协调，实现良性循环，走生产发展、生活富裕、生态良好的文明发展道路，保证旅游经济和整个国民经济体系的永续发展。

二、旅游生态经济社会复合系统矛盾的解决：旅游经济发展方式转变

（一）旅游生态经济社会复合系统矛盾运动对传统经济发展方式的自我否定

资本主义生产方式确立之后，特别是"第二次世界大战"结束以后，人类社会迅速发展，物质财富大大增加，这当然归功于资本主义先进的生产方式。人们开始相信只要不断改进生产方式、大规模地投资、大规模地生产、大力发展工业，就可以无限制地征服自然、改造自然，就可以保证经济的高速增长，而经济的发展又会带动社会其他方面的发展，如：政治的民主化、教育的发达、价值观念的更新、生活方式的变革等，人们沉浸在征服自然、改造自然的快乐中。同时人们期待着人类社会的全面发展。然而这种以经济为中心的发展战略是建立在消费大量不可再生资源的基础之上的。随着时间的推移，这种发展战略越来越暴露出局限性。进入20世纪以来，生态环境日益恶化，人口数量逐年增加，生态危机和人口爆炸已经严重制约了社会的发展。1972年，罗马俱乐部向世人展示了他们的第一份研究报告—《增长的极限》。该报告认为，地球上的资源是有限的，如果人口与经济无限度地增长，将超出资源的承受能力，甚至将耗尽资源，至此人类将面临生存危机。由此看来，传统的发展战略虽然在一定程度上实现了人类社会的发展，但它造成了资源短缺、环境污染、政治动荡等问题，这种发展是畸形发展，有的学者把这种发展称为"无发展的增长"。

自工业革命以来，传统经济发展方式主宰了现代人类几百年的历史进程，对旅游经济的发展方式也是影响深远。正是在传统旅游经济发展方式的驱使下，人类在旅游经济领域中取得了丰硕的物质成果和经济财富，旅游经济也成为世界范围内新兴的有活力的经济，甚至被视为传统工业文明背景下相对清洁的无烟工业和朝阳产业。然而当经济理性被无限放大之后，当人类开始片面地追求旅游经济的无限增长，却发现旅游经济已经陷入重重危机之中：旅游经济活动需求的无限扩大与生态系统负荷过重而供给能力相对缩小之间的矛盾日趋尖锐；旅游经济活动的不合理使污染迅速增加与生态系统净化能力及环境承载力下降的矛盾日趋尖锐。自然生态系统的供给能力正在上升为旅游生态经济社会复合系统矛盾的主要方面，成为旅游经济发展不可持续的深刻根源。

·旅游经济发展中所暴露出来的种种问题已经表明，传统旅游经济发展方式只是把经济社会系统直接供给旅游经济生产消费的物质定义为财富；而由自然生态系统直接供给旅游经济生产和人们生命与生活的物质不视为财富，排除在旅游经济的生产与分配过程之外。这种否定生态要素作用、排斥生态资本、忽视生态成本的做法已经使旅

游经济的发展付出了巨大代价，如果继续沿用传统旅游经济发展方式，就将会导致不可持续的巨大风险。

（二）旅游生态经济社会复合系统矛盾运动对可持续经济发展方式的迫切要求

生态经济系统基本矛盾尖锐化并不能成为以"增长极限""零速增长""反增长""反实现"等悲观论调来看待未来世界的发展的根据，而恰恰说明生态经济系统的生态与经济需要保持相互协调与和谐发展的内在要求。

旅游生态经济社会复合系统的矛盾运动反映了人类对可持续旅游经济发展方式的迫切要求，可持续旅游经济发展方式强调人类在追求生存与发展权利时，应保持与自然旅游资源和生态环境的和谐关系，强调当代人在创造和追求今天的旅游经济发展与进行旅游消费时，应承认并努力做到使自己的机会与后代的机会平等，是在旅游经济领域解决生态经济矛盾的新的发展思路。

可持续旅游经济发展方式调整和改变了人们旅游经济活动的价值体系，克服了传统经济发展方式用货币表现的一定时期内所生产的全部物质资料价值的产值观，认为现代社会旅游经济发展是人们为了提高物质生活和精神生活水平，以一定的生产关系联系起来，在保护自然生态环境和旅游资源的前提下，通过合理地改造自然、利用自然和开发自然，创造物质财富和精神财富的过程。它创造了新的生态经济价值观，使人们的旅游经济行为在不危及生态系统的前提下，寻求当代旅游经济发展与生态系统协调的发展途径，使生态价值总量在旅游经济发展过程中不至于下降和大量损失，使旅游资源和自然生态环境的数量和质量得以保证旅游经济可持续发展，缓解生态系统供给不足的矛盾。

可持续旅游经济发展方式揭示了人类旅游经济活动与发展行为在创造正价值的同时，也存在创造负价值问题，要求人类尽量把旅游经济发展过程中的负价值降到最低限度。人类在旅游经济活动过程中的劳动，不仅在经济系统中凝结聚集抽象劳动形成商品价值，即正价值，而且凝结聚集到生态系统中形成废弃物和污染，表现为旅游经济活动的负价值，废弃物和污染物排入自然环境，返回生态系统造成环境污染、生态破坏和旅游资源退化，结果使环境质量下降，生态资本损耗，又产生负价值。与此同时，人类在旅游经济活动过程中的劳动凝聚到生态系统并发生流转和传递，又会使生态系统功能发生变化。其表现为：增强生态系统的生态功能，创造生态价值而形成正价值；削弱甚至损害生态系统的生态功能，使生态价值丧失而表现为负价值。因此旅游活动过程中人的劳动所创造的价值，并不一定都是正价值，也可能会表现为零价值或负价值。这就说明在旅游经济发展中必须消除无用的、有害的产生负价值的劳动，包括物质、精神、生态生产与再生产过程中的无用劳动和有害劳动，使旅游经济发展过程中最低限度地产生负价值，加强旅游经济过程中的生态文明建设，保障旅游经济的健康运行与良性循环，解决生态文明建设不足的矛盾。

在可持续旅游经济发展方式的指导下，只有正确地认识旅游生态经济社会复合系统的矛盾运动，才能正确处理好经济发展与环境保护、人与自然和谐等关系，才能保证我国旅游经济建设的顺利进行，并使其取得应有的成效。如果对旅游生态经济社会复合系统矛盾不能形成正确的认识并，使其得到合理的解决，不但会造成生态环境破坏和污染，使旅游经济的发展受到严重影响、缺乏持续发展的动力，而且会给子孙后代留下沉重的包袱或负担，甚至是毁灭性的灾难。十六届三中全会提出的"五个统筹"，其中之一就是"统筹人与自然的和谐发展"，这是一条符合中国国情的可持续发展之路。实际上，只有人与自然的关系和谐了，生态系统保持在良性循环水平上，人的发展才能获得永续的发展空间，小康社会也才能最终实现。

三、可持续旅游经济发展方式的三维动力机制

（一）生态可持续性、社会可持续性和经济可持续性相互适应

生态可持续性是生态资本存量非减性的表征，是旅游资源和生态环境质量对旅游经济社会系统可持续发展所具有的生态适应性。它要求人类维护旅游资源的生产能力，维护旅游生态系统的完整性和生物多样性，保持旅游环境总体状态的相对稳定与协调关系，从而使旅游经济发展保持在旅游生态系统承载力的范围之内，促使生态潜力的积蓄速度超过经济潜力的增长速度，实现生态资本存量至少不下降或有所提高。

经济可持续性是经济资本存量增加的表征，是旅游经济发展对生态和社会可持续发展所具有的经济适应性。通过科技进步机制和投入机制，可以使旅游经济的发展更好地适应生态和社会的全面进步，旅游经济系统的可持续性和社会、生态可持续性是交织在一起的。旅游生态系统平衡若遭到破坏，会使旅游经济系统得不到足够的物质和能量，导致经济系统运动失衡。反之，对旅游生态系统的维护和改善所获得的生态效益，又必须依靠经济系统的支持，并随时间推移转化为经济效益和社会效益。

社会可持续性是人力资本存量增加的表征，是社会发展对生态和经济可持续发展所具有的社会适应性。社会可持续性既包括人们旅游活动中所追求的物质享受和精神享受，又包括人们对旅游生态环境和资源质量的生态需求。我们应提倡适度消费和文明旅游方式，通过旅游活动达到人与自然和谐统一的境界。

旅游经济发展是以生态可持续性为基础与以经济可持续性为主导相互适应、相互作用的协调关系，既不以牺牲旅游生态系统的利益为代价来换取旅游经济增长，也不

以牺牲旅游经济系统的增长片面强调旅游生态系统的保护，而是在三种可持续性相互适应的基础上建立可持续旅游经济发展方式，实现旅游经济在生态、社会和经济三个维度上的良性循环和健康发展。

（二）生态资本、人力资本、物质资本相互增值

可持续旅游经济发展方式将价值、财富和资源配置的内涵拓宽到生态、经济和社会方面，使生态资本与人力资本和物质资本一起协同发挥作用，成为驱动旅游生态经济社会复合系统健康发展的"三驾马车"。

物质资本积累是促进旅游经济增长的重要因素，人力资本是旅游经济增长的主要源泉，在可持续旅游经济发展方式的视野体系之内，生态资本与人力资本、物质资本一起，成为社会总资本的重要内容，而且是旅游经济可持续发展的最基本制约因素和基础性决定作用。

生态资本对于旅游经济活动是一种有价值的具有基础性、公共性的自然资产，在市场经济条件下，人类社会经济活动如果使用和消耗了这种自然资产，或者活动过程和结果对这种自然资产造成损害，就必须按照生态资本保值增值的要求设立"生态资源账户"，在价值上进行补偿，通过价值补偿保护和恢复生态资本原有的自然使用价值，保障从生态资本参与价值和剩余价值创造过程的能力不被逐步降低。人类旅游经济活动除了通过价值补偿保护修复生态资本外，还必须通过人类绿色技术、绿色金融、绿色管理等绿色实践活动，高效开发和节约利用生态成本，最大限度减少对生态成本的人为干预和破坏，实现生态资本量的累积和质量的提高，扩大提升人类经济扩大再生产和可持续发展的自然基础。

生态资本是存在于旅游生态系统内用于旅游经济活动的自然资产，但并非"大自然的恩赐"。生态资本是资本体系存在的自然物质基础，离开自然物质基础，其他资本形态就无从谈起；生态资本是资本体系保值增值运动的自然物质基础，生态资本的保值增值决定其他资本的保值增值，其他资本形态都必须反映生态资本保值增值发展规律的要求，并接受生态资本的规定、制约和改造。

传统旅游经济发展方式使人们将社会总资本仅仅视为物质资本，因而旅游经济活动只是追求物质资本的利用与增值，而忽视人力资本和生态资本的有效利用和不断增值，甚至为了尽快壮大物质资本而不惜牺牲自然资产和人力资源，造成人力资本和生态资本的极大浪费和严重破坏。只有在三类资本相互增值的基础上，建立可持续旅游经济发展方式，才能符合现代生产力发展和社会文明进步的客观要求，保持社会总资本存量增加，为旅游经济可持续发展提供必要前提。

（三）生态创新、技术创新、制度创新相互作用

制度创新不仅是指物质生产领域的经济体制及其运行机制的变革，而且包括精神生产、人类自身生产和生态生产等领域的体制及其运行机制的变革。只有这样，才能实现物质再生产、精神再生产、人类自身再生产和生态再生产的相互适应与协调发展，才能促进物质资本、人力资本、生态资本相互增值，从而确保经济可持续发展。

技术创新是旅游经济可持续发展的主要驱动力。旅游经济的技术创新应用体现在以下几点：

1. 产品创新

如旅游景点的重构与再造，旅游纪念商品的设计、开发、制作，娱乐场所的改造，旅游线路和旅游方式的多样化创新组合等。

2. 工艺创新

如交通、通信、食宿、游览、娱乐、安全、督察、旅游商务、受理投诉等与旅游相关的各项服务手段的改进。

3. 功能创新

如运用最新的高科技手段多角度地开发旅游景点和休闲活动的文化内涵；对某些特殊景点和服务设施进行多功能化的综合设计；运用相应的宣传促销理念和手段改变或诱导游客，帮助旅游服务人员树立新的旅游观念，提高游客和服务人员的旅游文化档次等。

生态创新包括旅游生态系统本身的变革、创造新的人工生态系统和经济社会系统生态化即社会生产、分配、流通、消费再生产各个环节生态化过程。通过生态创新有目的地改变人与环境的生态关系，增加旅游生态系统运转的生态资本，增强旅游生态系统的转化功能，能够使旅游生态系统的结构和功能更好地适应旅游经济社会系统的发展需要，提高旅游生态系统适应现代旅游经济发展的供给能力和对旅游经济发展的支撑能力。

制度创新、技术创新、生态创新相互作用的可持续旅游经济发展方式，推动着旅游经济的健康运行与可持续发展，它表明旅游经济发展过程中制度演变—技术进步—生态改善之间存在必然的、内在的、本质的联系，对于旅游经济运行和发展，制度创新具有保障作用，技术创新具有主导作用，生态创新则具有基础作用。

（四）生态文明、精神文明、物质文明相互促进

旅游经济建设要追求物质文明、建设文明和生态文明的有机统一与协调发展。物质文明建设主要解决人们福利增加的物质需要，旅游是人类在现代物质文明高度发展基础上所形成的一种高层次的生活需求。精神文明建设主要满足人们全面发展的精神

需要，旅游的本质是一种精神文化活动，发展旅游经济，人们通过参观、游览、观赏吸收古今中外文化的宝贵财富，增加知识，丰富阅历，可以提高国民素质，从而提高人力资本的质量。

生态文明既包含物质文明的内容，又包含精神文明的内容。生态文明并不是要求人们消极地对待自然，无所作为，而是在把握自然规律的基础上积极能动地利用自然、改造自然，使之更好地为人类服务，在这一点上，它是与物质文明一致的。生态文明要求人类尊重和爱护自然，将人类的生活建设得更加美好；人类要自觉、自律，树立生态观念，约束自己的行动，人在生态经济系统中的主体性和能动性可最终实现系统的可持续发展，又具有精神文明建设的内容，尽管生态文明与物质文明和精神文明有一定的联系，却并不是两者的附属物，生态文明建设有其相对独立性。生态文明建设的一个重要内容就是要恢复和保持生态系统的整体有用性，只有通过生态文明建设，保护自然生产力，解放和发展生态生产力，旅游经济活动才能产生生态效益、社会效益和经济效益的协同。

旅游经济的发展，既包括物质财富的增加又包括社会文明的进步，还包括自然生态系统的发展，其中生态系统的发展状态与走向越来越成为评价旅游经济发展质量、水平和程度的客观标志。所以，重视生态文明建设，形成物质文明、精神文明和生态文明的紧密结合，并将其有机统一于旅游经济的可持续发展进程中，是我国建设现代文明的客观需要，也是可持续旅游经济发展方式的战略任务。

可持续旅游经济发展方式是一种多要素、全方位的综合发展方式，它以旅游经济发展为中心，将经济发展与社会、制度、科技、资源、环境融为一体，建立生态经济协调发展、人与自然和谐相处的新型发展观。

第四章　旅游经济发展方式转变

生态外生的传统旅游经济发展方式实际上以牺牲生态环境为代价换取经济增长，以危害长远发展为代价换取当前发展，以损害全局利益为代价换取局部利益，以剥夺他人的发展资源换取自身的发展。因此失去了健全的生态基础和协调的经济关系使旅游经济发展不具有可持续性。转变传统的旅游经济发展方式是当前无论在理论界还是业界都必须迫切需要解决的问题。本章将对旅游经济发展方式转变的动因进行考察分析。

第一节　旅游经济发展方式转变的经济动因

一、旅游自身发展面临升级转型

经济发展与经济增长是内涵与外延完全不同的两个基本概念。具体地说，经济发展的内涵包括以下几个方面：

（1）经济数量的增长，即一个国家或地区产品通过增加投入或提高效率获得更多的产出，构成经济发展的物质基础；（2）经济结构的优化，即一个国家或地区投入结构、产出结构、分配结构、消费结构等各种结构的协调和优化，是经济发展的必然环节；（3）经济质量的提高，即一个国家或地区的经济效益水平、社会和个人福利水平、居民实际生活质量的提高、经济稳定程度、自然生态改善程度以及政治、文化和人的现代化，是经济发展的最终标志。经济增长是指一个国家或地区经济量上的变化或增加，即指一定时期产品和劳务的增长。经济增长包含在经济发展之中，它是促成经济发展的基本动力和物质保障。一般而言，经济增长是手段，经济发展是目的；经济增长是经济发展的基础，经济发展是经济增长的结果。同理，生态外生型传统旅游经济发展方式作为单纯追求旅游经济增长的发展方式，实际上只是旅游经济发展的一种"过程状态"；而生态内生型可持续发展方式同时关注旅游经济数量增长、旅游经济结构优化和旅游经济质量提高，是旅游经济发展到较高层面的一种"理想状态"。

我国的旅游业经过30余年从弱到强的壮大发展，经历了高资源代价、高环境代价的高速增长阶段，基本达到了旅游经济发展的"过程状态"，通过其自身的组织功能也已积蓄了较强的向旅游经济发展"理想状态"转变，实现升级转型的动能。

（一）旅游资源驱动

旅游资源是指那些能够激发旅游者的旅游动机并促动其实现旅游活动，可为旅游业发展所利用，并由此产生一定的经济、社会及生态环境效益的一切自然存在和社会创造。一个国家或地区旅游资源的特色、丰度状况、利用程度及开发水平，直接影响到其旅游业经营的规模和与之相关的旅游消费水平。旅游资源既有有形的如山川、泉瀑、园林、寺塔等形态化的物质资源，也有无形的如文化、民俗等不易感知和触摸到的非物质资源。无论哪种形式的旅游资源，如果利用和保护不当，都容易遭到破坏、消失甚至永远不可再生。我国目前已有 26 个省市自治区将旅游业定位为"支柱产业"来发展，基层县、乡、镇、村开发旅游的热潮如火如荼，"旅游名镇""旅游名村"遍地开花，凡是对旅游者稍具吸引力的资源基本上都成为旅游开发的对象。尽管政府早已把提高资源利用率和转变经济增长方式作为经济社会可持续发展的主题与当务之急，但习惯于以 GDP 作为经济增长目标和考核政府官员政绩的主要指标，使以大量消耗资源和粗放经营为特征的传统发展模式得以延续，重发展速度和数量，轻发展效益和质量，重外延扩大再生产，轻内涵扩大再生产，对旅游资源重开发轻保护，加上合理开发旅游资源的技术发展滞后，以及中央政府与地方政府基于管理角色差异而导致的利益博弈造成旅游资源有效利用机制的缺失，使旅游经济增长在很大程度上，主要依靠旅游资源的过度消耗和掠夺开发来实现，存在着"高投入、高消耗、高排放、不协调、难循环、低效率"的问题。因此，转变旅游经济发展方式，由旅游资源的粗放式开发转向精致化开发成为旅游经济发展的一种内在需求。

（二）旅游环境驱动

旅游与环境之间的作用关系是一个双向的交互过程，两者相互依赖且相生相克。旅游开发以旅游目的地的环境为依托，同时又以人为因素对环境的影响为代价。伴随着旅游业的蓬勃发展，旅游环境质量问题也日益突出。在旅游业为满足旅游者住、食、行、游、娱、购等需求而进行旅游产品生产的时候，必然会引起程度不统一的环境污染和生态破坏。特别是人类在开发建设风景区的时候，必然对它输入一定的物质和能量，如建筑材料、物资设备、食物、燃料等，这就对景观生态系统物质循环与能量流动产生一种很强的干扰。旅游者作为旅游产品的消费者，在旅游消费活动中又再次产生干扰或污染。例如，将原始森林辟为森林公园，往往引起某些物种尤其是野生动物濒临灭绝，而络绎不绝的游人又会使许多动物远走高飞。一个显著的事实是，我国旅游地环境质量退化加剧，几乎每一个旅游地都面临着水污染、大气污染及垃圾污染等环境压力。此外，旅游环境容量问题也不容忽视，例如假日旅游"火爆"的背后是景区内的拥挤不堪、人满为患、交通紧张、食宿困难等一系列难题。可见，只有以切实保护旅游环境为前提，转变旅游经济发展方式，才能实现旅游业的可持续发展。

（三）旅游竞争力驱动

在市场经济条件下，竞争是所有企业都必须直面的挑战。随着经济全球化和信息技术的飞速发展，市场竞争也日益激烈。尤其是2001年，中国正式加入世界贸易组织（WTO）之后，我国旅游企业所面临的外部竞争压力空前加大。实际上，我国服务贸易的大门完全向国外打开之前，由于对国外旅游企业准入门槛的限制，国内旅游企业是在一种相对受保护的状态下进行的内部不完全竞争。在这种竞争状态下，旅游经济并非最具效率和活力；而随着《服务贸易总协定》的签订，与国外大型旅游企业集团在同一起跑线上赛跑立刻成为一种现实，国内外旅游企业将在资金、资源、人才、效率等诸多方面进行全方位比拼。此时，如果不转变旅游经济发展方式，就不能从根本上提升旅游经济的整体实力，就会直接影响我国旅游经济的国际竞争力。

二、旅游市场生态需求不断升温

世界旅游组织将2002年定为"国际生态旅游年"，并同联合国环境规划署（UNEP）、国际生态旅游协会（TIES）于同年5月在加拿大魁北克省召开的世界生态旅游峰会上发表了《魁北克生态旅游宣言》，大力推动了生态旅游在世界范围内的大发展，全球很多机构、学术团体、公司企业、政府和非政府组织都把生态旅游作为协调经济发展与环境保护的最佳选择。而早在1999年，我国国家旅游局就确定当年的旅游主题为"生态环境旅游年"，引发全国各地不同形式的生态旅游活动风起云涌。近年来，我国的生态旅游与自然保护区建设、森林公园管理、自然景观资源开发和生物多样性保护结合，使生态旅游事业又向前迈出了科学而坚实的一步。

由于生态旅游是通过人们喜闻乐见的形式，生动形象的宣传来展示自然科学知识，提高人们的环保意识和科学文化素养，同时还贯穿了美的欣赏，身心的愉悦和体质的增强，因而受到广大人民群众的青睐，其市场需求不断升温。据有关统计数据表明，生态旅游在旅游业中增长最快，年增长率高达30%。

作为21世纪兴起的一种全新的旅游形式，生态旅游在遵循可持续发展原则的过程中，需要建立一系列相应的规范和标准，来实现其对自然和社会负责的承诺。生态旅游观则在很大程度上对原来的旅游经济发展观起到了重要的修正作用。

生态旅游的自然观认为，生态旅游是"到相对没有受干扰和污染的自然界去旅游，尽情欣赏大自然风光，并感受人类文明发展的历史"，需要"带着真诚去旅游，去感受相对原始的乡村环境和乡土文化，观察和亲近野生动物，在不损害地方文化和自然资源的情况下尽情游乐"。简单地讲，生态旅游就是享受自然，并通过对大自然真实的感受和体验，唤醒人们的环境意识。

生态旅游的环保观认为，生态旅游过程中对大自然的感受、认识和改善都应谨慎从事，从而使它不会产生传统旅游可能产生的环境和社会问题。它将努力为每个旅游者树立更加清晰的环保意识，并对旅游目的地的社会经济发展和生态条件的改善做出积极的贡献。因此，生态旅游就没有必要大规模、集中性地开发，以免造成生态环境的恶化，而是尽可能地让人们更多地接触和体验大自然的奇妙，进而认识到环境的价值并加以保护，保留那些曾经遭到破坏而加以修复的环境。

生态旅游的经济观认为，生态旅游应当是一种模式，即将自然区域作为发展旅游的基础部分，而其中的生物资源则是和社会经济密切相连的部分。通过对当地的投资和当地居民的参与，小规模渐进式发展，提供一种既能保护环境又能带动经济发展的机遇。因此，通过社区参与的方式建立和保护生态旅游区，并通过市场化加强管理，进而对旅游目的地的社会经济发展和生态条件的改善做出积极的贡献，应该成为一种既发展经济又保护环境的理想化答案。

正是基于上述共识，旅游市场的生态需求日益强烈。可以说，作为旅游市场的重要组成部分，生态旅游的勃兴和逐渐走向深入，构成旅游经济发展方式转变的市场动因。

三、旅游生态补偿机制有望完善

生态补偿（Ecological Compensation）是当前生态经济学界的热点问题之一。1992年，联合国《里约环境与发展宣言》及《21 世纪议程》中将其表述为"在环境政策制定上，价格、市场和政府财政及经济政策应发挥补充性作用；环境费用应该体现在生产者和消费者的决策上；价格应反映出资源的稀缺性和全部价值，并有助于防止环境恶化。"从本质上看，生态补偿就是促进生态保护的经济手段或者说制度安排。

我们必须正视旅游开发对环境的负面影响，哪怕被普遍看作对协调旅游经济发展和环境保护具有积极作用的生态旅游，也仍然可能给环境造成某些消极影响。所以，在旅游经济发展过程中引入生态补偿机制显得尤为必要和紧迫。旅游生态补偿机制是旅游经济发展与资源环境容量有限之间矛盾运动的必然产物，它运用"资源价值论"的观念重新评价生态环境资源的实现价值，运用政府调控与市场化运作的方式让开发、利用、破坏生态环境资源的人们支付相应的经济补偿，用于生态建设和环境保护，以便为旅游发展提供可持续利用的资源基础和生存环境。旅游生态补偿机制应该存在下列模式：

（一）财政转移型旅游生态补偿机制

其实质就是政府在公平的基础上将部分财政收入进行重新再分配的过程，政府运用补贴或奖励的形式，对保护和建设生态环境中的公益劳动行为给予不完全的报酬支付，对因保护生态环境而牺牲自身利益的人们给予不完全的补给。但这种补偿机制完全依靠"外部输入性供给"，使当地生态保护和建设工作缺乏自我发展的机制，丧失了生态保护的内驱原动力和内生支撑力。而且，补偿资金是按照财政收入的一定比例支出，与实际发生的经济损失或贡献大小的关联度不强，无法对损益者所牺牲的利益进行全部性补偿，难以满足受补者对补偿强度的现实需求。

（二）反哺型旅游生态补偿机制

此种补偿机制的关键在于准确找到因为旅游开发行为而形成的经济受益者和生态环境损益者，由受益者按照适当的比例对损益者进行补偿。由于生态环境资源作为外部性的公共物品，具有投入产出的外溢性，对区际环境变化与相邻地区社会增长之间内在联系的清晰显示存在一定困难，确定科学合理的补偿计算方法并对补偿机制进行操作量化是反哺型生态补偿机制能否顺利实施的关键性因素，必须在生态补偿的受益者和损益者之间找到最佳的平衡点，多方考察，联动运作，建立一套相应的生态补偿评价体系。

（三）公益型旅游生态补偿机制

此种补偿机制代表着生态补偿机制未来的发展趋势。本着"谁开发谁保护，谁破坏谁恢复，谁利用谁补偿"的原则，国家根据生产经营方式和环境保护活动等因素来增收生态环境补偿费，补偿金纳入预算管理后转为用于生态环境保护的专项费用，对因保护生态而放弃正常发展的受损者进行补偿，对生态环境的建设者进行资助。公益型生态补偿机制能够处理好地区和地区之间、近期与长期之间的生态利益关系，在法律和市场手段的共同调解下能盘活整体生态资源，为社会发展构建起环境资源支撑体系。目前，广西、江苏、福建等省区，已经制定了生态环境补偿费征收管理办法，在旅游行业中征收生态环境补偿费。

显然，旅游生态补偿机制的出现本身就是旅游经济发展方式转变的一种制度尝试，随着旅游生态补偿机制的不断完善，旅游经济发展方式也将不断走向健康、科学。

四、旅游循环经济正在逐步推广

20 世纪 90 年代以来，面对全球人口剧增、资源短缺、环境污染和生态蜕变的严峻形势，循环经济的概念及模式一经提出便被各国（无论是发达国家还是发展中国家）所重视，进而引申出建立循环社会的宏伟目标。进入21世纪后，我国明确提出了要走科学发展的道路，发展循环经济是我国未来社会经济可持续发展的最佳模式。2005年出版的《中国旅游目的地发展研究报告》中，"发展旅游循环经济是实施旅游可持续发展战略的重要载体和最佳模式，是21世纪旅游资源开发保护的战略选择"作为一项命题，在国内首次提出。

旅游循环经济是循环经济理论在旅游业中的运用，是循环经济思想与可持续发展思想在旅游业中的具体体现。发展旅游循环经济是实现社会、经济和环境"共赢"的需要。传统旅游经济发展忽视了社会经济结构内部各产业之间的有机联系和共生关系，忽视了社会经济系统和自然生态系统之间的物质、能量和信息传递、迁移、循环，违背了旅游地生命周期理论等规律，形成了资源消耗型的线性经济发展模式，导致很多旅游资源遭到破坏或者枯竭，产生环境污染，造成经济社会和人民健康的损害。而旅游循环经济严格遵循"3R"原则，即减量化（Reduce）、再利用（Reuse）、再循环（Recycle），模拟自然生态系统运行方式，运用生态学规律指导一切旅游经济活动，通过预防和再利用代替"末端治理"，全方位地节约资源和保护环境，在旅游开发和旅游运营中实现旅游景区的环保性开发、旅游资源高效率利用、旅游产品的生态设计和旅游者的可持续消费，使旅游经济的发展从数量型向质量型转变，同时，还拉长了旅游产业链，推动了环保产业和其他新型产业的发展，增加了就业机会，促进了社会发展。

旅游循环经济的实践涉及旅游业的各个相关层面，包括旅游目的地、旅游客源地及旅游通道等环节，需要从旅游区的规划、开发、旅游活动开展的全过程综合考虑。

可以预见，旅游循环经济代表了我国旅游业未来发展的方向，它也构成了旅游经济发展方式转变的内生动力。

第二节　旅游经济发展方式转变的社会动因

一、社会环保意识的觉醒

2009年12月7日，在丹麦首都哥本哈根召开的全球气候变化峰会上，全世界再一次将目光聚焦于环境保护问题，各国都以较为积极的姿态参与其中，集思广益，献计献策。可以说此次会议是全人类对当前生产和生活方式的一次集体而深刻的反思。人类意识到生产和消费过程中出现的过量碳排放是形成气候问题的重要因素之一，因而要减少碳排放就要相应优化和约束某些消费和生产活动。由于"低碳生活"（Low-carbon Life）理念顺应了人类"未雨绸缪"的谨慎原则和追求完美的心理与理想，一经提出就得到广泛的认同。

所谓低碳生活，是指生活作息时尽量减少能量耗用，从而减低二氧化碳排放量的生活方式。实际上，低碳生活就是一种简约生活的态度，是每一个普通的社会个体自然而然地去节约身边各种资源的一种生活习惯。可喜的是，作为追求低碳生活方式的族群，"低碳族"已经悄然兴起，规模不断扩大，他们不仅主动在衣、食、住、行等方面厉行节约，而且还积极地去影响周围的人，纠正身边的各种浪费资源的行为。尽管二氧化碳给全球带来的环境危机依然十分严重，但日益觉醒的社会环保意识却让我们看到了让地球重新恢复勃勃生机的希望和曙光。

值得一提的是，与众多其他减碳手段相比，"林业碳汇"措施因其成本低、效益高、操作易而备受青睐。林业碳汇是通过实施造林和森林经营管理、植被恢复等活动，吸收固定大气中的二氧化碳，释放氧气，从而起到减少空气中二氧化碳的作用。在北京的八达岭，一个碳汇林林场已经成型，如果想抵消掉自己的碳排放，可以来这里购买碳汇林或种树，这种减碳方式吸引了大量的环保先行者，也成为"低碳族"实现"去碳化"承诺的首选。从另外一个角度来看，林业碳汇也是环保教育与森林生态旅游完美结合的产物，是生态外生型传统旅游经济发展方式向生态内生型可持续发展方向成功转变的典型例证。

与"低碳族"类似，"乐活族"（Lifestyles of Health and Sustainability，LOHAS）也是进入 21 世纪后，兴起的一个倡导环保和绿色生活理念的族群，他们崇尚义利合一、天人合一与身心灵均衡发展的价值观，树立离苦得乐、与自然和他人共乐的人生观，主动放弃违背道德、健康、环保与可持续原则的思想与理念，树立人与自然、人与社会、传统与现代、国内与国际都能和谐共生的发展观。"乐活"这个概念是美国社会学者保罗·瑞恩在 1998 年出版的《文化创意者：5000 万人如何改变世界》中，首先提出的，意为"健康永续的生活方式"。形象地讲，"乐活"就是在消费时，会考虑到自己和家人的健康以及对生态环境的责任心。这个全新概念的出现，无形中给既要享受现代技术生活又要对自然环境负责的态度倾向下了定义，如同法国学者利奥塔在研究后现代的著作中思考的那样，"后现代总是隐含在现代里，启蒙、后启蒙和非启蒙呈现顺序状态，追求与自然的和谐直接将现代性引入到了后启蒙中"。

由于乐活理念顺应了社会发展的大趋势，乐活生活方式早已流行于欧美发达国家。据不完全统计，在美国每 4 人中就有一人是"乐活族"，欧洲约是 1/3。"乐活"理念传入中国时间虽不长，但已为很多人所接受，并成为一种生活趋势。在宁波举行的2008 中国青年 LOHAS 时尚文化论坛上，共青团中央和全国学联也力推"乐活"理念，期待更多的人主动加入"乐活族"的队伍。

　　随着"乐活族"的异军突起，"乐活"市场也随之应运而生，包括持续经济（再生能源）、健康生活形态（有机食品、健康食品等）、另类疗法、个人成长（如瑜伽、健身、心灵成长等）和生态生活（二手用品、环保家具、节能汽车、生态旅游等）。从丰田到福特，所有尝试混合动力汽车和氢燃料汽车的制造商每年都要走秀上台；有机食品生产商们更是不遗余力地往 LOHAS 概念上靠拢；甚至旅行社也针对 LOHAS 认同者的增多，频繁打出绿色的自然之旅。按照美国《商业周刊》的说法，如果把所有跟 LOHAS 概念挂钩的产业都统计在一起，一夜之间美国出现了一个接近 4500 亿美元的超级消费理念市场。

　　不论是在"低碳族"，还是在"乐活族"身上，都贴上了鲜明的环保标签，他们对环保生活方式的不懈追求与恳切要求，直接成为旅游经济发展方式转变的强大动力。

二、旅游方式的绿色转变

　　21 世纪，"绿色"被视为文明的标志。在人们生产生活的各个领域纷纷刮起"绿色风暴"，旅游业也不例外，"绿色旅游"方兴未艾，并逐渐成为一种新的社会潮流。绿色旅游是由全球最大的非营利性环保组织、保护国际等环保机构在近年来提出的一种出游新方式，希望游客在旅游时既能放松身心又可以保护环境，并可以用简单易行的方法减少自己对环境带来的影响。以这种方式旅游的游客则被称为"绿色游客"。

　　绿色旅游作为一种新的旅游形态，具有观光、度假、休养、科学考察、探险和科普教育等多重功能。对旅游者来说不仅是享乐体验，而且是一种学习体验，不是单纯地利用自然环境，而是依靠自然和旅游的并行关系在对自然带有敬畏感和环保意识的基础上进行的旅游，它增加了旅游者与自然亲近的机会，深化了人们对生活的理解。

　　在绿色旅游的实践中要做到无污染旅行，只要在安排交通、准备饮食、设计活动时按照生态智慧的原则来进行就可以实现，国外一些"绿色游客"的做法对于绿色旅游在世界范围内向更加深入和广阔的层面来开展具有非常重要的示范意义，值得大力推广。在英国，每年大多数家庭都会安排假期，于是长途旅行每年造成了大量的二氧化碳排放，为此越来越多的旅行社和志愿组织提倡绿色出游，其中一种最受关注的方法就是让需要搭乘飞机的旅客捐款植树，以此抵消旅程对环境的影响。有人倡议，从英国到冰岛旅游的旅客植树 1 棵，到厄瓜多尔的旅客植树 3 棵，以便达到保护环境的目标。而德国人在旅游的时候，第一件事就是准备一个大大的旅行包，里面有筷子、勺子、牙刷、牙膏等，他们用手绢而不是纸巾擦汗，旅馆不提供任何一次性生活用品，全由客人自带。景区内看不到用野生动物制作的旅游纪念品，餐馆里也无野味可供食用，因为捕杀、食用野生动物违反法律。日本的多家旅行社为保护生态环境，推出一日游特别团。游客在观赏湖山美景之际，动手收集园林中的垃圾，以保护园林的整洁。

游客只需在风景区收集垃圾 1 小时，便可免费享受温泉浴和午餐。

在我国，绿色旅游主要以森林公园、自然保护区、野生动物园和生态农业园等形态的旅游地为依托。这类地方既是旅游消费者心仪的旅游目的地，也是旅游开发者积极投资的热土。近年来，随着绿色旅游热，其数量和规模都有了较大幅度的增长。

概括来说，绿色旅游的兴起源于旅游经营者和旅游消费者基于社会发展趋势把握的理念革新。就旅游经营者而言，经济效益、社会效益与环境效益的和谐统一，引导以绿色环保为宗旨的健康消费时尚成为其终极目标。就旅游消费者而言，绿色审美理念、绿色行为理念逐渐深入人心，旅游景观中的原生形态美成为审美的最高理想；"除了脚印什么也不要留下，除了照片什么也不要带走"的口号，则成为人们外出旅游的行为准则。

毫无疑问，人们旅游方式的绿色转变，也将在很大程度上推动旅游经济发展方式与时俱进，实现由生态外生型向生态内生型的转变。

第三节　旅游经济发展方式转变的自然动因

一、旅游经济发展对生态需求量和依赖度增大

（一）需求原因

在旅游资源环境存量一定的情况下，需求增长是导致其对旅游经济可持续发展约束的首要原因。

（二）利用原因

尽管政府早已把提高资源利用率和转变经济增长方式作为经济社会可持续发展的主题与当务之急，但习惯于以 GDP 作为经济增长目标和考核政府官员政绩的主要指标，使以大量消耗资源和粗放经营为特征的传统发展模式得以延续，重发展速度和数量，轻发展效益和质量，重外延扩大再生产，轻内涵扩大再生产，对旅游资源重开发轻保护，加上合理开发旅游资源的技术发展滞后，以及中央政府与地方政府基于管理角色差异，而导致的利益博弈造成旅游资源有效利用机制的缺失，使旅游经济增长在很大程度上主要依靠旅游资源的过度消耗和掠夺开发来实现，存在着"高投入、高消耗、高排放、不协调、难循环、低效率"的问题，成为加剧旅游资源环境对可持续发展约束的主要原因。

（三）管理原因

有效管理是节约旅游资源和保护生态环境的重要手段，然而我国资源环境管理不完善，成为资源环境对可持续发展约束的基本原因。尽管我国已颁布实施了《中华人民共和国节约能源法》《中华人民共和国矿产资源法》《中华人民共和国水法》《中华人民共和国清洁生产促进法》《中华人民共和国可再生能源法》等法律，但在资源节约和综合利用方面仍然是薄弱环节，一些法律的内容已不适应社会主义市场经济体制日臻完善的形势要求，有些法律的原则性较强、可操作性较差，各经济主体节约资源和保护环境的法律义务和责任不明确，加之法律执行力度不够，检查监督不到位，使法律法规失去严肃性，难以对浪费资源和破坏环境的行为实施有效惩处，加剧了旅游资源消耗和浪费。

二、旅游经济发展对生态基础的破坏十分明显

旅游经济发展对生态资源和生态环境的破坏十分突出，造成旅游资源环境破坏与旅游环境质量下降的原因是多方面的，概括起来有以下几种：

（一）人类经济行为的不当破坏了旅游资源与环境

在经济发展过程中，工业生产排放的废物及产生的噪声污染了旅游区的自然环境，扰乱了旅游区应有的宁静。一方面，旅游区丧失了以往清新的空气、透明的水体、静谧的氛围；另一方面游客游览的兴致因环境污染而降低。例如，杭州龙井和九溪为新西湖十景之一。现在龙井上游首办起了龙井茶馆，残渣污水排入水沟，发酵发臭，污水溢出流入龙井泉，污染了龙井水源。九溪上游的龙井村，兴建了一座矿泉饮料厂，厂里排出的废水，使九溪水变色。与杭州西湖关系密切的富春江，过去被人们尊为"浙江旅游的生命线"。江水碧波荡漾，清澈见底。近年来，沿江修建了一批小化肥厂、小农药厂、小造纸厂等企业，将大量污水、废渣排入江中，江水变成一片混浊。铁锈般的水面上，漂浮着层层泡沫，使大批鱼中毒死亡。农民饮水引起腹痛、头昏等症状，以致"身在江边无水喝"，不得不从几里之外挑水。

不合理的资源利用与农业生产方式破坏旅游区的自然生态平衡，旅游资源直接受到影响，如森林政伐、过度开采地下水、开山炸石等活动造成水土流失、游览水体水位下降、奇山丽景惨遭破坏等。如黄山每年要砍伐 3 个"1000"，即基建用材 1000m³，薪炭用材 1000m³，被偷伐 1000m³。再加上游人破坏，黄山植被蓄水能力大大下降。过去降水下部沟溪要在 2 小时后才有大水流到，而且水色澄碧。如今溪水随降雨，几乎是同时暴涨暴落，并且水流混浊。几年来，人字瀑半边几乎长期断水，黄

山温泉水量也大量减少。又如泉城济南过去因长期过量开采深层地下水，使地下水位急剧下降，造成泉水断流、枯竭。前几年到泉城赏泉观光的中外游客，无不扫兴而归。

在经济结构、生产力布局、城市发展规划中，忽视旅游资源的存在，使得区域经济结构类型、生产力布局方式、城市发展方向与旅游业正常、持续发展对环境条件的要求不相适应。如洛阳采用爆破法打基，在著名的邙山古墓葬区建造了许多工厂，使上千座古墓被毁掉。又如北京周口店猿人洞遗址，兴建和扩建小石灰厂、水泥厂、采石场，炸石挖山，对遗址地址及环境造成了严重破坏。26 个化石点，目前只有 7 个被完整保存下来。

（二）旅游开发和建设破坏旅游区环境

在旅游资源开发利用过程中，有关设施建设与旅游区整体不协调，造成旅游资源、旅游区生态环境，特别是旅游气氛环境的破坏主要表现为：古迹复原处理不当，新设项目与旅游区景观不协调，改变或破坏了旅游区所有的且应当保留的历史、文化、民族风格和气氛。例如，具体的旅游对象，其旅游价值主要表现在其本身所蕴含的独特的历史、文化、民族风格。在开发利用旅游资源时，这些无疑是应当保留且极力保护并充分予以表现的，忽视旅游区的整体协调及其所蕴含的内涵，盲目开发，只会造成景点的不伦不类，进而丧失其旅游价值，使游客的兴致减退。

城市建设破坏旅游气氛，主要表现在新建建筑与旅游城市的整体建筑不协调。使作为旅游对象的城市失去其本来面目。如北京天坛南面建起了成片高层楼群，使人对祭天的圜丘失去"九天之上"的感觉。西安小雁塔旁建起了 13 层现代化旅馆，使著名的唐代古塔变成锁在抽屉中的文物。苏州沧浪亭围墙外两座高大的现代建筑紧逼，使园林显得局限而狭小。

（三）旅游活动对旅游区环境的影响

旅游活动对旅游区环境的影响主要在于旅游过程产生的垃圾对景点环境的污染，以及旅游活动本身对景点自然生态平衡及旅游意境的影响。由于旅游区本身设施的不完善和游客素养不高，随着旅游活动规模的扩大，景点垃圾遗弃量日益增加。旅游区内大量垃圾随意抛撒堆积，破坏了自然景观，污染了景点水体，使旅游区水体富营养化。我国许多旅游区水体都遭到了不同程度的污染，其中相当一部分旅游水体的透明度、色度、嗅味等指标均超过国家规定的旅游水体标准，漂浮物、悬浮物、油迹污染物已经影响游客感官，使其旅游兴致降低。

超过景点容纳客量的超规模接待破坏了旅游区自然生态系统平衡。构成自然景观的生态系统对旅游活动本身存在一定的承载能力，这种承载能力由生态系统的结构所确定，超过其承载能力的旅游活动将使旅游区生态系统结构发生变化，旅游区旅游功能丧失。主要表现在大量游人将旅游区土地踏实，使土壤板结、树木死亡；大量游人在山地爬山蹬踏，破坏了自然条件下长期形成的稳定落叶层和腐殖层，造成水土流失，树木根系裸露，山草倒伏，从而对旅游区生态系统带来危害……如苏州在游览旺季，每天平均接待 20 万人次，超过了可容量的 3 倍，其中拙政园超过可容量的 5 倍，狮子林超过 11 倍。如废罐公害问题，日本每年有 10 亿个废罐头瓶被抛到旅游区。仅国立公园废罐处理费用，1 年就用去 3 亿日元以上。

不当的旅游活动本身所带来的问题是严重的，忽视这种影响，只注重短期效益，盲目扩大规模，无限制地接待游客，将对旅游业的可持续发展带来严重损害。

第四节 旅游经济发展方式转变的路径

2009 年，国家再次明确了旅游业的战略性支柱产业地位，与此同时，关于转变经济发展方式的议题也成为研究重点。为此，旅游经济发展方式的转变成为政界、业界和学界共同关注的问题。在旅游经济发展的初始阶段，在单一经济目标的推动下，我国旅游经济的发展取得了有目共睹的成就，尤其是在经济效益方面，旅游经济已经成为许多地方发展的经济支柱。然而，旅游经济的高速发展也带来了一系列的负面问题，使旅游经济自身走到了发展的十字路口，面临着是向非持续反生态式的发展轨迹坠落，还是向可持续生态友好型的发展轨迹优化的艰难转折。综合前文所述观点，旅游经济发展方式的转变应该建立在生态内因论的基础之上，从理论路径、技术路径和市场路径方面谋求突破和转型，以新经济学理论的生态重构取代传统经济学理论的生态缺失，以旅游生态经济系统的复合承载力取代旅游生态系统的单向承载力，以旅游市场主体的社会生态经济人假设取代经济人假设，以旅游经济发展方式的经济理性、社会理性和生态理性取代传统旅游经济发展方式的单一经济理性，通过政策保障、法制保障、社会保障实现旅游经济可持续发展的理想目标。

一、旅游经济发展方式转变的理论路径

（一）从"空的世界"到"满的世界"的经济理论变革

传统西方经济学的理论基本上排除了旅游经济系统对生态系统和社会系统的依赖，割裂了三大系统之间的内在联系，如我国著名的生态哲学家余谋昌先生指出："在'自然—经济—社会统一系统'的三大要素中，经济主义只追求一个目标—经济增长。经济主义模式按照还原论方法，只关注一个变量—经济增长，排除也是十分重

要的—社会（公平）和自然（环境与资源）这两个变量。这样就形成了它的反社会和反自然的性质。"既然在这种经济理论指导之下的发展观本身就具有反生态的性质，那么其理所当然地无法承担正确引导将保护生态作为重要职能的旅游经济健康发展的重任。

现在，我们已经进入了以生态经济和知识经济为特征的生态文明时代，要真正实现和谐社会的发展目标，要从根本上消除旅游经济乃至整个国民经济不可持续发展的生态环境危机，首先就必须对传统西方经济学的思想根源进行全面的变革与创新。也就是说，我们的经济发展观必须从"空的世界"走向"满的世界"。

传统经济学提出的"空的世界"的理论形态，是工业文明时代的产物，也是工业文明时代经济发展的理论表现，旅游业发展过程中的大众旅游发展阶段正是这种经济理论的具体体现。当我们面临着旅游经济不可持续发展的困境和危机时，由于指导理论的错误，使这一极具特色的绿色产业也面临着严峻的现实考验，旅游经济发展的现实状况实际上，已经与其初衷发生了背离。所以，旅游经济的发展，必须建立在全新的以生态经济、可持续发展理论和循环经济为指导的新经济学平台之上。

"满的世界"经济学发展观的核心理念就是生态文明时代的经济发展绝对不能超越地球或本国、本地区生态系统承载力极限的发展。旅游经济的发展，毫无疑问应该以生态文明时代的新兴经济学为理论指导。其对于旅游经济持续发展的指导意义主要体现在以下几点。第一，将生态因素从旅游经济发展的外生变量转化为内生变量，有利于促成对脆弱的生态旅游资源的保护及独具特色的文化的传承。第二，揭示了经济发展与可持续性的内在统一。旅游经济的发展与可持续性之间确实是存在矛盾的，但是，只要旅游经济系统的开发、经营和管理活动，对旅游资源的利用强度不超过自然生态系统的再生能力，不排放污染或排放量在自然生态系统的自净能力范围之内，旅游经济的发展完全能够达成生态效益和经济效益的统一。第三，旅游经济的可持续发展有赖于市场原则、技术原则和生态原则的紧密结合与成功协调。市场机制和技术进步有助于解决在旅游经济发展过程中某些具体的资源和环境问题，却无法解决地球资源环境本身的有限性这一客观问题，只有将它们与生态原则结合在一起，发挥协同作用，才有可能完成环境修复或生态恢复，保证旅游经济的持续发展。

（二）从"生态缺失"到"生态重构"的经济增长模型演进

1. 传统经济理论视野下的生态缺失

对现代增长理论的回顾可知，无论是现代经济增长的先驱理论—哈罗德多马理论，还是最新兴起的新增长理论，其对经济增长中的自然资源与环境因素的忽略与轻视都是惊人的。这一思想特性的形成源于新古典经济学的兴起。从经济学史的角度来说，它既表现为对古典学派生态思想的背弃，也不外乎对新古典思想的（对经济增长的生态代价而言）某种不幸的发扬光大。

与现代经济增长一并而来的是人类赖以生存的自然资源的枯竭与生态环境的日益恶化。"自 18 世纪中期起，自然界受到的损害比整个史前时代造成的损害还要大……人类文明赖以创造经济繁荣的自然资本却正在减少，而这种损失的速率正与物质福利增长成正比例地增长。"在诸多经济增长理论指导下的各个经济体的增长实践都或早或晚地、程度不同地遭遇了以上经济增长的困境。

索洛在模型中引入了技术因素变量，技术进步是长期经济增长的决定因素，经济增长不仅取决于资本增长率、劳动者增长率、资本和劳动对产量增长的相对作用的权数，而且还取决于技术进步。技术进步可以体现于物质资本（资本存量）之上，也可以体现于劳动者的技术水平的提高。只要技术进步是正数，它对经济增长率总是有利的。

索洛模型突破了以往人们一致认为的资本积累是经济增长最主要因素的观点，突出强调技术进步是经济增长的决定性因素，但是仍然假设技术是一种外生变量，而将它排除在考虑之外，由于技术是外生的，因此技术进步也就带有很大的偶然性，对技术的使用不需要付出成本。于是，作为外生变量的技术与作为经济增长主要动力的技术之间的关系难以协调。

内生经济增长理论模型。内生增长模型的基本观点是经济增长的长期驱动力是知识的积累。罗默的模型中，除了列入资本和劳动这两个生产要素以外，还有人力资本和技术水平。罗默模型使技术进步因素内生化于生产函数中，并且阐述了技术进步与人力资本的相互关系，提高了模型对现实经济现象的解释力。技术进步是推动经济增长的决定力量，而且技术进步本身是由经济系统内生决定的，技术的进步取决于知识资本或人力资本的积累和溢出。

凸性内生增长模型强调经济增长的因素关键是资本积累（包括物质资本积累和人力资本积累）而不是技术进步。这类模型认为，资源约束并不构成经济增长的限制条件，而且自然资本与人为资本具有完全的替代弹性。即便自然资本为零，产量仍然可以保持不变，因为人为资本可进行相应的补偿。所以，由于人们可以创造出人为资本替代自然资本，即使自然资本被消耗殆尽，也不会对经济发展造成威胁，从而实现经济可以永远保持持续性的增长。

在上述这些经济增长模型中，资本、劳动、技术作为传统的要素得到研究者的重视，经济社会的发展基本是依靠上述要素的投入来获取，在这些因素的驱动和作用下，经济发展取得了前所未有的成就，社会经济系统的规模也日趋庞大，与之对应的是生态系统的破坏、环境的污染和资源的耗竭，而这种危机和退化反作用于社会经济系统，必然对社会经济产生制约和阻滞。

2.可持续发展经济理论视野下的生态重构

（1）生态约束的经济增长模型

王海建(1999)将耗竭性资源纳入生产函数,并考虑环境外在性对跨时效用的影响,讨论了资源利用、人均消费与环境质量在长期增长过程中的相互关系以及模型的稳态增长解。即假定社会在消耗其耗竭性资源存量的时间长河里,在环境污染并存的条件下,要求维持可持续的人均消费,生产过程的耗竭性资源投入与人口增长率的比值应小于劳动力产出弹性与资源的产出弹性之比。

彭水军、包群（2006）通过将存量有限且不可再生的自然资源引入生产函数,构建了一个内生增长模型,探讨人口增长、自然资源不断耗竭、研发创新与经济可持续增长的内在机理。指出如果缺乏有效的技术创新和合理的资源保护与利用,则可能出现负的稳态增长率,即在不可再生自然资源条件下无限制地增长是不可持续的。制约通过政府的宏观干预来扶持人力资本积累和有效提高研发产出效率,依靠科学技术进步和智力资本开发,使用更环保（资源密集度低）的生产活动来替代能源、资源和污染密集型生产活动,才能维持较高的、稳定的、具有可持续意义的经济增长。

于渤（2006）建立了基于R&D,同时考虑能源、资源耗竭、环境阈值限制与环境治理成本的可持续增长模型;探讨了可持续发展的必要条件,即能源资源耗竭速率、污染治理的投入比例与经济增长之间应该满足动态关系。

（2）生态要素是旅游经济可持续发展的内生要素

从上述经济模型的演变中,我们可以看到人们对于推动经济发展,尤其是可持续发展的要素的认识在不断深化,经济可持续发展的要素经历了一个从最初对资本积累的完全依赖,到开始注意到人力资本和技术水平的能动作用,将技术进步作为推动经济发展的关键因素;再到制度学派认为"不涉及制度就不可能解释经济增长率上的持续差异"的演变过程,资本、劳动、技术进步、人力资本、制度创新等因素不断被纳入经济发展的体系。诚然,这些要素对于经济的发展功不可没,可是,在承认这些要素的同时,人们却忽略掉了最基本的生态要素—自然资源和生态环境对于经济发展的制约,没有这个基本前提的存在、资本、劳动、技术、制度等要素就无法发挥功能。

刘思华教授在《生态马克思主义经济学原理》指出,传统经济学一般都是将自然生态环境置于市场经济体系和绿济学理论框架之外,只是当作人类物质生产实践活动的外部条件即外部环境,是社会经济运行与发展的外在要素。自然生态环境排斥在劳动生产力构成要素之外,只是社会经济发展的外在因素。传统经济学是生态与经济相脱离的理论,这种人与自然、社会经济与生态环境相分离的内在理论缺陷,不仅把自然界视为一个不变因素,而且把经济看成是一个不依赖外部环境的孤立系统,完全否定了自然生态系统和社会经济系统之间的物质能量以及信息的交换这个劳动过程的本质特征，无法使自然生态环境成为作为劳动过程的生产过程的构成要素，同时也否定了在劳动过程中，"外部自然条件"随时随地转化为"内在自然要素"。

因此，自然生态要素对于旅游经济增长的影响不容忽视，在"可持续发展"已经成为人类共识的时代背景下，将自然生态要素纳入经济长期持续增长的分析框架更是必然。

（三）旅游经济发展方式转变的核心理论

1. 基于生态内因论的生态经济价值

最早应用可持续发展原理评估环境资源价值的经济学家是克鲁梯拉。克鲁梯拉认为，当代人直接或间接利用舒适型资源获得的经济效益是其"使用价值"，当代人为了保护后代人能够利用而做出的支付和后代人因此而获得的效益是其"选择价值"；人类不是出于任何功利的考虑，只是因为舒适型资源的存在而表现出的支付意愿，是其"存在价值"。这一理论为研究舒适型资源的经济价值奠定了理论基础。

20世纪80年代以后，随着可持续发展思想的广泛传播，越来越多的环境经济学家遵循克鲁梯拉的研究思路，对环境资源的经济价值进行了深入探讨，提出了许多环境资源价值的新概念。比较有代表性的是生态要素的总经济价值由使用价值和非使用价值构成。

使用价值是当资源环境被使用或消费时，满足人们某种需要和偏好的能力，使用价值又分为直接使用价值、间接使用价值和选择价值。直接使用价值是指环境资源直接满足人们生产和消费需求的能力；间接使用价值是指人们从环境所提供的用来支持生产和消费活动的各种功能中间接获得的效益；选择价值是指当代人现在愿意为某一环境资源的使用所做出的支付意愿，这取决于环境资源供应和需求的不确定性以及人们对生态风险的态度，实际上包括未来的直接和间接使用价值。

非使用价值是指由环境资源内在属性所决定的固有效用，它与环境资源的使用与否及其方式无关，又分为存在价值和遗赠价值。存在价值指人类为确保资源环境的存在而体现出的支付意愿，即存在价值是人们对资源价值的一种道德上的评判，资源越特殊稀有，其存在价值越突出。遗赠价值指人们为了保护某种资源而愿意进行支付，这种支付不是为了自己，而是为了把它留给后代人来进行享受其利用价值和非利用价值。遗赠价值是为了保障后代消费资源环境的权利而进行的支付，是人类要通过各种实践活动，如对资源环境的研究、开发和保护，投入到生态系统中的劳动所创造的那部分价值。

刘思华教授提出的生态经济价值论认为，商品价值是物化在经济系统的某个商品中的社会必要劳动的表现，这是经济系统通过耗费活劳动和物化劳动在从生态系统中取走自然物质，并将它加工成经济物质的过程中凝结的社会必要劳动。生态价值是物化在生态系统的某种物品中的社会必要劳动的表现，这是通过在经济系统耗费活劳动和物化劳动而输入到生态系统中来，使生态系统的自然物质（包括自然资源和自然环境）具有符合人类生存和经济社会发展所需要的使用价值过程中凝结的社会必要劳动。生态经济价值就是物化在生态经济系统某种自然物质和经济物质中的社会必要劳动的表现，是商品价值和生态价值的辩证统一体，任何将生态系统自然属性决定的生态价值和其资源属性决定的生态价值割裂的做法都是错误的。人类只有顺应生态系统的自然属性所表现出来的天然价值，才能求得经济规律顺应生态系统物质属性决定的经济价值，才能达到社会再生产与自然再生产相互关联，社会生产力与自然生产力相互协调，经济系统与生态系统相互耦合，最终实现人与自然和谐发展。旅游经济复合系统中的生态要素，其价值的形成与量化，也反映了人与自然、生态与经济之间的关系。

由于旅游资源与自然生态环境的稀缺性和再生的困难性，人们必须不断地投入劳动，以获取、保护、改善旅游资源和环境，人类在利用生态环境创造生态价值的同时，也生产出具有适应价值的旅游产品，创造经济系统的商品价值。因此，投入补偿、保护和建设具有一定使用价值的生态环境和旅游资源的全部劳动所形成的价值量就是生态经济价值量，正是由于耗费了劳动，才使旅游生态经济复合系统中的生态要素具有"生态经济价值"，当然，人类劳动在社会经济系统生产旅游产品的过程中，投入一定量的劳动创造商品价值的同时，也会创造生态价值，还会产生生态环境的负价值，给自然生态系统带来破坏性的影响，威胁旅游经济发展的自然基础。所以，正确处理人与自然、生态与经济之间的关系，使生态要素产生价值增值，避免出现商品价值为正而生态价值为负的现象，使生态价值量成为两者的总和而不是相互消长，是保证旅游经济可持续发展的前提。

2. 基于生态内因论的生态内生化

生态环境内生化理论，实质上就是要求人们承认与坚持地球资源环境有限论，树立旅游经济发展的可持续性边界理论的新理念。这是当代经济思想与理论的生态革命的基本理念，即是可持续发展经济学范式的基本理念。当代人类对地球存在极限的认识及其他将如何影响人类经济社会发展乃至整个人类文明进化的认识，即是人类认识到自己利用与改造自然的经济社会活动，是被"自然界整体动态结构的生态极限所束缚的"，从而发现了地球资源环境有限性的客观规律：人类经济社会活动必须建立在生态系统完整、资源持续供给和环境容量持续供给的基础之上，才能保证经济系统在生态限值内健康运行与协调发展，这样的经济发展才具有可持续性。

刘思华教授1994年，在《当代中国的绿色道路》一书中论述了"生态内因论"的内容：健全的生态条件和优良的环境质量就是直接作为生态经济再生产过程的必要组成部分而存在，它不仅是现代生产力运行的外部环境，而且是现代生产力发展的内在因素，成为现代生产力的基本要素，就应该包括在现代生产力系统之中。生态环境内因论鲜明地揭示了现代生产力是生态经济生产力，如实反映了现代生产力运行的全过程。

自然生态环境不仅对人、社会具有优先地位，而且是作为一种内在要素存在于人类社会经济之中。作为劳动过程的生产过程永远是人与自然之间的物质变换过程，这就是说，一切经济过程，首先是人与自然之间的物质变换过程，自然生态环境是人类物质生产、劳动过程的一个构成要素。自然生态环境，不仅是人类社会存在和经济发展的自然基础，而且首先的主要表现为已经进入人类物质生产实践的自然形式、自然要素，是社会经济运行与发展的内在要素的自然生态环境。

当今世界，自然生态环境优劣已经成为决定现代经济增长与发展的快慢和当代社会经济可持续发展的关键所在。当代经济运行与发展的实践已经充分证明：良好的生态环境确实是当今人类生存和现代社会经济发展高度短缺的生活要素和生产要素，它越来越由"外部自然条件"转化成为"内部自然要素"，呈现现代经济运行与发展的内在因素和外在因素的有机结合与高度融合的新趋势。

旅游经济的产生源于良好的自然生态条件，旅游经济的发展也必须凭借和依赖生态系统。旅游经济运行所需的物质和能量，归根结底需要自然生态系统来提供。生态系统的旅游资源和生态环境是保证旅游经济循环运动的物质基础和基本前提，良好的旅游环境和高品位的旅游资源是推动旅游经济良性循环和向前发展的依托所在。

二、旅游经济发展方式转变的技术路径

（一）旅游经济发展的生态环境承载力控制

1. 旅游环境承载力构成模型

从旅游者的角度来分析，旅游环境承载力代表着在旅游者感知质量保持恒定时，所能承受的旅游者最大值，可用旅游环境承载力（TECC）来表示。一直以来，人们都把生态环境承载力作为确定合理游客人数，限制对旅游景区过度利用的重要手段。

2. 旅游环境承载力指数测算

崔凤军把旅游承载力指数 TBCI（Tourism Bearing Capacity Index）界定为：在不对旅游地社会、经济、自然环境、公共设施产生不利影响的前提下，某一旅游区所能承纳的旅游活动强度的无量纲表示值，这种强度体系包括：游客密度、旅游用地强度、旅游收益强度。

（1）游客密度指数 VDI：（Visitor Density Index）。不同的旅游地有不同的值，即不同的游客密度对旅游地的影响（正面的和负面的）程度和范围是不同的。

VDI=visitor density/resident density，亦为游客人数与旅游地居民人数的比值。TBCI 与 VDI 成反比例关系，它表明旅游地接受的旅游活动强度随着游客密度指数的增加而降低。

（2）旅游经济收益指数 EII：（Economic Income Index）。旅游经济承载量为当旅游地居民和政府的旅游经济收益（等于收入减去漏损）达到某一临界值时，所能容纳的游客数量。

3. 旅游环境承载负荷度

综合供给与需求两方面，旅游环境承载力（TECC）重在描述供给，实际游客量 AVQ（Actual Visitor Quantity）重在描述需求，为体现两者之间的平衡，可引入衡量旅游环境容量评价的绝对指标旅游环境承载负荷度（TECR）。

旅游环境承载负荷度（TECR）是描述承载力的利用状况或承载力与承载量是否平衡的重要指标，可表示为：

TECR=AVQ/TECC

旅游环境可持续承载动态模型包括旅游环境可持续承载的状态模型和发展模型，其中，状态模型用于评价旅游可持续发展的基础指标，反映当前的状态水平；发展模型反映旅游景区环境承载力的变化趋势。要维持旅游生态环境供给与需求的平衡，在短期内，主要通过调节实际游客量（AVQ）来达到目的，在长期则可以通过对旅游环境承载力（TECC）的控制来实现旅游地的可持续承载。

（1）旅游环境可持续承载的状态模型。

旅游者的增长会受到旅游环境的阻力，根据旅游地的生命周期原理，旅游地开发初期，旅游者增长速度缓慢，接着增长率加快，当进入旅游地成熟期后，旅游者的增长速度逐渐减慢，一段时期内 AVQ 的增长在一段程度上服从 Logisitic 规律。当旅游者规模增大时，每个旅游者所占的个人空间相对减少，必然导致旅游审美感知的相对下降；同时对旅游环境系统造成损害，长此以往将导致旅游环境系统退化或衰亡。

（2）旅游环境可持续发展模型的构建。

TECC 的状态模型是评价旅游环境可持续发展的基础，但状态指标的高低只能反映 TECC 目前的状态水平，而不能反映 TECC 的发展变化，也不能反映其发展变化的态势，而 TECC 的发展模型反映 TECC 长时期随 r 变化的趋势，可更直观地显示长期内旅游环境是否可持续承载。由于长期内 TECC 是变化的，通过监测各阶段到冷阶段相同时期 TECR 的相应变化，推断长期利益环境系统是否处于可持续承载状态。

（二）旅游经济发展的生态足迹影响评估

旅游活动的开展必然导致区域旅游资源、旅游设施与旅游服务的占用、耗费与消费，进而对区域生态系统和区域旅游的可持续发展产生影响，对于旅游业这样一个在很大程度上依赖资源和环境的行业来说，能否实现可持续发展是关系到旅游业生存与发展的关键性问题，以实现应对性地采取各种措施使旅游业的发展不偏离可持续发展的轨道，旅游生态足迹正是满足这一需要的重要工具和方法之一。

旅游生态足迹是生态足迹在旅游研究中的应用，是指在一定时空范围内，与旅游活动有关的各种资源消耗和废弃物吸收所必需的生物生产土地面积，即把旅游过程中旅游者消耗的各种资源和废弃物吸收用被人容易感知的面积观念进行表述，这种面积是全球统一的、没有区域特性的，具有直接的可比较性。

不可否认旅游生态足迹分析法是一个正日益引起重视并将逐步完善的方法，已被应用到旅游可持续开发、旅游环境承载力评价、旅游地潜力评价等多个领域，且随着这些理论成果和成功实践的示范和带动效应、旅游生态足迹这一理论本身的适用性，旅游生态足迹将在以下方面广泛地得到运用，如：旅游产业生态足迹、单个行业生态足迹、旅游产品生态足迹、目的地旅游生态足迹、瞬时旅游生态足迹、旅游企业生态足迹等。

1. 旅游生态足迹的计算方法

旅游生态足迹是将生态足迹的理论运用到旅游业中的一种旨在测量一定区域内旅游活动对各种资源生态消费的需求（旅游生态足迹）与自然所能提供的旅游生态供给（旅游生态承载力）之间的差距的方法，它的计算方法是在生态足迹的计算模型上，结合旅游业自身的特点所提出的。目前我国旅游界的专家学者借用生态足迹较为成熟的方法，已经建立了旅游生态足迹的计算方法。

（1）生态足迹的计算方法

生态足迹的计算主要基于以下两个事实：一是人类能够估计自身消费的大多数资源、能源及其所产生的废弃物数量，二是这些资源和废弃物流能折算成生产和消纳这些资源和废弃物流的生态生产性面积。

（2）旅游生态足迹的计算方法

现有的文献中对旅游生态足迹模型及计算主要运用了3种方法：①以章锦河和张捷为代表的，依据旅游消费的构成，提出了旅游交通、旅游住宿、旅游餐饮、旅游购物、旅游娱乐以及游览观光生态足迹等6个子计算模型，旅游生态足迹即为该6个子模型计算结果的总和；②以王辉、林建国为代表的，用旅游业对国民经济的贡献率来表示旅游生态足迹在整个地区国民生产总值所需要的生产性土地面积的比重，从而计算出旅游业所需要的生产性土地面积的数量即旅游生态足迹；③以曹新向为代表的，借用生态足迹的成熟方法，通过均衡因子把各类生物生产性土地面积转换成等价生产力的土地面积，最后将其汇总、加和计算出人均生态足迹面积。

2. 旅游生态足迹的功能与影响

旅游生态足迹能够准确地对旅游发展的状态做出定量分析和评价，为我们正确地把握旅游发展方向提供科学的依据，它具有旅游生态足迹测度旅游业、评价旅游产品、测度旅游目的地、评价旅游企业、教育旅游者、评价大众旅游、衡量旅游目的地消耗、旅游业的生态效益等功能。根据不同的情况和旅游活动的特点，可归纳为：对旅游地生态有效规划与管理、区域旅游可持续发展以及旅游业整体水平提升的推动作用。

（1）为旅游地生态规划与管理提供定量依据

旅游生态足迹将旅游者的资源和能源消费及废物排放转换为生物生产性土地面积，并同旅游目的地的生态足迹需求比较和叠加，可为旅游地决策与管理部门的规划与管理提供定量依据。章锦河等以九寨沟自然保护区、漳扎镇为例，测度旅游产业发展对九寨沟自然资源生态环境的影响及其程度，探索基于生态足迹方法对当地居民进行生态补偿的机制与标准，为其他自然保护区的生态开发与管理提供借鉴。王辉等运用生态足迹模型对中国各地方的旅游生态足迹和生态环境承载力进行了计算分析，杨桂华等认为旅游生态足迹可评测不同类型旅游企业的生态需求，程春旺等通过生态足迹与生态容量的计算来定量描述旅游者活动对旅游地生态环境的影响及旅游地生态环境状况，从而为旅游地的生态规划与管理决策提供科学的参考依据。

（2）定量地为旅游经济的可持续发展提供依据

旅游生态足迹是一种定量评价旅游业可持续发展的新方法，根据研究的范围不同，旅游生态足迹可以在旅游产业、旅游产品、旅游目的地、企业生态、旅游者及大众旅游等方面，发挥其测度可持续性的功能。鲁丰先等根据嵩山 2005 年"五一"期间的旅游生态足迹分析结果，得出采取有效技术或措施调控相关因子，倡导生态旅游、民俗旅游、农业观光等旅游方式，是减少旅游生态足迹的重要途径；符国基、窦蕾、蒋依依、杜旭东等通过旅游生态足迹理论与方法的实证研究，指明了旅游者的生态影响及其主要因素和旅游产业结构的效益，有助于明确旅游产业结构调整和优化的方向，为旅游业可持续发展提供定量参考依据。

（3）测度旅游业整体发展水平及其经济效益

旅游生态足迹模型通过引入生物生产性面积的指标，为旅游产业结构的效益分析，旅游活动对目的地的资源和能源消耗的影响、旅游产业与其他产业的比较等提供了一种简单框架，生态产业赤字、盈余等定量化地反映地区旅游产业的发展现状，通过盈余情况可判断旅游业内部流程需调整的部分和成长维度的状况。李金平等分析出澳门每平方千米生态足迹可产生 4202 美元的产值，是世界平均水平的 3.8 倍。游客每平方千米生态足迹的产值是 15258 美元，是世界平均水平的 13.8 倍，得出澳门是一个以旅游为主的城市，澳门旅游业具有经济高效性；符国基对海南省外来旅游者生态进行测评研究表明，海南生态足迹单位产值是其本地单位生态足迹差值的 1.56 倍，认为海南旅游业比当地各行业平均水平有较高的经济效益。

三、旅游经济发展方式转变的市场路径

（一）旅游市场供给的生态化

1. 旅游企业管理理念的生态化

（1）社会生态经济人的理性回归

对科技作用的盲目夸大，对经济利益的无尽追逐，使传统管理理论埋下的隐患逐渐暴露。人与自然之间的紧张对立关系，人与人之间的冷漠怀疑关系，人与自身之间的背离关系，使生态危机、人态危机、心态危机不断显现且渐趋恶化，虽然在物态方面获得了极大的繁荣和增长，却始终无法掩盖隐藏在此背后的人与自然、生态和自身关系失衡的苍白。因此，当人类迈入以知识经济和生态经济为特征的新经济时代，人类开始对以往处理人与自然、人与自身、人与人关系的发展观念、经济理论和管理实践开始进行反思，寻找造成生态危机、人态危机和心态危机的根源，谋求重构在生态文明时代新的管理理论—绿色管理理论。

对科技作用的过度崇拜，已经使人类陷入了人与自然紧张对立关系的深渊，人类要摆脱生态危机，首先要寻求人与自然之间的和谐关系，而这一点几乎是以往所有管理理论都没有涉及的。人的物质需要和社会需要，在以往那些管理理论中都已经有所体现，可是作为人最基本的生态需要一直都被忽略，而生态需要是人类所有其他需要的基础，没有生态需要的满足，就谈不上物质财富和精神财富的创造。所以，绿色管理理论的基础首先是重新认识人与自然之间的关系，实现人与自然的和谐发展。人首先应该是作为"生态人"而存在，人既不是自然的中心，也不是自然的主宰，人的需要和利益的满足必须建立在充分尊重自然规律的基础之上，不以损害自然生态为前提，尽量维持自然资源和生态环境的非减性。人与自然的和谐，是实现人与自身、人与人协调关系的基础条件。

人与自然的和谐不可能孤立实现，人类除了要正确认识和处理与自然的关系之外，还需思考以何种方式来处理人与自身的关系以及人与人的关系。人与人的关系其实是一种社会生态，人与自身的关系实际上是一种心理生态。社会生态和心理生态的和谐状态，是由自然生态的和谐发展所推动的，人对自然的重新认识，对处理与自然关系

的态度变化，标志着人类世界观、价值观和文化精神的深刻变革，意味着人类文明的新进步，也为促进人态和谐和心态和谐提供了动力，人态和谐和心态和谐，反过来又为持久的生态和谐创造了社会人文条件和心理基础。所以，绿色管理所定义的人，不仅是追逐利益的经济人，不仅是寻求归属的社会人，不仅是回归自然的生态人，而是三者综合一体的生态社会经济人，追求生态、人态、心态和物态的全面和谐，共同发展。

（2）管理理念的绿色革命

为了适应快速增长的生态旅游消费需求，在旅游活动中，在旅游经济的各个环节上，旅游经济的利益相关主体，尤其是从事旅游经营的企业，应该重视对能源、产品和环境的管理，尽量降低污染，减少和处理好废弃物、有害物，节约资源，进行绿色设计、清洁生产，开展绿色营销，实现经济效益、社会效益和生态效益的统一。

旅游企业应该强调对自然生态和资源环境的保护，并引导游客的消费活动，实现生态和谐；旅游企业应该重视企业内部和企业外部各种人际关系的处理，注重员工的全面发展，营造绿色企业文化和氛围，实现人态和谐和心态和谐；旅游企业还要充分实现自然生态以及旅游资源的价值，发挥其观赏体验和教育等功能，以满足日益扩大的旅游市场需求，获得经济效益，实现物态和谐，为生态和谐、人态和谐和心态和谐提供现实的物质基础。

旅游企业的绿色管理还要承担一定的社会责任，这种社会责任主要体现在以下方面：即提供一定数量的就业机会，促进特色文化的保护，使社区居民从中受益，自觉维护生态环境和保护旅游资源，塑造绿色旅游企业形象，引导健康持续的旅游消费方式，使企业管理的职能不仅在物质层面上得到体现，也在精神层面上得到体现；不仅促进物质财富的增长，也促进精神财富的增长，使人类与外在自然和内在自然都能取得协调关系。

旅游经济涉及众多的利益主体，它们都有各自要求实现的目标，作为利益主体之一的旅游企业，在追求自身目标实现的时候，也要综合考虑旅游经济发展的整体性，将自身的发展置于旅游经济可持续发展的大前提之下，积极处理和其他利益主体之间的利害关系，衡量生态、物态、人态和心态的价值取向，获得与其他利益主体目标的共生发展。

2. 旅游企业管理方法的生态化

（1）强化旅游生态经济关系

①处理与自然的关系

旅游企业与自然的关系十分密切，良好的生态环境和多样性的自然资源构成了对顾客的吸引力所在，旅游企业是连接消费者和旅游资源的媒体，旅游资源不仅是旅游企业利用的对象，更是要大力加以保护的资源，旅游企业和旅游资源之间的关系并非是利用与被利用的关系，还存在维护、投入、改善的关系。否则，旅游企业将会失去持久的竞争优势和持续发展的基础。在将旅游资源加工成旅游产品，并向市场出售的过程中，必须要坚持保护的原则，将对生态环境和自然资源的破坏程度降低到最小。

②处理与物质的关系

企业本来就是逐利的经济主体，对利益的追逐是企业管理的主要任务之一，也是企业为了长期的生存和发展获得资金支持的主要来源，而且企业想要对生态和环境的保护投入资金，也需要依靠在经济利益上的收入和利润来得到。所以，企业应该努力提高对生态旅游资源的利用效率，减少使用成本，增大收益。但是，旅游企业经济系统的运转毕竟是建立在生态系统的基础之上的，因此在衡量企业的成本和收益的时候，应该将生态成本和环境代价考虑在内，这样才能真实反映企业的盈利情况。否则，如果企业的盈利无法弥补由此而带来的对生态环境和自然资源的损耗，那么，旅游企业仍然无法实现可持续发展的目标。所以，企业对经济利润的追求应该是适度的，而不是毫无止境的，不能脱离生态系统和环境的容量和承载力，单一追求经济指标的增长。

③处理与社会的关系

企业生存在一定的社会环境之下，与社会中的其他成员发生着各种各样的社会关系，理应承担相应的社会责任，促进社会文明的进步，社会的发展反过来又会为企业的长远发展创造良好的条件。如果企业能够建立和谐的社会关系网络，就会拥有给企业带来无形利益的社会资本，提高企业的管理效率。

企业的社会资本，既来源于先天的历史积累，也得益于后天的自我创造和再生。企业的社会关系，既存在企业与外部的交流中，也存在企业与内部的沟通中。企业可以通过外部广泛的网络联系换取社会资源，通过内部和谐的关系使社会资源得以转化成资本。旅游业本来就是综合性很强的产业，作为旅游企业，也和社会的其他个体发生着广泛的交换和联系，处理好社会关系，争取社会资本的积累对生态旅游企业显得十分重要。

④处理与人的关系

企业与员工。员工是宝贵的人力资本，是使其他资源的价值得以充分体现的主观能动因素，生态旅游企业对人的管理不仅在于激发其潜能，还要关心人的全面发展，包括生理和心态，包括经济利益与人格塑造。人力资本的效率实际上是与人的发展状态和水平密切相关的，只有在对人力资本的激发和培养中才能真正实现人的价值，实现人的持续发展，从而促进企业的持续发展。

企业与游客。游客是旅游企业要为之服务的对象，也是企业获得利润的主要人文基础。企业要通过满足游客的需求来实现自身的经济目标，但是企业对游客需求的满足应该是全方位的，除了传统的对他们物质和心理需求的研究之外，还应该认识到游客也是具有生态需要的个体，其他需求的满足都必须建立在这个自然基础之上，企业的绿色文化不仅体现在对内部员工行为的约束和规范上，还要对游客的行为起到积极的引导作用，并与游客之间保持持久稳定的关系，使企业能够保证长期的利润和发展。

企业与竞争者。旅游市场的竞争也是日益激烈，竞争的存在能够促使这些企业提高服务质量和水平，完善市场秩序。在发展大旅游的前提条件下，旅游企业对竞争者关系的认识应该也有新的看法，可以变过去"你死我活"的单赢局面为个体发展的"双赢"。企业之间可以联合起来，通过共同的市场调研、宣传和引导，扩大生态旅游市场的规模，分享某些资源，提高资源的利用效率，节约成本，齐心协力地为生态旅游市场和旅游者服务，最后都能从中分享利益。

（2）制定绿色管理制度

①绿色资源管理

旅游企业对自然和生态价值的尊重，只有通过建立绿色的资源管理制度才能得以体现。在企业内部，应该营造生态意识和环境保护的氛围，每个员工都应该充分认识生态环境和资源的脆弱性和不易修复，理解企业所承担的生态使命和环境责任，在每道工序和每个环节上节能降耗，以实际行动促成对有限的生态旅游资源的保护。

企业应该积极采用绿色生产技术、绿色工艺和绿色设计，在向市场提供旅游产品的过程中，降低和减轻生产加工过程对资源的过度使用，减少旅游获得对环境和生态造成的干扰和破坏。

②绿色财务管理

为了准确评价企业"生态—经济—社会"复合系统的发展和运行状态，传统的核算和会计制度也应该适当变革，引入新的变量和评估指标，实行绿色的财务管理。其中最主要的就是实施绿色会计和绿色审计制度，将自然资源和生态环境成本纳入企业的核算体系，以便真实地反映企业的盈利状况和对生态环境的保护程度。

绿色会计是以货币为主要计量尺度，以有关环保法规为依据，研究旅游企业发展与环境保护的关系，计量、记录旅游企业污染、环境防治、开发、利用的成本、费用，以评估企业环境绩效及环境活动对企业财务成本的影响。绿色审计是审计机构和审计人员依法对旅游企业的环境管理及其有关经济活动的真实性、合法性和效益性等情况进行审查，以评价旅游企业环境管理责任，促进旅游企业加强环境管理，实现可持续发展战略的具有独立性的系统监督活动。

③绿色人力管理

企业管理不是冷冰冰的技术管理和人机关系的体现，"人"也不是作为毫无感情的"经济人"而存在，企业管理从传统管理向绿色管理的转化，除了要依靠企业与自然及企业与社会的和谐关系来实现之外，还要建立人与人的和谐关系。

旅游企业应当将员工看作具有不同动机和复杂需要的有机个体，努力创造良好的人际关系和入境关系，使员工的潜能和积极性能得到最大程度的激发。此外，企业还应关心员工的身心健康，通过企业与自然和社会的和谐来塑造员工的和谐人格，使他们能将工作看作使命而不是任务，将企业的命运与自身的发展紧密相连，并将良好的心态和优质的服务传递给游客和外部公众，实现人与人之间的和谐。

3.旅游企业生产方式的低碳化

发展低碳经济已经成为全球共识，向低碳经济转型已经成为世界经济发展的大趋势。著名学者林辉称为"第五次全球产业浪潮"，低碳经济几乎涵盖了所有的产业的领域，也包括了旅游产业，通过低碳经济模式与低碳生活方式，实现可持续发展。旅游企业应该是发展低碳旅游的重要实践者，他们主要是通过低碳旅游企业行为来实现低碳经济下的旅游生产方式的变革，达到"发展低碳旅游，培育低碳生活"的目标。低碳旅游企业行为主要包括以下几个方面：

（1）旅游景区及交通的低碳旅游企业行为

旅游景区应做到在保证山清水秀的同时不过度开发和建设，并在景区设计中注重环保新型材料的使用，在景区内活动的设计中也要考虑环保因素。旅游交通中倡导公共交通和混合动力汽车、电动车、自行车等低碳或无碳方式。如果必须乘坐飞机，应当尽量选择采用新型燃料、节能的机型。另外，飞机在起飞、降落时能源消耗和有毒物质的排放非常大，因此最好选择直达航班，避免不必要转机造成的资源浪费和对环境的破坏。乘坐火车是比较环保的方式。对于一些超短途或者旅途中间的某一个部分线路，可以适当地选择徒步、自行车这两种方式，因为这是最环保的旅游方式。实际上，为了保护景区环境，多年前在九寨沟等旅游景区，就禁止机动车进入，改以电瓶车代替，来减少二氧化碳排放量。

（2）旅游酒店的低碳旅游企业行为

旅游业发展中，旅游酒店是碳排放的大户。应将愈演愈烈的酒店强调奢华之风转化为强调酒店的方便、舒适。要继续实施绿色饭店行业标准。旅游住宿除了要提供安全的房间和健康的食品外，还要强调以节约能源、与环境友好的方式经营。目前，我国已经提出"5年内将星级饭店、A级景区用水用电降低20%"，国家对各地节能降耗的指标要求是每年达到4%。《国务院关于加快发展旅游业的意见》中也要求五年降20%，每年降4%。要鼓励建造绿色和碳中和的酒店，少排碳甚至不排碳。如中国首座太阳能大厦—河北保定的中国电谷锦江国际酒店。

（3）旅行社的低碳旅游企业行为

各旅行机构要多推出一些有关环保低碳产品和低碳旅游线路。应注意旅行社的声誉及在低碳旅游方面的关注程度，优先考虑环保标准和口碑。不要只单纯重视经济利润，而要注意保护旅游目的地，乃至支持整个旅游业的健康和可持续发展，支持并参与低碳旅游计划，引导游客热爱、保护旅游目的地的自然和人文环境，以资源节约型、环境友好型的旅游景区景点为重点设计低碳旅游项目和线路。

综上所述，绿色资源管理促进企业与自然之间关系的协调发展，并使企业得以从中分享由于生态和谐而带来的经济利益回报；绿色财务管理使企业能够清楚认识生态和资源的价值所在，促进对资源的合理使用及对自然环境的保护；绿色人力管理使人的经济作用得以发挥，能够主动追求与自然之间的和谐关系，自觉调整心理状态，共同努力创造和谐的社会大环境，提升企业的社会资本，而企业又可从日益增加的社会资本及日益和谐的"人地"关系中获益。

（二）旅游市场消费的绿色化

随着我国经济社会的发展和国民生活水平的提高，旅游消费在居民消费支出与社会消费总额中的占比不断扩大。旅游消费已经成为一个极为重要的消费领域和推动消费升级的主渠道之一，对整个国民经济与社会生活日益产生着深远影响。

旅游消费有不同于普通消费的独特功能，是一种可持续消费。旅游消费作为一种以精神享受为主的消费，是一种环境友好型、资源节约型的生态化消费，具有多次消费、重复消费、绿色消费等多重特性，因而是一种不受资源与环境太大制约的可持续性消费，具有长期增长的现实可能。中国旅游经济可持续发展的实现，最终将依赖于社会生产对旅游资源消费方式的转变和旅游消费者生活方式的改变。

1. 旅游消费需求的生态化

中国生态道德教育促进会和北京大学生态文明研究中心委托国内知名市场调查公司—北京奥丁市场调查有限公司，在全国680个城市和地区中，选取5个具有区域和生态环境特点的城市，采用科学的抽样方法和调查方法，设计样本1500个，实际有效样本1534个，在2008年3月形成了《中国城市居民生态需求调查报告》。通过调查发现，关注生态环境的城市居民总体比例为75%；究其原因，主要是城市居民越来越感受到身边的生态环境变化。

呈指数增长的生态需求与环境负荷之间的矛盾日益尖锐的现实，令越来越多的人产生忧虑。生态需求在生态经济复合系统之中具有负向反馈的机能。也就是说，由于生态需求的出现与增长，导致了人类有意识地在生态经济系统动态发展过程中，调节其平衡。

人类社会越文明进步，人类各种需求满足的程度就越高。生态需求是现代人类的最基本的需求，它是随着现代社会文明进步而变化的自然需求，本质上是一种社会需求，是对现代人类创造的物质文明、精神文明和生态系统完善的优美环境的一种渴求。

人类社会的文明进步是与人类的生态需求密不可分的。生态需求是在人类需求发展的高级阶段出现的。它反映人的生理、物质和精神文化需要的统一趋势。

人类的旅游消费需求可以划分为 4 个层次：第一层次是物质需求，满足基本的衣食温饱问题；第二层次是享受需求，主要是吃住行条件的改善；第三层次是人文需求，对文化等非物质产品的精神需求以及对个人社会地位、集体利益等的社会需求；第四层次是生态需求，人对良好的旅游环境质量和健全的旅游生态结构的需求。

人类的旅游消费需求也越来越呈现出生态化的趋势即旅游生态消费的出现。旅游生态消费是对在可持续发展理论与消费生态学思想引导下，掀起的一种新兴生态型消费行为的高度概括，它与可持续旅游发展理论都源于国际公认的可持续发展观念。在旅游生态消费过程中，消费者通过与自然、历史、社会文化的"交换"而满足自己生态需要、物质需要和精神需要。

2. 旅游消费行为的生态化

（1）可持续旅游消费模式的建立

可持续旅游消费是目前最为先进、最为科学、最为全面的旅游消费观，在理论渊源上，它主要源于可持续消费理论，在宗旨与功能上，它直接面向并服务于可持续旅游发展的实现。

①科学把握可持续旅游消费的内涵和实质

可持续旅游消费是指既能满足当代人旅游消费发展需要，而又不对后代人满足其旅游消费发展需要的能力构成危害的旅游消费。它是新型消费观—可持续消费观在旅游消费领域的反映和体现，是在对传统掠夺式、占有式旅游消费观进行反思、对各种积极的旅游消费理念进行整合之后形成的理论成果。它是可持续消费理论与可持续旅游发展理论、旅游业发展实践有机结合的产物。它强调的是，不论是对旅游资源、旅游环境、旅游设施、旅游服务、公共产品的消费，还是对旅游消费观念、旅游消费模式、旅游消费政策的选择，都必须有强烈的生态环境意识和可持续发展思想。

应该说，可持续旅游消费是一个全新旅游消费行为模式，它将把整个旅游消费活动置身于一个时空长河中，看作一个可持续的发展过程：一是要突破以旅游者个人的效用最大化为目标的传统消费观，将旅游消费置于"自然—社会—经济"的多维空间内，以减少资源使用和不污染环境为前提，提高人们的旅游质量和生活享受；二是要建立起理性地处理和协调资源环境、旅游消费者的物质与精神需求、旅游经济的持续效益以及社会的公平合理等相互之间关系的创新机制。

因为旅游可持续消费是一种通过选择不危害环境，又不损害未来各代人的旅游产品与旅游服务来满足人们的生活需要的一种理性消费方式。旅游可持续消费既充分尊重了地球生态系统的极限，又保证了未来各代人和当代人拥有同样选择机会，是一种科学的旅游消费方式。它不是介于因贫困引起的消费不足和因富裕引起的过度消费之间的折中，而是一种新的、先进的、合理的消费方式，是一种直接服从于全球可持续发展目标的消费形式。

②科学制定和实施可持续旅游消费发展战略

可持续旅游消费不仅是一种新型的旅游消费观，更是一种新型的旅游消费行为方式。明确可持续旅游消费的历史任务，牢固地把握以市场需求为导向，以旅游消费者为中心，整合各类消费要素，推出适应于旅游可持续发展的旅游产品和旅游服务，合理刺激和引导旅游消费，有序发展旅游经济，满足国家和人民群众在新时期提升旅游消费环境，实现旅游可持续发展的需要。

明确其科学内涵，就为制定科学的可持续旅游消费发展战略，及其在旅游产业发展实践中的有效实施奠定了理论基础，可持续旅游消费发展战略的有效实施，则直接推动着可持续旅游发展的全面实现。

现代的旅游可持续消费，是一种科学的旅游消费方式，它不是介于因贫困引起的消费不足和因富裕引起的过度消费的折中，而是一种全新的、先进的、合理的消费方式，是一种直接服从于全球可持续发展目标的消费形式。它以公众都接受的理念，围绕维护和提高旅游消费群体的旅游环境质量，最终将社会生产对旅游消费方式的转变和旅游消费者生活方式的改变结合起来，以实现旅游的可持续消费。这种进化和转变是对传统的"大众旅游消费"的创新，从本质上反映了人类理性的复归。可以预见，随着全球性旅游消费生态化、文化、社会化的协调发展，旅游消费必将步入"旅游者个体约束条件增多—效用下降—消费者剩余减少—技术与市场创新—旅游资源存量与增量增多—约束条件减少—消费总量上升—旅游产业的可持续发展"这一良性循环、可持续发展的轨道。

（2）低碳旅游消费方式的选择

所谓低碳旅游经济，是指以低能耗、低污染、低排放为基础的旅游经济发展模式。为满足可持续旅游消费的增长需求，为节能减排、发展循环经济、构建和谐社会提供了操作性诠释，是落实科学发展观、建设节约型社会的旅游创新与实践，完全符合党的十七大报告提出的发展思路，是不可逆转的划时代潮流，是一场涉及旅游生产方式、旅游生活方式和旅游价值观念的革命。

①强化低碳旅游发展优势

中国旅游发展已经奠定了比较好的低碳发展基础。10年间，开发绿色旅游资源，建设绿色旅游产品，开展绿色旅游经营，实行绿色旅游管理，培育绿色旅游消费，已经成为行业和市场的共识。在这个过程中，旅游的优势充分凸显，也会构成中国旅游发展的长期重大机遇。首先，旅游业作为服务产业的重要组成部分，占用资源少，而且很多资源可以永续利用,由此自然形成碳排放少的突出优势。其次,多年的实践证明,旅游发展与环境密切相关,而且会促进环境的改善,这就有助于承担我们的碳责任,减少碳债务。按照碳成本来说,如果旅游一年减排 1 亿吨,就是创造 30 亿美元的财富。因此,低碳经济是人类的未来,低碳旅游是旅游的未来。

发展低碳旅游,培育低碳生活,构筑低碳旅游发展战略主要关注 3 个重点:一是转变现有旅游发展模式,打破"注重硬开发,忽视软开发,把旅游模式等同于工业开发模式"的局面。同时积极倡导公共交通和混合动力汽车、电动车、自行车等低碳或无碳方式,增加低碳旅游项目。二是扭转旅游奢华之风,尤其在交通和饭店方面,能耗问题突出,要降低碳排放。同时在旅游产品开发和旅游服务方面,强化旅游设施方便、舒适的功能性,提升文化的品牌性;改变旅游消费中的浪费现象,如温泉的使用、食品的浪费。三是加强旅游智能化发展,提高运行效率,同时及时全面引进节能减排技术,降低碳消耗,减少运营成本,最终形成全产业链的循环经济模式。

②低碳旅游消费者的培养

随着环保意识的增强,每一位旅游者都可以为"低碳旅游"做贡献。对于广大的旅游者来说,可以通过下列低碳游客行为来实现低碳经济下的旅游消费方式的变革。

主动减少碳排放量的主要方式有以下几种:不乘或少乘飞机,乘飞机少带行李;减少自驾游,或者和朋友拼一部车来减少碳排放量,尽量使用小排量汽车;增加步行、自行车在旅游生活中的使用;住宿时挑选不提供一次性用品的酒店,自备牙刷、牙膏和拖鞋等旅游物品;选择淋浴,洗衣服自然晾干不用洗衣机甩干;旅途中少使用空调、不用一次性餐具;自觉捡拾遗弃垃圾及维护景区卫生;不购买过度包装的旅游纪念品等。

主动做好"碳补偿":除了旅途中尽量选择用低碳的方式旅行外,还可以在行程结束后计算自己的碳排放,通过植树等措施进行"碳补偿"来减缓气候变化,降低地球负担。"碳补偿"即人们计算自己旅游活动直接或间接制造的二氧化碳排放量,并计算抵消这些二氧化破所需的经济成本,然后个人付款给专门企业或机构,或者通过义工旅行、特定组织,参与到减碳活动,如亲身参与或者通过第三方植树造林,参与其他环保项目来抵消大气中相应的二氧化碳量。

第五节 旅游经济发展方式转变路径的保障措施

一、旅游经济发展方式转变路径的政策保障

（一）旅游经济发展政策

政府要制定有效的财政货币政策对旅游开发经营进行直接或间接的干预。运用中央和地方财政手段引导和控制旅游建设项目投资资金流向，促进旅游产业结构调整和合理发展；通过国际组织贷款、政府贷款、外商直接投资、项目融资和创建境外旅游产业基金融资等多元融资方式，积极利用外资开发专项旅游产品、保护旅游资源；借鉴国外经验，开辟旅游税和旅游资源税，所得款项专门用于旅游基础设施建设、旅游资源开发与生态环境保护，实现环境效益与经济、社会效益的有机统一。国家财政要将对生态环境和旅游资源的保护纳入财政预算，各级政府对生态环境和旅游资源保护的投入要作为财政支出的重点并逐年增加。在旅游项目规划上，支持发展环境友好型和资源节约型的生态旅游项目，旅游开发单位必须向环境保护主管部门缴纳一定数额的保证金，作为对不破坏以自然环境、生物多样性和传统文化为代表的生态旅游资源的经济约束，如果在规划和开发中，出现了破坏生态旅游资源的行为，要接受相应的经济制裁和处罚。

在旅游经营上，充分利用税收和价格杠杆，反映资源环境的真实成本，切实让资源使用者和污染排放者承担相应费用，从而减少资源浪费和环境破坏，建立生态环境补偿制度，加快研究实施环境税，通过以景区门票、饭店客房租金等为税基，开征旅游环境调节税，约束旅游者和旅游厂商的行为，使之共同分担维护景观资源价值的成本，从而使当地社区居民也成为生态旅游业的受益者，促进经济、社会和生态的共同可持续发展。

在旅游核算上，传统的旅游经济核算只注重旅游经济增长的考核和计量，而不考虑旅游活动中所造成的资源环境的损失。其结果往往反映的是一种虚假的增长现象，没有将生态和环境成本考虑在内，虚增了旅游经济利益，夸大了其经济功能和作用，使政府决策者和旅游开发经营者只重视眼前的经济收入，而忽视资源环境的破坏情况，对旅游经济的持续发展不利。因此，应在旅游业广泛推广绿色核算，将旅游经济增长状况和生态旅游资源及环境状况纳入统一的核算体系，尽可能以最少的旅游资源环境成本换取旅游的产值增长。

在旅游收益分配上，正确认识旅游资源保护、培育与旅游经济发展之间的相互关系，制定政策，保证因旅游资源开发取得的收益在资源培育、管理和开发等方面做到公正、科学、合理地分配，促进旅游资源保护、培育与开发的可持续发展。

在旅游消费上，促使传统旅游消费向绿色旅游消费转变。绿色旅游消费能够促进旅游经济的进一步增长，而绿色消费政策的完善和消费法规的落实是提高旅游者绿色旅游消费质量的有力措施。

（二）旅游资源补偿机制

第一，建立旅游资源经济补偿机制。经济补偿机制在旅游资源开发中体现为，社会或旅游开发的受益者必须付出足够的劳动，专门用于旅游资源和生态环境的保护和建设。社会或旅游开发的受益者用于保护和建设旅游资源和生态环境的劳动量的最低标准是，要能制止旅游资源和生态环境的进一步恶化。主要的手段有：征收生态环境补偿税，建立生态环境保护基金，体现"谁开发谁保护，谁破坏谁恢复，谁利用谁补偿"的原则，而后有计划地集中使用这部分资金，落实各项环境建设工程。设立区域生态示范工程，逐步恢复和改善被破坏的生态环境，进而调节经济与环境的发展。收取的资源税设立财政专项账户，专门用于对旅游区资源保护的投资。如果资源环境保护的责任由管理机构承担，这笔资金拨付给管理机构，如果经营者承担了资源环境保护的责任，这笔资金可以返还给经营者内部补偿。

第二，建立旅游资源生态补偿机制。借鉴美国、英国、德国建立的矿区补偿保证金制度，云南腾冲曾尝试在旅游产业部门推广。主要的生态补偿措施：一是植被还原。植被补偿的途径有原地补偿和移位补偿两种。原地补偿是指充分利用"创伤面"进行屋顶、墙面、阳台种植，空地绿化、立体种植或交叉利用。而移位补偿是指强化附近地段的植被，通过这种形式来实现旅游地环境绿化。二是旅游开发建设就地取材。在材料的选取上，应充分利用旅游地自身资源，减少外界物质的输入，实现物质循环和输入输出平衡，减少交通运输过程中的道路破坏和噪声污染，减少空调的使用，使人工建筑与自然环境形成一个良性循环系统。

第三，建立旅游资源政策补偿机制。政策补偿，是指中央政府对省级政府、省级政府对地方政府的权力和机会补偿。通过规划引导、项目支持等方式，扶持和培育生态脆弱、经济欠发达地区新的旅游环境保护的实施，通过政策倾斜和实施差别待遇，激发这些地区保护资源环境的主动性和积极性。继续实施生态移民、异地开发等现有的行之有效的补偿方式，进一步从体制上、政策上加大对异地开发、生态移民等的支持力度。

（三）生态环境政策

目前，在一些地区，由旅游开发和旅游行为带来的旅游性污染与环境损害已较严重，有的甚至已经影响了旅游资源的开发与利用。要改变这种状况，还需依靠有效的环境政策对旅游区域的环境状况加以保护。政府要采取积极有效的干预措施，既要考虑旅游资源开发建设、合理布局设施和维护生态平衡等，又要紧密与区域所在地的重点发展项目、相关行业配套，减少实施中的盲目性、局限性和短期性造成的不必要损失，努力消除旅游业发展过程中的外部不经济，承担保护生态环境和旅游资源的责任。

环境保护部门要对旅游区已经存在、在建、拟建的每一个项目进行严格的环境影响评价，不符合环境标准的项目，坚决予以取缔。对于正在建设或运营的项目，应根据国家或地方的有关环境法规，征收"环境税"或颁发"无污染奖金"，将环境影响降到最低限度。对于正在建设或运营的项目，应根据国家或地方的有关环境法规，进行微观管制；严格控制人工景点的建设，以保持维护景区的自然生态和本真氛围；通过限制旅游者的自由的方法（如只允许待在加固的观光工具里），以保证野生动物保持区内野生动物在不受人为干扰的环境下生存。

通过低碳旅游政策的制定来实现旅游环境保护。低碳旅游的形成一方面依赖于旅游从业者的传播推广及游客的自觉主动行为，另一方面，有关政府部门要大力推动低碳旅游政策的制定。如进一步发展壮大绿色环保企业，制定政策支持宾馆饭店、旅游景点等旅游企业利用新能源、新材料，及时全面引进节能减排技术，减少温室气体排放，降低碳消耗，最终形成全产业链的循环经济模式。旅游政策制定中还应注重旅游业的可持续发展，扩大生态旅游、农业旅游的比重，通过积极引入低碳旅游指标考核及管理等，来达到旅游环境保护的目的。

（四）旅游资源绿色产权制度

在资源产权界定上，产权模糊或产权代理人的现实缺位都会使自然资源和文化传统处于无人看守的状态，并最终导致"公地的悲剧"，因此，要通过绿色产权制度的建设遏制这种现象的进一步恶化。

目前我国旅游资源产权制度安排具有三大基本特征：即旅游资源的所有权主体只有国家、政府代表国家支配旅游资源和旅游资源的行政管理代替旅游资源的产权管理。这种制度的弊端在于，由于行政权与资源产权的粘连，设租与寻租行为不可避免，难以确保获得开发利用旅游资源权利的公平与旅游资源的有效配置。因此，在目前的旅游资源产权制度安排下，旅游开发过程中资源浪费和破坏，资源的低效率利用成为必然。

建立现代产权制度的要求是归属清晰、责权明确、保护严格、流转顺畅，而对绿色产权的进一步规定应是追求资源效益、生态平衡，即强调资源的有效利用，生态的维护平衡，以有利于全社会经济的持续性生存发展。绿色产权制度是适应循环持续经济发展建立的市场基础制度框架。其实质是建立生态环境政策与经济政策一体化的经济制度，把自然资源和生态环境成本纳入规范经济行为和考核经济绩效中去，从而促进经济与资源环境协调发展，从生态环境和经济绩效方面，对各种经济行为进行约束与规范，促进生态环境资源和经济资源在生产、交换、分配、消费各领域实现有效配置；从物质利益上激励经济主体对生态环境资源的保护和合理利用，促进资源向无污染或少污染、高效益的产业和项目转移，从而，为旅游经济的持续发展提供动力机制和有效的制度保障。

二、旅游经济发展方式转变路径的法制保障

从美国、日本等世界上市场化程度较高、法制较为完善的国家发展生态旅游业的经验来看，这些国家大都拥有确定旅游资源保护基本原则和基本制度的旅游基本法。在此基础上，针对不同旅游资源的特性，还制定了单项的旅游资源保护法规和条例。我国现行的旅游资源法规主要由有关旅游资源污染防治和环境保护方面的法律法规及有关旅游资源保护和开发利用方面的法律法规两个部分组成。这些法律法规在旅游资源的开发利用和保护实践中，提供了切实的法律保障，发挥了十分重要的作用。但是，这些法律法规缺乏专门针对旅游活动中的环境问题所进行的特别规定，加之旅游基本法的长期缺位，使得旅游资源的立法没有统一的规划和指导。在有关旅游资源的法律体系中，各部门各自为政，令出多头，难免会引起冲突和矛盾，在执法实践中无所适从。另外，对单项旅游资源和旅游环境的立法还远远不够，使很多情况无法可依。旅游开发经营者的行为由于缺乏法律法规的规范和约束，而变得任意和随性，体现在生态旅游方面的问题尤为突出。

旅游业是一个复合交叉型产业，需要完备的法律法规来进行规范。现行《自然保护区条例》《环境保护法》《森林法》等已不能满足其发展要求，为此，必须制定综合完善、具有层次性的各级各类法规，全面保障旅游业的可持续发展。

（一）旅游基本法

旅游基本法主要明确旅游业的功能、地位、属性和发展目标，在可持续发展战略思想的指引下，规范旅游资源的保护及合理的开发利用，保障旅游业的永续发展。

（二）与旅游资源相关的法律

鉴于旅游业的特殊功能及其在实现旅游业可持续发展战略目标中的重要地位，尤

其是对于那些列入重点保护对象的、不可再生的、宝贵的、脆弱的生态旅游资源，要通过法律来实施严格的保护制度，不仅注重旅游资源的经济价值，还应对旅游资源的生态价值和社会价值引起足够重视，平衡地方政府和旅游开发经营者在旅游经济发展过程中的经济导向、生态导向和社会导向。

（三）与旅游区直接相关的法律

比如：通过对生态旅游区环境的立法，加强对环境的监测评估以及环境影响评价等工作，制定生态旅游环境标准，为生态旅游环境的管理与评估工作提供具有法律意义的评价标准和技术依据。通过对自然保护区旅游开发的立法，使自然保护区旅游开发从长远利益出发，立足生态环境承受力和旅游资源永续利用，在保护前提下进行适度开发与建设。把严格保护、合理开发和科学管理纳入法制化轨道，积极探寻旅游业与社会文化、生态环境协调发展的模式，促进人与自然之间和谐共进。

三、旅游经济发展方式转变路径的社会保障

（一）生态伦理意识教育

可持续发展的生态经济伦理教育是建立良好的社会经济秩序的重要手段，在市场经济体制下，加强可持续发展的经济伦理教育，有利于在全社会的范围内形成公开、公平、公正与和谐的市场经济伦理，防止生态旅游活动过程中，不良的经济秩序和个人表现的不良作风，实现生态旅游业的可持续发展。

可持续发展的生态经济伦理教育是一项具有综合性、广泛性和长期性的系统工程，应做到以下几点：第一，针对旅游地的政府官员、开发商、旅游管理人员和从业人员进行培训，使他们在生态旅游开发经营中自觉运用生态学原理，推出真正的生态旅游产品，满足生态旅游市场需求；第二，提高游客的生态意识、环境意识和可持续发展意识，使他们自觉用生态学原则指导旅游活动，成为负责任的生态旅游者；第三，对当地居民进行生态和环保意识教育，促成他们放弃不利生态环境保护的生产方式和生活习惯，支持生态旅游业的发展，积极参与生态旅游开发和经营；第四，对全体社会公众进行宣传，通过标本、图片、影视、录像及宣传资料普及生态旅游知识，使生态旅游活动真正成为促成人与自然和谐统一的桥梁，起到提高公众生态意识和环保观念的作用，促进生态旅游产业的可持续发展。

（二）可持续发展观念教育

通过宣传教育提高公众对可持续发展的认识，这是一个长期的过程。可持续发展

观念的培训可以针对不同人群展开，主要内容是生态意识和环保观念。

对当地社区居民的培训不仅针对那些直接或间接从事生态旅游活动的社区居民，更要从学生开始：在当地的中小学中专门开设关于环境与资源保护的课程，或在学校中专门开设专题讲座，从而使受教育后的居民主动地、自觉地形成保护环境的观念，使学生从小就树立珍惜生态的意识。

对旅游开发经营者的培训包括对管理者和员工的培训，旅游管理者的生态素质是决定企业管理价值取向的重要因素，要采取多种形式（如讲座、在职培训、讨论等）提高管理者对生态和环境的关注。对员工进行的环境教育培训可将环境生态问题融入生态旅游产品生产经营实体的基础教育与职业教育中，提高员工旅游环境一体化观念。

通过对社区居民和旅游开发经营者的生态意识和环保观念的教育培训，还可发挥他们的引导和规范作用，帮助旅游者纠正不良的旅游习惯和不文明的旅游行为，使其自觉履行在旅游过程中的生态责任和环境义务，成长为严格意义上的、负仅仅责任的旅游者。

第五章　低碳经济的概念和理论

第一节　低碳经济的概念界定

一、核心概念界定

"低碳经济"一词，最早由英国的国家能源白皮书《我们能源的未来：创建低碳经济》提出。作为第一次工业革命的先驱和资源并不丰饶的岛国，英国充分意识到了能源安全带来的威胁。按目前的消费模式预测，英国到 2020 年时，80% 的能源都必须进口，即从自给自足的能源供应走向主要依靠能源进口。同时，气候变化对英国和全球的不良影响亦日趋严重。

实质上，低碳经济，是以可持续发展理念为指导，通过制度改良、产业转型、技术创新、新能源开发等多种手段，减少煤炭、石油等高碳能源消耗及温室气体排放，实现经济发展、社会进步、生态保护多赢的一种经济发展形态。

与低碳经济相近的概念是循环经济。循环经济是模仿大自然的协同、循环和自适应功能去规划、组织和管理人类社会的生产、消费、流通、还原和调控活动的简称，是一类集自生、共生和竞争经济为一体、具有高效的资源代谢过程、完整的系统耦合结构的网络型、进化型复合生态经济。

二、核心概念间的关系

从内涵上来看，低碳经济使经济发展与碳排放量、生态环境代价等取得了良好平衡，是社会经济成本最低、生态系统自我调节能力很强的可持续经济模式。低碳经济有两个基本特点：第一，把社会再生产全过程，即生产、交换、分配、消费的经济活动低碳化，把二氧化碳排放量尽量减到最低甚至零排放，获得最大的生态经济效益；第二，把社会再生产全过程，即生产、交换、分配、消费的能源消费生态化，保证经济社会作为一个生态有机整体，形成低碳能源和无碳能源的国民经济体系的清洁发展、绿色发展、可持续发展。

循环经济本质上是一种生态经济，是可持续发展理念的具体体现和实现途径。它要求遵循生态学规律和经济规律，合理利用自然资源和环境容量，以"减量化、再利用、再循环"为原则发展经济，按照自然生态系统物质循环和能量流动规律重构经济系统，使经济系统和谐地纳入到自然生态系统的物质循环过程之中，实现经济活动的生态化，以期建立与生态环境系统的结构和功能相协调的生态型社会经济系统。

三、碳计量

碳计量，即碳排放量计量。针对某产品，碳排放量是指在生产、运输、使用、回收和处理该产品时产生的平均温室气体量，同一产品的各个批次之间会有不同的动态碳排放量；针对某机构或企业，碳排放量是指其在运作过程中直接、间接产生的碳排放量和其他碳排放量。

对低碳经济发展途径进行分析，必须通过方法学进行量化，以获得可靠的数据支撑，从而为指标设定、政策制定、制度创新，以及节能、环保、低碳技术的研究、实施提供依据。低碳发展最关注的就是碳排放量问题，国际上碳计量在诸多领域都有所体现：

（一）"清洁发展机制"

该机制框架对碳排放权进行了规定：对于机制框架内的缔约方，碳排放权交易：一方面可协助发展中国家实现可持续发展，另一方面可帮助发达国家实现控制和减排的承诺。该机制有效履行的关键在于排放权如何进行确认，以及如何核定初始计量和后续计量。

（二）温室气体核查过程中的计量问题

根据国际标准 ISO14064 进行温室气体量化、核查工作，要求在确定组织边界、运行边界和基准年的基础上，编制温室气体排放量清单，并发布碳排放量报告。组织核查工作的基础是活动水平数据的收集和排放因子的确定。目前，直接测量碳数据的设备不多，可以采用间接的测量数据，通过计算获得相关碳排放数量。这个过程的基础还是计量。

（三）温室气体碳排放清单编制

碳排放清单是低碳试点、低碳发展最重要的一个基础数据。理论上，通过对各类碳排放源的连续监测和计量可获得基础数据，然后进行统计、加总即可得到这个清单，但实际上却无法做到。目前，国内外均采取收集活动水平数据的方式，用直接的能源消耗与间接消耗的数量统计，再通过量化方法得到不同情形下的排放因子，然后编制出排放清单。碳计量主要体现在用传统手段对水、煤、电、气的用量统计上，通过这些数据的测量、保存、统计、分析，进而估算排放量，编制对应清单。

（四）企业节能减排工作

以温室气体排放核查和清单编制工作为基础，可以确定企业的排放源和高能耗点。再以这些基础数据为依据，企业可以针对性地开展节能减排工作。例如，企业可以用合同能源（合同能源管理是以减少的能源费用来支付节能项目成本的一种市场化运作的节能机制）引进技术和资金进行节能改造的管理方式，亦可以建立统一的节能和排放管控体系，还能用实时情况、动态分析等办法节能减排。上述措施的运用，都以对效果的监测和计量为前提。

碳计量主要客体对象是碳资产。碳资产作为一种环境资源，随着世界对温室气体排放的日益重视，其具有的稀缺性日益显露，具有的价值逐渐得到大家的肯定。碳资产的价值，可以通过直接和间接两种方式产生经济利益：一是直接在市场上进行交易，换取经济利益；二是通过在生产过程中进行消耗，间接产生经济利益。碳资产进行交易，形成碳市场的基础就是碳计量。

四、碳交易与碳市场

为促进全球温室气体减排所采取的市场机制，就是碳交易。联合国政府间气候变化专门委员会通过长期、艰难的谈判，通过了《联合国气候变化框架公约》。之后，又在日本京都，通过了《联合国气候变化框架公约》的第一个附加协议，即俗称的《京都议定书》。《京都议定书》把市场机制作为解决以二氧化碳为主的温室气体减排问题的新的有效途径，即把二氧化碳排放权商品化，从而形成了二氧化碳排放权的交易，即碳交易。

国际碳交易市场是一个由人为规定而形成的市场。碳市场最重要的强制性规则之一的《京都议定书》，规定了《联合国气候变化框架公约》附件一中的国家的量化减排指标。现在国际倡导降低碳排放量，各个国家有各自的碳排放量，就是允许排放碳的数量，相当于配额。有些国家实际的碳排放量低于配额，那么它们可以把自己用不完的碳排放量，卖给那些实际碳排放量大于分到的配额的国家。碳市场的供给方包括项目开发商、减排成本较低的排放实体、国际金融组织、碳基金、各大银行等金融机构、咨询机构、技术开发转让商等。需求方有履约买家，包括减排成本较高的排放实体；自愿买家，包括出于企业社会责任或准备履约进行碳交易的企业、政府、非政府组织、个人。金融机构进入碳市场后，也担当了中介的角色，包括经纪商、交易所和交易平台、银行、保险公司、对冲基金等一系列金融机构。

自《京都议定书》生效以来，碳交易国际市场取得了长足发展，并在推动各国低碳转型方面发挥了积极作用。发达国家在第二承诺期间承担的减排义务及其对待灵活机制的态度必定左右国际碳市场的未来，而主要国家和地区在具体政策方面的不确定性使国际碳市场的发展前景充满变数。

许多开发商都赶在年前将项目注册，导致当年新增项目数量急剧增加，进一步加剧供需失衡。而交易进入买方市场会使欧盟更有选择，将只会无条件接受来自最不发达国家的项目。政策不明朗及供求关系失衡反应在碳市场就是价格的急速下跌，并徘徊在历史低位。

五、碳金融

碳金融目前没有一个统一的概念。一般而言，泛指所有服务于限制温室气体排放的金融活动，包括直接投融资、碳指标交易和银行贷款等。本文认为，所谓碳金融，是指由《京都议定书》而兴起的低碳经济投融资活动，或称碳融资和碳物质的买卖。即服务于限制温室气体排放等技术和项目的直接投融资、碳权交易和银行贷款等金融活动。"碳金融"的兴起源于国际气候政策的变化以及两个具有重大意义的国际公约——《联合国气候变化框架公约》和《京都议定书》。巴克莱资本环境市场部总监预言，按照目前的发展速度，不久的将来碳交易将发展成为全球规模最大的商品交易市场。促进低碳经济与碳金融联动发展的四螺旋结构模型强调了金融机构、政府、学术界和产业四者之间的相互合作、相互促进的关系，通过它们之间的合作，带动低碳产品市场、金融衍生品市场、碳交易市场三大市场的繁荣，该螺旋结构中包含了四个子螺旋体：即金融机构螺旋体、政府螺旋体、科研机构螺旋体以及企业螺旋体，这些螺旋体的共同利益可以促进碳金融体系的完善，实现碳金融与低碳经济的"联动效应"，进而推动低碳经济的发展。

在这样一个螺旋结构模型中，金融机构是低碳经济发展的支撑者，主要作用是：首先，通过"绿色信贷"为科研机构的研发以及企业的生产研发提供信贷支持；其次，为企业提供投融资咨询、信托、担保、租赁等金融服务；最后，通过积极开发新的金融衍生品，促进金融衍生品市场的繁荣。

六、碳税

通过征税实现碳减排是以外部影响理论和科斯定理为依据，根据税基不同，排放税可分为碳税、二氧化碳税和能源税。碳税主要是对燃烧产生二氧化碳排放物的燃料，根据其含碳量征收的一种税；二氧化碳税是根据每吨二氧化碳排放量征收的；能源税是根据消费的能源量来征收的，相对碳税或二氧化碳税，能源税也包括核能和可再生能源。根据发达国家的经验，碳税对发展低碳经济、实施节能减排具有一定的效果。碳税模块对石油、天然气、煤炭等行业征收生产型的从量税，即以该行业生产的商品燃烧所产生的排放量来征税，对进口商品不征税。碳税的税收收入归属政府，一部分按照各种商品的边际消费倾向进行支出，剩余部分用于政府储蓄。碳税的征收实质就是在原有的价格上增加了一部分税收成本。

其一，如果实施相同的碳税政策，"一刀切"的碳税将会进一步加剧国内各地区的经济差距，造成区域发展不平衡。沿海地区，北部沿海地区的能源密集型产业和高排放产业的比重较大，碳税将明显增加生产成本，导致损失较大，华东沿海和南部沿海等地区由于其产品竞争优势和要素集聚优势受碳税的影响较小，出口和向国内其他地区的净流出会趋于增加，对有正向作用。中西部地区情况类似北部沿海地区，东西部差距加大。

其二，如果实施不同的碳税政策，差别碳税会使发生一定程度的转移。与上述情景相比，税率较低的地区税负下降，即消费、投资、净出口的减少幅度下降，损失减少；而碳税税率较高的地区，税负上升，损失增加。差别碳税情况下，政策合理范围内，区域间人均差异趋于缩小，但避税手段及后续产生的副作用可能造成其他问题。

其三，征收碳税将促使产业结构朝着低碳经济方向转变。相同碳税情景下，北部沿海地区的能源开采业和高排放产业，可能会向经济基础较好或技术条件较好或具有产业优势的其他地区转移。差别碳税情景下，碳税税率较高的地区产业份额减少较大，碳税税率较低的地区情形正好相反。最终，导致能源开采产业和高排放产业出现明显的产量下降。

第二节　低碳经济的相关理论分析

一、内生增长理论

自亚当·斯密以来，经济学界围绕着经济增长的驱动因素争论了两百多年，最终比较一致的观点是：在一个相当长的时期里，经济体的经济增长主要取决于三个因素：第一，生产性资源随时间的积累，第二，假设技术既定的情况下，资源存量的使用效率，第三，技术进步。

如果用 20 世纪 60 年代以来最流行的新古典经济增长理论中著名的柯布道格拉斯生产函数建立增长模型，以劳动投入量和资本投入量为自变量，将技术进步等作为外生因素来考虑经济增长，会得到当要素收益出现递减时长期经济增长停止的结论，而这与实际情况有出入。因此，20 世纪 80 年代中期，西方经济学宏观经济理论产生了一个分支，即内生增长理论，核心思想是经济持续增长的决定因素是内生的技术进步，在不依赖外力推动情况下经济可实现持续增长。

内生增长理论主要基于完全竞争的假设，考察长期增长率的决定。其模型分成两条具体的研究思路。第一条思路是用收益递增、技术外部性解释经济增长，其具代表性的是罗默的知识溢出模型、卢卡斯的人力资本模型、巴罗模型等。第二条思路是用资本持续积累解释经济增长，其具代表性的是琼斯—真野模型、雷贝洛模型等。

上述内生增长模型存在一定缺陷：一方面，假设完全竞争过于严苛，使模型的解释力和适用性较有限。另一方面，技术商品的特性——非竞争性和部分排他性在上述假设下无法得到表现，使一部分内生增长模型出现了逻辑上的矛盾。

为了克服上述模型存在的问题，从 20 世纪 90 年代开始，经济学家开始尝试扩大假设条件，即在垄断竞争假设下研究经济增长问题，进而提出了一些新的内生增长模型。根据经济学家对技术进步的不同阐释，模型分成三种类型：产品种类增加型内生增长模型、产品质量升级型内生增长模型、专业化加深型内生增长模型。到此，内生增长理论进入了一个新的发展阶段。

综上，可以对内生增长理论所解释的经济增长的原因，进行如下非技术性的简单陈述：首先，获取新"知识"（包括但不限于技术进步、人力资本积累等）；其次，刺激新知识运用于生产（产权、市场条件、宏观经济稳定等）；再次，提供运用新知识的资源（人力、资本等生产要素）。

随着理论的发展，不少从事内生经济增长理论研究的经济学家已经意识到，内生增长理论最大的问题就是如何进行实证分析。截止到目前，内生增长理论的实证研究基本上沿着两条技术路线进行：一条是进行国别间的研究，寻找内生增长证据；另一条是利用一国的长时段数据，研究该国经济增长因素（如对外开放、税收、教育支出、创新等）对经济增长的作用。

从进展来看，内生增长理论仍处于一个活跃发展的时期，尽管没有重大的突破和划时代的命题，但在现代方法与传统经典理论的融合方面取得了不少成就。

二、制度经济学理论

制度经济学是经济学的分支，它把制度作为研究对象。制度是指人际交往中的规则及社会组织的结构和机制。制度经济学主要研究制度对于经济行为和经济发展的影响，以及经济发展如何反作用于制度演变。制度经济学的奠基人是科斯。科斯在其著作《企业之性质》中提出可"交易成本"这一概念，并指出在经济活动中企业和市场的不同作用。为这一新兴分支做出突出贡献的代表人物还有威廉姆森、德姆塞茨等。

一般认为，西方经济学可分为主流经济学和非主流经济学。主流经济学开始于亚当·斯密，经过大卫·李嘉图、萨伊等，形成了古典经济学体系之后，又经历了马歇尔、凯恩斯等人的完善和补充，形成了以微观经济学和宏观经济学为基本理论框架的、新古典经济学体系非主流经济学的代表学派——制度学派。

从研究方法上讲，制度经济学反对主流经济学所使用的抽象演绎法，反对主流经济学家从 19 世纪 70 年代以来愈加重视的数量分析方法。制度学派强调制度分析（结构分析）方法，认为制度分析（或经济结构、社会结构分析）才能阐明资本主义经济的弊端，才能分析资本主义社会演进的趋向。因此，制度经济学认为整体大于个体的简单加总，采用历史归纳方法和历史比较方法，而认为主流经济学所阐明的规律性并无普遍意义。

学派奠基人科斯不仅提出了"交易成本"这一划时代的概念，而且通过在制度分析中引入边际分析方法，建立"边际交易成本"概念，为制度经济学的研究发展开辟了新领域。科斯认为，诸如灯塔制度、环境污染等现实问题现象，实质上反映的是产权的界定和变迁。产权的选择或解决纠纷的制度安排，取决于利益关系人之间相互协调和影响的边际交易成本。制度经济学学派泰斗之一诺斯曾表示，"交易成本"使我们找到了解释制度存在和制度变迁的方式，使我们能够解释整个经济在体制上的变化。此外，科斯以后的制度经济学比起早期的制度经济学，分析方法还呈现出微观化、具体化的倾向。在科斯看来，任何制度安排都是当事人根据具体环境自由选择的结果。从分析方法的发展来看，既重视以个案为基础的小样本研究，又不放弃演绎推理，这是方法论方面的又一个显著特点。在方法论上与主流经济学呈现出"融合"的趋势，具有革命性和方向性的改变，因此，科斯以后的制度经济学称为"新制度经济学"。

学派另一位代表人物诺斯，强调制度分析方法和历史分析方法，同时采用"成本收益"分析方法等多种方法来研究制度变迁和制度创新。诺斯认为，创新一项制度安排进而影响制度变迁，主要有以下原因：一方面有许多外在性的变化促成了外部利润或潜在利润的形成，另一方面又由于存在对规模经济的要求，外在性内在化的困难等原因，这些潜在的外部利润无法在现有制度安排内实现。因此，在现有制度框架内，某些经济个体为了获取潜在利润，就会率先克服这些制度障碍，从而导致制度安排的创新，进而带来制度变迁。

综上所述，制度经济学不仅以其独特的理论思想在整个现代经济学体系中引人注目，而且其所运用的研究方法也颇具特色。当代制度经济学派，以科斯为奠基人，根据研究方向和观点，主要分为以下流派：

第一，模型派，最著名的有哈罗德—多马经济增长模型，索洛—斯旺模型（新古典经济增长模型）等；第二，结构派，主要有刘易斯等的二元结构论等；第三，阶段派，代表是罗斯托的经济发展六阶段论；第四，因素派（或起源派），主要有丹尼森的经济增长两大因素（细分为八个方面）以及库兹涅茨的相关理论；第五，新增长理论派，主要有罗默的收益递增经济增长模式、卢卡斯的专业化人力资本积累增长模式等；第六，劳动分工演进派，代表人物是中国著名经济学家杨小凯；第七，反增长派（零增长派），以经济学家米多斯为代表；第八，新制度经济学派，最有创造性贡献的是泰斗诺斯。

三、脱钩理论

（一）脱钩理论的借鉴

"脱钩"源于物理学领域，就是使具有响应关系的两个或多个物理量之间的相互关系不再存在。经济合作与发展组织将脱钩概念应用到环境研究领域，将脱钩定义为阻断经济增长与环境冲击之间的联系，或者说使两者的变化速度不同步。通常，经济的增长会带来环境压力和资源消耗的增加，但当采取一些有效的政策和新的技术时，可能会以较低的环境压力和资源消耗换来同样甚至更加快速的经济增长，这个过程被称为脱钩。脱钩分为绝对脱钩和相对脱钩，其中绝对脱钩是指在经济发展的同时与之相关的环境变量保持稳定或下降的现象，又称强脱钩；相对脱钩是指经济增长率和环境变量的变化率都为正值但环境变量的变化率小于经济增长率的情形，又称弱脱钩。

（二）低碳经济的脱钩发展模式

低碳经济是指经济增长与二氧化碳排放趋于脱钩的经济。从低碳经济与碳排放之间的宏观关系来看，低碳经济所要求的脱钩有两种表现：一种是二氧化碳排放与经济增长的绝对脱钩，即二氧化碳排放随经济增长表现为负增长。这是发达国家当前需要采纳的低碳经济方案。另一种是二氧化碳排放仍然是正增长，但是排放的速率低于经济增长或低于不采取政策措施的所谓基准情景，这属于相对脱钩。由于发展阶段的差异，我国当前发展低碳经济，重点是在经济高速增长的进程中，降低单位 GDP 的能源强度和二氧化碳排放强度，实现经济发展与二氧化碳排放的相对脱钩。

有些学者在研究自然资本稀缺条件下的中国发展时用情景分析法指出：中国到2020 年的发展情景可以有三种模式：

1.A 模式——粗放经济增长路径

A 模式指不考虑承担二氧化碳责任，仍然按照传统粗放经济增长方式发展的路径。中国作为世界经济发展大国，在气候变化国际问题中承担着重大责任，按照 A 模式发展，不仅有损中国的大国形象，而且会严重影响国民的生活质量和环境质量，不利于社会经济的可持续发展。因此，应摒弃这样的发展模式，倡导可持续的发展模式。

2.B 模式——绝对脱钩路径

该模式是强调减排而忽略发展的模式，要求过度承担二氧化碳减排的责任，而不考虑经济的适当发展。按照这样的发展模式，到 2020 年，要求中国的二氧化碳排放规模达到峰值，并且该峰值不能超过人均二氧化碳排放的世界平均水平，到 2050 年，中国的二氧化碳排放规模降低到人均 2 吨左右。本模式没有结合中国经济发展的实际，而以发达国家的标准要求发展中国家承担减排责任，忽略了发展中国家的经济发展，追求低碳而没有发展空间，也不利于我国的可持续发展。因此，这种思维模式也是不符合实际的。

3.C 模式——相对脱钩路径

本模式既考虑了承担二氧化碳减排的责任，由考虑了适当的经济发展，是介于 A、B 两种模式之间的适当模式。根据 C 模式的发展路径，随着我国经济的快速增长，二氧化碳排放规模将不可避免地大幅度上升，但是，随着低碳技术的推广，2020～2030 年，二氧化碳排放将达到峰值，该峰值在一定程度上略高于世界二氧化碳平均值，达到峰值之后，二氧化碳排放将进入大幅度下降阶段，实现与经济增长的脱钩。此模式是符合我国国情的适宜发展模式。

根据上述三种模式，经济发展和碳排放可以设置三种情景：（1）当前发展模式下的情景，即惯性情景；（2）绝对脱钩情景，代表了未来发展中的理想情景，也就是碳排放零增长，经济发展保持当前水平；（3）介于以上两种情景之间的 1.5～2 倍战略情景，即相对脱钩情景。

四、博弈理论

博弈论亦名"对策论""赛局理论"，属应用数学的一个分支，目前在生物学、经济学、国际关系、计算机科学、政治学、军事战略和其他很多学科都有广泛的应用。博弈论主要研究公式化了的激励结构间的相互作用，是研究具有斗争或竞争性质现象的数学理论和方法，也是运筹学的一个重要学科。博弈论考虑游戏中的个体预测行为和实际行为，并研究它们的优化策略。

博弈论经过数十年的发展，到今天已经成为内容较完整、研究领域丰富的理论学科体系。博弈论的发展大致可分为以下四个时期：

第一阶段，萌芽时期，19 世纪到 20 世纪 30 年代。

当时经济理论研究中非常需要专门研究策略行为的科学，博弈论就此诞生。初期的思路和方法与现代有相当大的差异，但思想成果还是对后来的博弈论起到了理论和方法的奠基作用。法国经济学家古诺是早期研究数理经济学和博弈论的代表人物。他在1838年对垄断竞争的数量分析，以及对寡头垄断行为的定量模型，影响极为深远。

20世纪初，数学家进入研究博弈论的学者行列。当时，主要研究热点是严格竞争博弈，即双人零和博弈。在此博弈中，一方受益必然意味着另一方有等量的损失。在这一期间，在双人零和博弈领域的研究中成果非常丰富，并为许多日后具有更广泛适用性的概念和成果提供了一般的理论基础。

第二阶段，建立时期，20世纪40年代到50年代。

近代对于博弈论的研究，开始于策墨洛·波雷尔及冯·诺伊曼。1928年，冯·诺依曼证明了博弈论的基本原理，从而宣告了博弈论的正式诞生。1944年，冯·诺依曼和摩根斯坦共著的巨著《博弈论与经济行为》将二人博弈推广到n人博弈结构并将博弈论系统的应用于经济领域，标志着博弈论作为一门学科的建立，从而奠定了这一学科的基础和理论体系。

50年代，出现了以纳什和沙普利为代表的进一步深化。1950～1951年，约翰·福布斯·纳什利用不动点定理证明了均衡点的存在，为博弈论的一般化奠定了坚实的基础。纳什的开创性论文《n人博弈的均衡点》《非合作博弈》等等，给出了纳什均衡的概念和均衡存在定理。夏普利在合作博弈上取得重要突破，提出包括"核"等概念在内的大批成果。

第三阶段，发展壮大时期，20世纪60年代至80年代。

这个时期，博弈论不仅在合作博弈领域继续得到充实和丰富，而且在非合作博弈领域更是发展迅速。20世纪50年代后期，博弈论的主要应用领域开始转向经济学。20世纪60年代，合作博弈的研究焦点在于通过谈判达成协议结为联盟的过程。1964年，奥曼和马希勤提出，以谈判集为合作博弈的解。1965年，戴维斯和马希勤提出，以核为合作博弈的解。1969年，迈德勒以超出值来衡量联盟的态度，以核仁代表最小化联盟的不满，并作为合作博弈的解。1971年，沙普利在研究合作博弈时取得显著突破。后来，多位学者在各自领域取得成果，找到了合作博弈的均衡解，即理性联盟可以存在没有破裂的可能性，联盟稳定，并且得出了合作博弈联盟稳定的特征。

第四阶段，完善和应用时期，20世纪80年代至今。

博弈论在这一阶段，逐渐成了一个本身相对完善、内容丰富的理论体系，博弈理论在理论研究和实践应用中都有较大提升。此外，博弈论不仅在经济学学科中得到深入应用，还在在政治学、社会学、道德学，甚至生物学、计算机科学等领域内也产生了广泛且重要的影响。诺贝尔经济学奖在1994年、2005年、2012年均表彰了在博弈论领域取得重大成绩的学者。

一个常规博弈模型的构建，主要需要八个基本要素，分别是参与者、行动集、次序、策略、收益、信息、结果和均衡。

（1）参与者：单个博弈至少有两个参与者。有些情况下，参与者可能比较特殊，例如，一个人猜硬币的正反，可以看成是本人和自然特殊参与者的博弈。

（2）行动集：这是每个参与者在博弈时可以采取的行动总和。在上述猜硬币的博弈中，这个人可供选择的行动总和有两个，即正面和反面。

（3）次序：在博弈规则中，通常需要确实每个参与者做出决策的先后顺序。一般理论中，静态博弈的参与者同时行动；动态博弈的参与者存在行动的先后次序。

（4）策略：博弈的所有参与者在一次博弈中可以选择的一整套的行动计划就是策略。策略与行动的区别在于，策略中包含了信息。以著名的囚徒困境博弈为例。每个参与者的行动选择只有两个：交代，不交代。但由此行动集组成的策略有四种，包括：（交代，交代）、（交代，不交代）、（不交代，交代）、（不交代，不交代）。

（5）收益：在博弈中，参与者面对策略所做出的选择得到的效用。

（6）信息：参与者进行博弈、做出决策所依据的信息。通常可分为完全信息和不完全信息。

（7）结果：分析博弈的人从行动、收益和上述其他变量中挑选出来的要素的组合。

（8）均衡：在进行博弈时，所有参与者选取的最佳策略所组成的策略组合。

低碳经济发展过程中，主要经济体之间由于各自经济基础、社会需要、国内诉求、参与目的等不同，在理论发展、实践方式、理念观点上肯定都会存在较大差异。在差异中实现螺旋式发展的低碳经济势必受到博弈论的影响。

第三节　低碳经济的动力机制

一、内生动力机制

（一）内生增长机理

内生增长理论认为，经济能够不依赖外力推动实现持续增长，一国经济增长主要取决于三个要素：生产性资源的积累；在一国的技术知识既定的情况下，资源存量的使用效率；技术进步。内生的技术进步是保证经济持续增长的决定因素。早期的内生增长理论按照增长来源可分为两种类型：以创新为基础的模型和以资本为基础的模型。在实际研究经济增长过程中，通常采取一个相对平衡的观点，即创新与资本积累都是非常重要的，不是排除一个而选择另一个的绝对排斥关系。

在此前提下，一个兼具了创新与资本积累的熊彼特主义增长模型具有较强的意义。熊彼特主义增长理论吸收了产业组织理论等其他理论的合理内核，试图把新古典增长理论、创新增长理论、人力资本增长理论等进行有机统一，使内生创新增长理论与新古典增长理论统一成一种新的理论范式。

从长期来看，一方面，资本追求更高的均衡利润进而激励创新，创新的积累又通过提高生产力增长率而使得资本得到积累。另一方面，增长率同时受到R&D（research and development，指在科学技术领域，包括人类文化和社会知识总量在内的知识总量，以及运用这些知识去创造新的应用进行的系统的创造性的活动，包括基础研究、应用研究、试验发展三类活动）和资本积累两个因素共同影响的原因在于，新技术总需要体现在新的人力资本和物质资本的形式中，因此，若要使用这些新技术，就必须进行相应的资本积累。上述两个过程均不可或缺，若没有净投资，那么不断增加的资本将抑制创新，而没有创新，递减的回报又将阻止新的投资。因此，有利于资本积累的政策通常情况下总有利于创新，从而提高长期增长率。技术进步在早期内生增长理论中，处于首要位置，被看成经济增长的主要因素，但在经济增长的机制中，并没有分析技术进步的路径依赖的历史特点。结果导致，习惯上将技术与其他生产要素一样采取模型化方式，这种方法中的技术进步被置于黑箱中。这也是早期的内生增长理论存在的一个基本却又非常重要的缺陷。

经济学家斯蒂芬瑞丁吸收并借鉴了演化经济学的思想，学术上第一次从路径依赖——技术进步的一个重要特点，去说明内生增长，提出了非常有创见的观点。

（二）低碳经济内生动力

21世纪人类最大规模的经济、环境和社会革命就是低碳经济。作为一种新的发展模式，低碳经济将比以往的工业革命影响更为深远、意义更为重大。低碳经济将创造一个新的游戏规则，在新的标准下，从企业到国家重新洗牌；以低碳经济、生物经济等为主导的新技术、新能源将改变未来的世界经济版图，催生新一轮的科技革命。基于高碳企业和美元的国际金融市场元气大伤之后，低碳经济将创造一个新的金融市场，这是一个基于低碳企业和能源量的新的金融市场。低碳经济蕴藏着转型的契机，这是一个巨大的商业机遇，将创造新的龙头产业，帮助企业实现转变为高增长低碳的模式。低碳经济将成为国际金融危机后，新一轮增长的主要带动力量，催生出新的经济增长点，率先突破的国家可能成为新一轮增长的领跑者。

1. 低碳技术在低碳经济中的重要性

低碳经济的发展，最为可持续的动力还是来自其内生的部分。正如上述分析所指，生产性资源的积累、一国技术知识既定条件下资源存量的使用效率、技术进步三个方面的因素，成为低碳经济发展的原动力。

英国率先在国际范围提出的"低碳经济"概念，其目标是促进人类的可持续发展和减缓气候变化，核心是能源技术创新和制度创新，实质是清洁能源结构和能源效率问题，即依靠政策措施和技术创新，发动一场能源革命，建立一种经济稳定增长但温室气体排放较少的新发展模式，以应对气候变化。

低碳经济作为一种技术经济，虽然以实现经济发展和环境可持续——双赢为目标，但仍然需要生产性资源进行支撑。低碳经济所解决的，是在实现既定经济目标的情况下，如何使得资源消耗最小化的问题。

在现有技术条件和知识储备的情况下，世界各主要经济体均存在资源存量与经济社会发展需求的巨大矛盾，而当前的科技条件却难以解决问题，实现经济发展、社会进步以及资源消耗合理、环境可持续的共赢目标。因此，低碳经济的发展，是以解决上述问题而存在的倒逼机制，解决问题的关键就在于技术进步。

2. 低碳经济内生动力研究主要成果

Redding 模型从技术演化的路径依赖性来研究技术创新的微观过程，解释了内生增长理论中的技术进步，构建起内生增长的微观机制。但历史技术的总结、技术的创新，都需要强大的人才支撑。技术创新与人力资本的关系，才是低碳经济内生动力的源泉。

人力资本与技术创新之间的关系早有学者关注并研究。著名经济学家阿罗在 1962年，便第一次尝试用现代经济学的方法去揭示"干中学"与技术进步的关系，并以此提出了"干中学"理论，技术进步就是"干中学"的副产品。索伦森对此进行了拓展。

Sorensen 是以罗默的模型为基础，在之上考虑教育部门的存在，并把人力资本看成干中学的内生化过程。Sorensen 模型中有三个部门，即中间品部门、最终品部门以及 R & D 部门。中间品部门处于垄断竞争市场，拥有知识产权，生产思想，并把专利卖给最终品部门；最终品部门在市场完全竞争的前提下，追求利润最大化；而 R & D 部门的主要特点是一般知识与人力资本都会用于新设计的生产。中间品厂商收益回报率与最终品生产所含的人力资本情况正相关，即当人力资本较高时，R & D 活动将活跃，反之亦然。更进一步地，当中间品市场规模低于某一关键值或人力资本低于某一临界值时，将导致 R & D 活动的缺乏。Sorensen 模型的结论是：当人力资本趋于 0 时，没有 R & D 活动的经济的收益率要大于有 R & D 活动的经济的收益率；而当没有 R & D 活动的经济的收益率能与有 R & D 活动的经济的收益率相等时，人力资本的临界值水平将大于 0，经济将发生转变，即从无 R & D 活动转向有 R & D 活动。换句话说，当人力资本达到一定水平时，进行 R & D 活动将有利可图。Sorensen 模型的政策含义极强，即人力资本不仅影响经济体的创新能力，而且决定经济体之间的经济追赶速度。

另外，荣膺诺贝尔经济学奖的索罗经济增长模型外生经济增长模型的提出者—索罗认为，经济增长本身并不自动引致技术变迁的需求，技术是经济增长的外生因素，但应用先进技术确实对经济增长起正效果。而前述提及的"内生增长模型"则普遍认为，技术变迁伴随经济增长过程完成内生，尤其在完全竞争市场条件下，各生产要素根据供求关系自由定价，技术创新主体按照市场价格信号进行灵敏反应，在经济刺激下创造出诱致性甚至原发性的技术变迁，因此技术变迁过程必然也是经济增长过程。

然而，内生增长模型通常是基于先进国家经验进行的研究。实际上，后发国家一般不具备先进国家所具备的前提条件，如技术变迁应有的基础设施和资本等，加之缺乏市场充分理性等制度条件。所以，技术往往呈现外生状态而非内生。待技术引进成本相对低廉，且后续成本收益相对明确时，后发国家才可能走上模仿、创新的路径，购买核心零部件、引进技术拥有者的生产投资、购买技术专利等才成为主要表现形式。

3. 开发低碳技术的主要途径

低碳的内涵很广，其对应的技术层面的内容亦很多，主要包括了节能技术、低碳能源技术、无碳技术、二氧化碳捕捉与埋存技术等。

（1）节能技术

节约能源技术的大发展时期主要是 20 世纪 90 年代以来，其成就分布最主要的领域是工业领域，包括了工业循环水系统能源优化、供暖和空调节能、供电系统节能、余热发电等。而诸如节能电机和变频器、节能型供热或制冷设备、节能家电和节能灯泡、高效节能锅炉等实用型的节能产品及设备不断出现，能源利用效率不断提高，尤其以火电部门在使用新技术、新设备实现的减排效果为表率。当前，天然气联合循环发电技术（NGCC）和整体联合气化循环发电技术（IGCC）备受国际关注。

NGCC 是利用天然气燃烧发电后，排放的废气继续做功发电的技术。在一些发达工业国家，作为电网的一个重要组成部分，NGCC 的新增容量已超过火力发电。IGCC 技术是一种有广阔前景的洁净煤发电技术，英国、德国、日本、荷兰、印度等国在继美国加利福尼亚州建成第一座 IGCC 电站并成功运行后，纷纷表示要加快示范电站的建设进程。美国、中国等在美国投入 10 亿美元，使用最先进技术来建造世界上第一个零排放的煤基发电站的项目中实现了国际合作。

在建筑领域，发达国家所需能耗约占全部能耗需求的 30%—40%，其中大部分用于供暖。近三十年来，发达国家在建筑节能技术领域实现迅猛发展，取得了很大成效，如自然通风采光的设计、新型建筑保温材料的开发、可再生能源的应用、智能控制等等。以奥地利为例，自 1999 年官方启动未来房屋计划之后，通过开发保温材料、被动功能房门窗、节能建筑技术、可再生材料和光伏技术等应用性技术的研发和使用，奥地利在建筑中的应用技术水平，尤其是太阳能房的建造技术和被动功能房的建造技术，均处于欧洲领先地位。而法国的建筑节能一般都能实现 75% 以上，其在科技手段和建筑材料上的投入很大。

（2）低碳和无碳能源技术

一方面为解决国内的能源供应压力，另一方面为应对并试图减轻碳排放带来的气候变化压力，许多发达国家采取了利用可再生能源和核能的办法。

可再生能源的温室气体排放数量、环境影响程度等均远低于一般的化石能源，甚至可以实现零排放。太阳能、风电和生物质能等均是近年来发展最迅速的可再生能源。据统计，全世界太阳能热利用装机容量已超过 1 亿千瓦，80% 以上集中在美国、西班牙、德国、日本，并网太阳能光伏系统安装量达到 770 万千瓦。而全球风电技术逐渐得到突破，海上大容量风电场不断发展，近 10 年来，风力发电产业装机量以 25% 的年增长速度飙升。近期，美国又开辟了未来应对气候变化的优先研发领域——低风速风电技术，以期实现低风速下的风电发展。

核能作为一种新型低碳能源，具有廉价、高产等特点。全世界核能利用第一大国——法国，已建设了大量核反应堆。目前，法国 80% 以上的电力供应依靠核能，同时，还完成了向西班牙、比利时、瑞士和德国等邻国电力出口。世界上最先进的核电技术是公认的法国第三代压水反应堆 ERP，其发电成本甚至比使用天然气还要低 30%。然而，法国政府并没有停滞的迹象，投入 7 亿美元，打算用今后几年的时间研发第四代核反应堆技术。

（3）碳捕获和埋存技术（CCS）

收集化石燃料燃烧前后产生的二氧化碳，将其封存在特定环境（如地下低质构造、深海），或通过工业流程将其凝固在无机碳酸盐的过程，这就是 CCS 技术。CCS 技术最高可使减排量达到 85%，是众多碳减排技术中被公认为应用前景最广阔的新兴技术之一。

作为低碳经济的先锋，英国一直十分关注 CCS 技术及其发展。英国政府已确定了 10 个行动领域，并写入了新的发展战略中，以期在 CCS 技术上实现世界先进水平。为此，英国号召一些大型企业也参与到这项减排技术中，如英国石油公司正在苏格兰建造 CCS 技术装置。全球第一个用于温室气体减排的 CCS 项目来自挪威。自 1996 年开始，挪威的 Sleipner 项目就从天然气中分离二氧化碳，日封存二氧化碳可达到 2700 吨。早在 1997 年，美国能源部也开始着手相关技术的研发。2006 年，美国在该项目中的经费投入达到多 6600 万美元；到 2012 年，使化石能源转化过程中排放的二氧化碳的 90% 可以被捕捉，并实现接近 100% 的永久储存率，而成本增加值控制在 10% 以内。但目前 CCS 技术成本昂贵的弊端明显，因此，全球大规模的项目只有几个，主要分布在北美地区和欧洲，亚洲较少。

（三）中国低碳经济内生动力

1. 中国低碳经济发展的基本原则

中国既希望实现经济的强劲增长，又希望这种增长是健康的和可持续的，低碳经济的内涵及要求、发展轨迹及趋势与我国的发展理念高度一致。但在通过发展低碳经济实现既定目标的过程中，要随时保持对行动的审核与修正，坚持以下原则：

第一，通过低碳经济促使经济增长与温室气体和污染排放脱钩。推行低碳经济可通过对基础设施的技术性和其他方式的创新和改变，以及生产消费行为方式的改变，促使经济增长逐渐与温室气体和其他污染型排放脱钩。

第二，通过低碳经济促使单位产出的碳排放量下降。中国还处于工业化和城市化的快速发展阶段，因此"低碳经济"不是绝对而是相对的发展概念。与维持现状相比，低碳经济条件下的单位产出的碳排放量的下降速度要快得多。

第三，通过低碳经济促使经济发展多目标的综合实现。低碳经济可以促进诸多经济社会关键发展目标的实现，包括：长期经济增长、创造就业和经济机会、减少资源消耗与增强技术创新能力等。

2. 中国发展低碳经济的内在动力

（1）实现能源安全战略以创造核心竞争力

当下，石化资源成为许多国家发展的命脉，中国亦不例外。中国现行的经济发展模式严重依赖于石化资源。不能回避的问题是，石化资源是不可再生资源，且正日渐减少，将面临终有一天枯竭的命运。如果仍然继续单纯地依赖石化资源，而不设法寻求新的出路，那么经济发展必将停滞，甚至带来恶果。

中国的能源危机突出，即便是国人普遍认为较为丰富的煤炭，储量只有 10024.9 亿吨（其中可开采的仅为 893 亿吨），还不到世界平均水平的 60%（58.6%）；影响中国经济社会发展的重要资源——石油，其储备量仅有全世界的 2%；另一重要战略资源——天然气，存量为 380000 亿立方米，人均天然气剩余可采储量仅为世界平均水平的 7.1%。在目前的技术条件下，我国已经探明的石油、天然气、煤炭等三大资源的储量和基于现有技术能力的开采量，可采年限分别只有 15 年、30 年和 83 年。比较悲观的是，如果我国经济增长速度和能源使用情况仍然保持在当前水平，那么上述三大能源极有可能在 2020 年便宣告枯竭。与此对应的是，我国工业化、城镇化仍处于快速发展的上升期，我国经济发展所处阶段将导致能源需求量和消耗量持续增加，造成能源的大量消耗。

据预测，到 2020 年，为实现我国经济社会正常发展，对能源的需求可能造成 30 亿吨标准煤的巨大缺口，同时期的石油缺口也会高达 2.5 亿吨。届时，难以解决的能源短缺矛盾，会加重我国资源进口的依赖程度，严重的话甚至危及国家安全。当前，我国铁矿石、石油等重要资源、能源的对外依存度已经超过50%，铜资源已超过60%。若国际原材料市场价格、供给量等发生波动，造成的经济后果和社会影响可能非常严重。上述严重的能源短缺现状和未来趋势，说明我国发展低碳经济的必要性——已迫在眉睫，同时也成为推动我国低碳经济快速前行的重要动力。

总之，生态环境、能源安全、应对气候变化等问题已经成为一个国家经济社会发展的愈发关键之处。传统化石能源已经不能满足经济发展、社会进步的需要，新能源及其产业群的发展将作为低碳经济发展的重中之重，把绿色、能源和发展有机结合，提供一个新的契机和出发点。在之前旳发展过程中，中国已在许多领域丧失了宝贵机会，失去了先机。现在，低碳经济领域应是良机。在低碳经济被世界各国，尤其是美国、日本和欧盟等发达国家和地区抢占先机的今天，如果能抓住这新一的经济社会发展趋势，通过发展新兴产业群、替代旧产业群，形成新的增长点、形成大体量经济，把内需与外需同步扩大相结合，必将有助于我国转变经济结构、实现经济改革，抓住新的发展机遇。面对世界各国的竞争，中国不能落后亦不能盲从，而是应该将优化和调整能源结构，把中国的能源发展战略转变为提高低碳能源比重。若能在发展中摈弃闭门造车的方式，紧跟世界先驱和前列，掌握新能源的核心技术，努力朝着能源技术最先进的方向前行，并进行大规模的商业化运用，那么可以预见，我国未来发展的核心竞争力就是低碳经济。目前，世界各国基本处于低碳经济的初步发展阶段，各国之间的比较优势不同、差距也不是很大，中国完全有可能通过实现后发优势和跨越式发展，通过低碳经济的发展在新一轮的世界经济发展中抢占制高点。

（2）转变经济发展方式以实现科学发展

自改革开放以来，中国经济在新古典经济学派和凯恩斯学派的影响下，实践了一条靠投资和出口拉动经济发展的道路。当前，经济学家基于国际经验和相关理论，主流观点认为中国经济的第二轮改革应该以经济结构的优化为主线，即俗称的新供给主义学派的路线。中国转变经济发展方式，一方面需要警惕靠行政计划下的以政府为主体的大规模投资行为可能带来的供给过度和经济过热，另一方面要注意我国出口结构中，传统的劳动力密集型产业增长和资源耗费之间的比例失衡问题，导致经济增长不具有可持续性。

中国的经济结构调整、优化只能通过渐进式的技术累积和产业升级来完成。技术累积是产业升级的基础，产业升级后带来的经济结构的变化才能改善中国的经济发展模式，增强中国经济抗风险能力。这是国际经验的惨痛教训和当前世界发展趋势的必然要求。尤其在次贷危机引发的实体经济地震后，各主要经济体都更加注重产业平衡、发展升级和结构优化。

金融经济危机后，世界各国纷纷开始着手本国的产业改造和进步，面临着如此巨大的压力，中国以往的传统产业的比较优势已开始减弱，加之某些发达国家和地区基于多种原因，而出台的多项针对我国产品的贸易限制措施，导致了出口困难的增加。从国内的情况来看，传统产业发展在中国的发展越来越受到资源和环境的制约，原材料、劳动力和能源等要素成本的不断上升，也使我国占出口主要地位的初级产品的竞争力逐渐减弱，而且资源与环境本身均难以继续承载高耗能、高污染行业所带来的落后产能的破坏，国民的绿色消费和低碳消费理念要求产品在节能环保等方面做得更好。在这样的背景下，我国的产业升级、经济结构调整已刻不容缓。

（3）提高人民生活质量以构建和谐社会

提高人民健康水平和生活质量是经济发展的最终目的。而前述高耗能的生产方式不仅浪费了稀缺资源，同时对环境也造成了相当大的破坏。因此，选择新的经济模式、发展低碳经济，既能在发展的过程中考虑到资源存量，也能基于环境承载力完成发展。在发展低碳经济、建设低碳社会的过程中，把节能减排的工作做好，最直接的体现就是大气质量好转，民众就能首先直接受惠。从这个意义上说，为了能使我国人民在资源和环境的生态临界范围内获得更好的生活，强调节能减排、提倡低碳消费和低碳生活等方式的低碳经济成了非常重要的民生问题。

3. 中国低碳经济发展的主要内生动力途径

根据联合国开发计划署委托中国人民大学编制的《中国人类发展报告：迈向低碳经济和社会的可持续未来》，报告指出：正常情况下，中国2030年前不可能出现碳排放峰值，即技术上做不到净减排，这其中根本的障碍是技术。因此，未来实现减排的关键是CCS（碳捕获及封存）技术，其作用2030年后才会快速提升。

根据Redding模型和Sorensen模型，低碳经济的发展势必需要科技突破和人才团队建设。中国在科技和人才方面取得的历史积累和当前工作，将为低碳经济未来发展提供内生动力。科学技术是解决日益严重的环境和能源问题的根本出路。科学技术要取得进步，通常的方式有：自行研发、技术吸收和技术外溢。

首先，我国在自行研发方面，取得了一定的成绩，纵向比较进步很大，横向比较仍存在较大差距，尽管自行研发的科学技术成果对经济增长的作用还不够突出，效果亦不够理想，但其对我国科技实力、综合国力、经济增长最终将产生最为重要的作用。其次，我国在技术吸收上，可以通过国际贸易、吸引外商直接投资、国际技术交流等渠道来模仿、学习国外先进技术，但发展中国家的技术学习往往受到自身的技术吸收能力限制。我国科技水平与发达国家相比，仍存在不小差距，在吸收外来技术时，往往因吸收能力造成吸收结果未能实现预期，且存在人力资本积累与本国引资结构提升相对滞后，出现人力资本投资相对落后所导致的技术吸收能力不足。第三，在开放经济系统中国际技术外溢、扩散作用已经成为我国经济增长的重要外部推动力，同时外商直接投资通过技术示范效应、竞争效应、产业关联链效应、人员培训效应等作用在技术扩散渠道中扮演了重要的角色。

我国不仅在科技的历史积累和当前工作上取得了不错的成绩，而且也有长远计划。在《国家中长期科学和技术发展规划纲要年》中，与低碳经济发展具有直接关系的技术领域多达十余个。例如，在能源方面，纲要提出工业节能，煤的清洁高效开发利用、液化及多联产，复杂地质油气资源勘探开发利用，再生能源低成本规模化开发利用，超大规模输配电和电网安全保障五个目标；在新材料技术、先进能源技术、海洋技术等方面也提出了具体要求；而在面向国家重大战略需求的基础研究的十个分支中，与低碳经济有关的课题也占到三个。足见我国对低碳经济领域的科技重视。

"十二五"期间，中国应大规模推广应用目前成熟的一批先进技术，比如：热电联产、能效技术、太阳能热利用、节能建筑、混合动力汽车、二代核电等；着手安排部署新一代低碳技术的研究开发和示范运营，如风电、IGCC、太阳能光伏发电技术、三代核电等，加快其商业化进程；同时，开展 CCS、太阳能热发电、二代生物燃料、四代核能等技术的基础研究。

科技创新和进步需要人才支撑，人才资源已成为最重要的战略资源。我国提出"加快培养造就一批具有世界前沿水平的高级专家、充分发挥教育在创新人才培养中的重要作用、支持企业培养和吸引科技人才、加大吸引留学和海外高层次人才工作力度、构建有利于创新人才成长的文化环境"等五项战略举措，旨在为科技发展、经济发展、社会发展夯实基础。

二、外生动力

（一）经济发展外生动力

动力机制与均衡机制是人类社会经济赖以运行的两种最根本、最基础、最普遍的机制。它们将社会经济的各个部分和要素组合起来，使之成为具有内在逻辑的统一整体，规范并决定着整个社会经济发展的方向。社会经济发展犹如运行中的汽车，必须同时具备两个条件：一是动力机制，犹如汽车的发动机，动力越大，经济发展越快；二是均衡机制，犹如汽车的方向盘，必须把握正确的发展方向，经济才能持续稳定健康地发展。二者缺一不可，相互促进，相互制约。社会经济发展的动力机制分为自然动力机制和社会动力机制，前者来源于理性人对经济的理解和参与，后者才是能够充分发挥作用的统筹协调制度。

经济发展不能光靠内生动力，好的外因能对内因起到助推作用，以至事半功倍。

经济发展的外生动力范围很广：从三次产业的角度看，第一产业、第二产业、第三产业本身就是经济发展的外因；从经济发展的宏观环境来看，法制建设、政策环境、经济制度等都是助推经济发展的外因。本文主要从制度经济学的角度来分析经济发展的外生动力。

马克思关于生产力与生产关系的论述"在每一个历史阶段上，都存在着与当时的生产力状况相适应的生产关系和分配关系的历史形式。随着生产力的进一步发展，这个一定的历史形式达到一定的成数阶段就会被抛弃，并让位给较高级的形式可视为对制度的早期、经典解读"。

制度经济学的早期是以自发秩序理论为核心的旧制度经济学。代表人物凡勃伦以人的本能作为出发点，认为制度是个人或群体普遍存在的思想习惯，其特征顺序是本能—习惯—习俗—制度。制度之所以变迁，是因为人们的一些思想习惯在对环境的强制适应过程中被自然淘汰，进而出现环境随社会发展和制度变化而变化的状态。另一位代表人物康芒斯在继承和发展凡勃伦的制度分析的基础上，综合了从洛克到 20 世纪的经济学家的著作，把经济学和社会学做了许多开创性的结合性的研究，提出了"集体对个人交易关系的控制"是制度经济学的核心内容。然而，由于新古典经济学习惯使用大量的数学工具，以便其面对大批的学者和政策制定者更有说服力，同时在 1910 ~ 1940 年期间社会科学所展开的融合与转向，旧制度经济学所倡导的本能哲学和实用主义哲学被行动主义哲学和实证主义哲学所取代，旧制度经济学逐渐走向衰落，被以经济学的研究方法为主的新制度经济学取而代之。

著名经济学家威廉姆森在 1975 年，提出了"新制度经济学"这一术语。一直致力于回答"为什么正交易费用的存在使得我们在构建经济模型的时候必须将制度视为内生变量"，这个问题和对应的回答即"制度对于经济运行的绩效是至关重要的"，便构成了新制度经济学的核心。新制度经济学的开创性人物当属 1991 年诺贝尔经济学奖得主科斯。作为学派领军人物，科斯早在 1937 年发表的《企业的性质》一文中，就首次打开了企业这一长期以来被经济学家看成外生物质的"黑匣子"，提出了震惊海内外、奠定学派基础的交易成本理论。新制度经济学研究的另一个重要的代表人物是诺思，从而形成了制度经济学中研究经济历史和制度变迁的分支。

（二）低碳经济外生动力

低碳技术是发展低碳经济的关键，而只有政府政策的刚性压力，才能创造低碳技术变迁的动力机制。在全球一体化的大背景下，低碳经济的发展与低碳社会的实现本身需要一个具有共识和一致性的国际刚性压力。只有在全球性的框架下，主权国家做出的法律性承诺才具有一定的约束力，才有可能会转化为该国国内真正的政策刚性压力。

低碳技术的应用是应对气候变化的关键，宏观层面体现为技术扩散。在这一点上，传统的技术变迁的相关理论和学者通过实际研究所取得的成果基本一致，即基于成本考量和未来收益预期的市场机制本身是新技术得到应用和扩散的重要保证，常规实现形式为以产品作为新技术的载体。只是，市场机制在实际情况中会更复杂，毕竟不同市场涉及不同的外部环境。

在过去的经济发展的经验积累上，可以发现，不管是依靠自主创新从而实现技术的内部扩散，还是通过发达国家向发展中国家完成技术、专利等使用权让渡，市场机制的存在和发挥作用总是前提。但低碳技术的特殊性使其与过去的经验发生了相悖的情况。首先，温室气体的排放并不是生产过程的物理属性，外部性的特点更使其无法构成经济成本。那么，以低碳技术为基础带来的温室气体减排，在行为和效果两方面都存在无法得到经济体现的尴尬。其次，虽然有观点认为，考虑传统化石燃料不断减少而终究面临枯竭的趋势，人类社会必定要考虑能源效率和可再生能源，自然会使该领域对应的技术得到重视和发展。然而，以可再生能源为例，从需求存在到技术创新的机制链接并不完整、亦不完善，导致传统的边际定价理论无法真实反映成本与收益之间的关系，使市场价格机制在此失灵。

其实，气候变化本就是因为市场失灵造成的，而且是从本地市场到区域市场再到全球市场，出现的整体失灵。外部性的存在，以及低碳领域技术市场变迁动力存在的上述问题，说明必须要通过强力的外部手段进行解决，通常被认为是政府的强制介入。政府介入的方式，最简单和有效的就是技术投资。温室气体是典型的公共物品，同时又有其特殊性，这就更加需要政府在技术开发和推广的前期需要采取大规模投资的手段，对诸如城市交通规划、清洁基础设施建设等重点技术进行研发。此外，政府投资在推动经济增长之余，还会创造出相关需求，呈现较为明显的技术溢出效应，带来良性循环。

一方面，技术扩散要有政府的强制介入，另一方面，技术扩散离不开商业化和市场化。因此，低碳经济的核心低碳领域相关技术的演进路径，可以看成是以市场机制为基础的、政府合理行政手段介入的经济激励过程，通过完成对企业的政策引导和经济刺激，让其承担温室气体排放所引发的社会成本和后续问题。国家在市场机制中施加强制力量以使企业最终承担外部性成本一般有两种方式——产权交易、环境税费，具体到温室气体排放上就是碳排放权交易和碳税。这个问题的关键点不是国家使用政府强制力的政治意愿，而是排放权、减排指标的额度分配问题，本质上又回到国际框架中去了。

然而，国家使用自身的政府强制力这种积极立场和做法，虽然是自上而下的路径，是一种关键实现路径，但并不一定带来刚性政策变革。通过欧盟的实际做法和经验累积可以判断，自上而下的温室气体减排分配制度在导入市场的过程中存在着竞争效率匮乏问题。因此，自下而上的路径和相应政策，成为一种补充，这需要在分析过程中增加一个微观主体——消费者。而自下而上的路径的实现关键，主要在于微观经济主体旳经济行为应存在低碳化倾向。但是，现实生活中的生活福利水平总是以物质性为体现，基本都建立在需要进行碳排放的行为上。降低碳排放，会让个人、家庭等微观主体产生自身福利下降的错觉，从而招致相关群体的反对。因此，要使自下而上的路径成为自上而下路径的有效补充和整体的有机组成部分，需要改变上述错觉，即通过增加气候变化危害的宣传教育，加强微观经济主体的低碳理念，使其接受低碳产品比传统观念中的商品更高价格的现实。这是欧盟的做法。此外，还是要回归市场机制，在理性人假设的基础上，用经济方法解决这一问题，这就是通过第三方力量改变市场价格，从而用价格信号去引导微观经济主体的经济决策。比较行之有效且已形成共识的观点是：一方面加强技术的商业化程度，设法降低技术转商用过程中的成本，另一方面采用自上而下的路径、使用政府的强制力去改变传统产品和低碳产品之间的成本差距，通过补贴、税收等方式使低碳产品的价格相比传统商品也能具有竞争力。综上所述，不管是自上而下的政府路径，抑或是自下而上的市场路径，都需要以强大国家的行政力量为基础。

（三）中国低碳经济外生动力

1. 中国经济的低碳化尝试与政策形成

根据上述分析，低碳经济发展的中国模式实质上就是与低碳经济相关的法律、制度、政策在中国的历史演变和发展趋势。

当前，在国家层面，与低碳经济存在一定关联的法律法规主要有：《中华人民共和国电力法》《中华人民共和国煤炭法》《中华人民共和国大气污染防治法》《中华人民共和国清洁生产促进法》《中华人民共和国固体废物污染环境防治法》《中华人民共和国可再生能源法》《中华人民共和国节约能源法》《中华人民共和国循环经济促进法》以及《气候变化国家评估报告》《能源效率标识管理办法》《清洁发展机制项目运行管理办法》等法律法规。尽管这些法律法规在各自领域都发挥了积极作用，但这些立法距离低碳经济的发展需要和低碳社会的构建需要，相去甚远。

客观地说，迄今为止，我国尚无专门的低碳经济立法，低碳发展处于低碳法制缺位的自愿自发阶段。低碳法制缺位将导致低碳发展的软约束，一旦低碳"蜜月"结束，将严重阻碍低碳经济的发展。

与低碳经济法制建设大相径庭的则是在政策层面上的百家争鸣。既然在法制层面和理论高度难以实现真正意义上的突破，中国继续采取了改革开放以来总结出的宝贵经验——摸着石头过河。国家发改委下发了《关于开展低碳省区和低碳城市试点工作的通知》，确定广东、辽宁、湖北、陕西、云南五省和天津、重庆、深圳、厦门、杭州、南昌、贵阳、保定八市为低碳试点省市，承担以下五项具体任务：编制低碳发展规划、制定支持低碳绿色发展的配套政策、加快建立以低碳排放为特征的产业体系、建立温室气体排放数据统计和管理体系以及积极倡导低碳绿色生活方式和消费模式。

《我国国民经济和社会发展十二五规划纲要》在全国人大十一届四次会议上审议通过，自此，我国十二五时期我国经济社会发展的重要政策导向变成积极应对气候变化、促进绿色低碳发展。《"十二五"规划纲要》第六篇"绿色发展建设资源节约型、环境友好型社会"的主题就是积极应对全球气候变化。这是低碳相关内容首次在我国的五年规划中独立成章，充分体现了我国对应对气候变化工作的重视。此外，《"十二五"规划纲要》还从"增强适应气候变化能力""广泛开展国际合作""控制温室气体排放"等三个方面提出了工作要求。

国家发改委批准北京、上海、天津、重庆、广东、深圳、湖北等七省市开展碳排放权交易试点工作，并要求上述试点地区明确总体思路、工作目标、进度安排及保障措施等。

在时任国务院总理温家宝的主持下，《"十二五"控制温室气体排放工作方案》在国务院常务会议上讨论通过。之后，国家发改委、财政部、工信部、住建部、交通部、教育部等十二个部委联合发布了《万家企业节能低碳行动实施方案》。该方案要求："十二五"期间，有关部门指定的年综合能源消费量5000吨标准煤以上的或年综合能源消费量达到10000吨标准煤以上的重点用能单位，力争实现节能2.5亿吨标准煤的目标。

2. 中国发展低碳经济的现行政策框架

中国发展低碳经济的现行政策框架主要由节能法律法规、节能减排政策、结构调整政策等三个部分构成。

（1）节能法律法规

《节约能源法》从三个方面对未来做了原则性的设定：一是对节能基本制度做了规定，实行节能目标责任制和节能评价考核制度，像固定资产投资项目节能评估审查制度；二是体现市场调节和政府监管的工作思路，综合运用经济手段和市场手段，利用经济、法律、财税等政策引导节能；三是增强了法律的引导性，对建筑、交通和公共机构等重点节能减排领域增加一项内容，从法律层面确保减排的目标，这对更长远的发展具有比较深远的意义。

《可再生能源法》则主要明确了可再生能源发电全国保障性的收购制度，鼓励可再生能源并网发电，同时设立专项资金，进行相应的补贴，这在《循环经济促进法》里面也有相应的制度。

在法规体系里面强调了两个重点条例，分别是民用建筑节能条例和公共机构节能条例。两个法规条例使我国节能减排工作开始向纵深发展，如公共机构节能条例明确规定了公共机构应该加强用人管理、降低能耗消耗、制止能源浪费、高效利用能源等。

我国还在"十一五"期间共推出了七批中华人民共和国实行能源效率标识产品目录，包括家用冰箱、空调等家用设备，对产品进行系列能效标识。

（2）节能减排政策

国家批准了"十三五"期间的单位能耗下降目标，并划分到各个省，然后由省进一步分解到各个市、县或者是相关行业和重点企业，出台了节能减排考核体系和办法，同时颁布了单位能耗考核体系实施方案，建立了节能减排统计公报制度。为完成的单位能耗下降目标，国务院发布了进一步加大工作力度、确保实现"十三五"节能减排目标的通知，提出要对节能减排目标情况进行算总账，实行严格的问责制。对于有关国有资产重点企业的节能减排，国资委也制定了中央企业节能减排监督管理暂行办法，加强对重点企业的能耗管理。

（3）结构调整政策

我国对经济结构的调整政策主要分为两部分：

一是加强发展低能耗低排放的产业。国家出台了关于加快发展养老服务业的意见和加快家政服务业的意见的政策性文件以及发展家庭服务业的指导意见；还出台了在战略性新兴产业的指导意见，根据战略性新兴产业的特征，立足国情，发展节能环保、新一代信息技术、高端制造、装备制造、新能源等。

淘汰传统高能耗产业和更新产业结构调整目录。依据相关分行业产能过剩和重复建设、产业健康发展的若干意见，主要针对钢铁、水泥、平板玻璃等一些高能耗行业，加快淘汰落后产能。财政部也推出了专项基金，支持高效、节能产品的推广，针对重点用能领域出台一系列办法，例如，公共建筑节能专项资金对采暖部分的奖励基金，包括对建筑立面使用太阳能等需要一定补贴等，支持建筑节能；开展合同能源管理，制定了相应的资金出让办法、会计制度和相应的奖励制度；税收方面采取有关消费税、增值税、资源税等出口退税，出台了一系列补贴政策，对"两高一低"出口退税进行了减免，颁布了相关所得税办法等。

3. 中国低碳经济发展的途径分析

在中国要推进低碳经济的科学发展，应根据对发展途径的情景构架分析，实现四个战略目标，即：第一，在现有经济基础上大幅度降低单位能源消耗，减少碳排放总量，并通过在传统能源结构的基础上进行优化和大力发展低碳、清洁能源实现；第二，要显著提高生产力和技术水平，在保障第一个目标实现的基础上，优化土地使用效率，在存量和增量上下功夫，进一步提高碳汇能力；第三，大力推进能效提高和节能，促使单位能耗显著下降；第四，加速进行低碳领域核心技术的研发及商业化应用，把以低碳为核心竞争力的相关产业打造成新的经济增长极和国家层面的竞争优势。

结合中国国情，现阶段我国低碳经济发展的途径主要依靠三个基础制度与五个支柱的形成的保障。三个基础保障机制主要是：以技术为核心打造创新体系、以市场为载体进行商业运作、以制度为保障形成整体机制。五个支柱包括：新型和低碳工业化，新型城市化和低碳城市建设，发展低碳能源和优化能源结构，形成可持续消费模式，改善土地利用和扩大碳汇能力。

支柱一：新型工业化、低碳工业化。终极目标是通过产业结构深入调整和优化，实现产业改造升级。可操作目标主要有：在产业链中寻求中高端位置，在国际分工中努力争取有利地位，增加工业的附加值；在工业内部，培育发展高技术产业和新兴产业；降低排放和消耗，发展循环经济，提高资源综合利用水平。具体实现方法有：推广应用先进成熟技术，积极开发先进低碳技术等。

支柱二：新型城市化建设和城市低碳内涵植入。战略目标是倡导紧凑型城市化道路，改善城市形态与空间布局。具体目标与实现方法包括：加强建筑节能技术和标准的推广，发展城市低碳建筑；大力发展公共交通系统；改进城市能源供给方式。

支柱三：发展低碳能源和优化能源结构。战略目标是大力发展低碳、无碳能源，实现能源供应的多元化、低碳化和清洁化。中期目标是，低碳能源占新增能源的比例，到 2030 年达到一半以上，低碳能源发展占总装机的 50%；长期目标是，新增能源需求到 2050 年可实现全部由低碳能源供应，届时我国的能源结构呈现三足鼎立的结构，即油气占 1/3，煤炭占 1/3，低碳能源占 1/3。具体实现方法主要包括：分阶段有重点的部署碳捕获封存；构建坚强的智能电网；集约、清洁、高效地利用煤炭。

支柱四：形成可持续消费模式。战略任务是倡导全社会践行可持续消费的"6R"原则，即 Reduce（节约资源，减少污染）、Recycle（垃圾分类，循环回收）、Reuse（重复使用，多次利用）、Re-calculate（再计算）、Re-evaluate（绿色消费，环保选购）、Rescue（救助物种，保护自然）。

支柱五：改善土地利用和扩大碳汇能力。

内生增长是低碳经济发展的源动力，在既定资源存量和科技条件下，要实现经济社会发展的低碳难度极大。突破瓶颈、实现可持续发展的关键在于科学技术的进步和人才的积累。我国已认识到其必要性和紧迫性，并已针对此开始准备。

技术变迁的普适规律对于低碳技术变迁的解释同样有效。然而，低碳技术的特殊性与其本身的物理属性和外部性有关，其应用扩散的溢出效应更大。根据联合国发布的《以技术构建低碳未来》报告，低碳技术的存在和发展其实已经进行了一段时间，且取得了一定的成效。关键是全球范围内主要国家和地区对低碳领域的关注和对低碳技术的支持能够持续且有效，那么，温室气体的减少排放能够取得显著成绩，并到 2020 年可能实现既定目标。综上，尽管世界上多数国家的技术能力不强，研发能力薄弱，低碳领域的成就不多，但低碳经济获得有效发展的关键是在低碳领域的坚持和现有技术的有效运用。低碳技术的创新，只是决定领域的高度和未来发展的可能。

同时，低碳经济的发展离不开内生动力和外生动力的共同作用。国际经验表明，先进的技术和专业的人才只是基础，只有上升到了国家层面、具有强制约束甚至法律效力才能真正实现低碳经济。考虑到经济发展的基础规律就是成本收益分析，通过制度层面带来的成本变化或收益变化或两者皆变化，才能从根本上实现低碳经济的可持续发展。

第四节　低碳经济的发展重点与路线图

低碳经济转型就是由粗放的高能耗、重污染的发展模式转向更加有效利用资源、更加环境友好和更加公平的经济发展模式，实现人与自然的和谐发展。本章首先提出低碳经济转型的实质是经济发展的"脱钩"，大幅度提高碳生产率。其次，依据相关情景分析讨论低碳经济的发展重点。所谓情景，只是在一系列假设条件下的可能性，而不一定是届时的真实情况。最后讨论了低碳经济的技术路线与政策扶持。

一、低碳经济发展的实质与目标

金融危机以后，联合国环境署（UNEP）将绿色经济作为经济振兴的重要内容。2011 年 2 月 21 日，UNEP 在肯尼亚内罗毕发布《绿色经济报告》。报告指出，从现在起至 2050 年，每年将全球国内生产总值的 2%，约 1.3 万亿美元投资于农业、建筑、能源、渔业、林业、制造业、旅游业、交通等 10 个主要经济部门，将为经济发展注入新动力，还将催生大量的就业机会，对消除贫困至关重要，同时，可减少气候变化、水资源短缺等方面的风险，并推动全球向绿色低碳经济转型。

（一）低碳经济发展的实质在于"脱钩"

"脱钩"这一术语已出现在许多领域，其基本含义是：不同要素随着时间的变化，增长率出现分离。"脱钩"的概念运用到经济发展中，特别是可持续发展的语境下，大致包括两个方面：一是资源脱钩。随着以 GDP 表征的经济发展，自然资源投入强度逐步降低，资源利用效率不断提高；表现在增长曲线上，即资源利用总量增长曲线斜率开始小于经济增长曲线的斜率。二是环境影响脱钩。也就是说，随着经济发展，污染物排放总量增长减缓，单位国民生产总值排放的污染物强度下降，经济发展的不利环境影响减少，直至环境质量得到明显改善并产生较好的生态环境效益，居民生活在良好的环境中，从而使人民群众的福利水平高于经济发展或使人均收入水平提高。也就是说，人民的幸福指数得到不断提高。

生产和消费如何才能"脱钩"呢？自 1972 年罗马俱乐部提出《增长的极限》以来，资源与环境日益成为关乎人类生存的大事。随着技术的进步、可替代资源的出现，资源供给和使用效率的提高已经成为可能。当然，资源仍然在被过度消耗，浪费依然随处可见。有研究表明，在人们购买和消耗的物资中，约 93% 的产品根本没有做到物尽其用，80% 的产品经一次使用后就被弃用。在美国，商品或包含在商品中的原材料的 99% 在销售的 6 周内变成了废品。是否有一种方式可以使人们能够更节约、更合理地生产与消费呢？国内外科学家进行了大量研究，提出了 2 倍、4 倍、5 倍、10 倍因子理论，有人甚至提出了 20 倍因子的假说。

德国环境、能源、气候研究所的厄恩斯特·冯·魏茨察克等人在《四倍半的资源消耗创造双倍的财富》中，提出了提高资源效率、以较少资源创造更多财富的途径。该书强调的核心是资源效率，即更加有效地利用资源，以更少的资源消耗获得更好的生活质量。作者列举了 50 个令人鼓舞的 4 倍跃进的效率革命的例子，从日常家庭生活消费方式到办公方式，从农业到制造业和运输业。提高资源效率需要全面变革，创新性地设计生产—低碳经济理论与发展路径方式、分工方式、消费方式，正确理解人类进步的程度和生存的质量。值得深思的是，生活得更好并不意味着就要增长得更快，而要想生活得既好，增长又快，就必须遵循与环境共适、与发展共进的生产与生活的途径。英国提出的"没有增长的繁荣"，可以看作人类用更少的资源获得更多增长的探索。

为回顾里约环境与发展会议以来 20 年的进展，UNEP 组织专家开展了一系列研究，经济发展与资源环境脱钩就是其中之一。通过对东亚、非洲等区域性经济体发展的分析，提出了"脱钩"的途径，并将绿色经济作为未来经济发展的模式加以推进。

（二）低碳经济发展的目标是提高碳生产率

碳生产率，用经济学的语言表述就是，同样的产出比过去排放更少的碳，或者同样单位的碳排放比原来有更多的产出，这也是排放权交易追求的目标。现实中，发达国家碳生产力较高的一些企业，一个单位的碳排放可以产出较多的国民生产总值。反过来，凡是碳生产率高的一些国家、地区或者企业，减排的成本也高。因此，碳排放权交易市场发展的结果应该是，碳生产率较高的地区或企业可以排放较多的碳，而不是每个人排放同等的碳。

二、中长期发展情景与我国的战略选择

国内外的不少机构进行了我国中长期发展情景研究。麦肯锡的研究以各类减排措施或减排技术的大规模采用为假设前提。事实上，一项措施或者减排技术是否能切实地得到实施，受到诸多因素的影响。

（一）中长期预测的前提与分析思路

许多科学家和决策者都认为，把全球平均温度上升幅度控制在与工业化前相比，不超过 2℃的水平是一个重要目标。为实现这一目标，2005 ~ 2030 年期间，要将排放量减少 35% ~ 50%。同一时期的世界经济增长将超过一倍，即全球碳生产率要提高差不多 3 倍，相当于全球碳生产率的年增长率从"一切如常"情景的 1.2%，提高到 5% ~ 7%。

1. 情景分析框架

开展我国中长期研究，一般采用情景分析方法。大致思路是：诠释 2020 年完成全面建设小康社会目标、2050 年达到中等发达国家水平时的中国能源供需情况；在充分考虑未来中国经济社会发展的内、外部条件变化及其对能源需求影响的前提下，设置不同的能源消费和碳排放情景；借助相应的模型工具，采用定量计算与定性分析相结合的方法，研究在实现既定目标的前提下，不同的政策选择对能源需求的影响，进而推测可能的碳排放情景。

具体研究路径：第一，从解释既定的经济社会发展目标入手，对人口、城市化、工业化、经济增长模式和路径、资源可获得性、技术进步等因素进行诠释，设计不同的能源需求及碳排放情景；第二，借助能源系统分析工具，从部门角度探讨不同情景下的终端能源需求；第三，针对优质能源的可获得性、可再生能源商业化利用进程等因素，分析满足终端能源需求的一次能源可能的供应路线及相应的二氧化碳排放量；第四，探讨低碳发展路线图以及相关的战略和政策选择。各部门经济发展与产品产量的关联、各部门相互关联，通过可计算的一般均衡模型（CGE）进行耦合，通过 AIM 模型进行终端能源需求分析。

国际机构普遍认为，中国能源需求将快速增长，油气等优质能源需求的增速更快，碳排放将进入"快车道"。国际能源署（IEA）和美国能源信息署（EIA）研究认为，2030 年前如果中国 GDP 持续保持 6% 的增速，2020 年能源需求量超过 40 亿吨标煤，2030 年超过 60 亿吨标煤。其中，石油需求量 2030 年将可能超过 9 亿吨，相当于美国 2008 年的水平。

在基准情景的基础上，依据 IPAC 模型组的中长期情景研究，参考 IPCC 第四次评价报告中不同情景分析结果与稳定的浓度目标，并根据与未来能源需求和碳排放密切相关的几个主要因素，有关研究设计了三个情景探讨中国的低碳发展道路：

第一个情景为节能情景。即已考虑当前节能减排（主要是指二氧化硫、化学需氧量等污染物减排），不特别采取针对性气候变化对策措施。这是未来很有可能发生的能源需求与碳排放情景。在该情景中，经济发展方式转变受到高度重视，当前的节能减排政策会延续下去，经济社会与能源、环境之间处于"平衡偏紧"状态。随着综合国力的提高，虽然技术投入加大，技术进步进展较快，但生活方式和消费模式并没有发生根本性转变。

第二个情景为低碳情景。即综合考虑经济社会的可持续发展、能源安全、国内环境和低碳之路的要求，在强化技术进步，改变经济发展方式，改变消费模式，实现低能耗、低温室气体排放等方面做出重大努力的能源需求与碳排放的情景。情景设想在经济发展方式、能源结构优化、节能减排技术，乃至生活模式引导方面均有重大改观，经济社会发展与能源、环境之间达到较和谐的状态。

第三个情景为强化低碳情景。主要考虑在全球一致减缓气候变化的共同愿景下，中国可以做出进一步贡献。情景设想：在世界各国共同努力下，技术进步将进一步强化，重大技术成本下降更快，发达国家给发展中国家技术和资金的全力支持。有鉴于2030 年之后中国综合国力的提升，可以进一步加大对低碳经济的投入，更好地利用低碳经济发展机会促进经济社会发展。中国在一些领域的技术开发方面成为世界领先，如清洁煤技术和二氧化碳捕获与封存（CCS）技术，可使 CCS 技术在中国得到大规模应用。

2. 减排情景的情景分析及其主要结论

IPCC 第四次评价报告中给出未来不同稳定浓度情景下的排放目标，第一类的二氧化碳当量浓度在 445 ～ 490×10-6 之间，可能升温 2.0℃ ～ 2.4℃，2050 年排放量比 2000 年减少 50% ～ 85%。第二类的二氧化碳当量浓度在 490 ～ 535×10-6 之间，可能升温 2.4℃ ～ 2.8℃，2050 年排放量比 2000 年减少 30% ～ 60%；第三类的二氧化碳当量浓度在 535 ～ 590×10-6 之间，可能升温 2.8℃，2050 年排放量比 2000 年减少 30% 到增加 5%。

这是国际模型研究组以及国际合作研究中采用较多的三类情景。本书综合了国内外的相关成果，侧重于发展战略和思路，而对能源消耗和温室气体排放预测数据并未给予过多的重视，因为预测数据有不确定性。根据情景分析和模型计算结果，中国环境与发展国际合作委员会课题组、国家发改委能源所课题组、中国科学院课题组等进行的研究得出许多有益结论，在此选取其中的一些加以介绍：

（1）实现既定的经济社会发展目标，能源需求总量将成倍增长

城市化水平的攀升、城市基础设施的完善、人民生活条件的改善、居民住房面积和汽车保有量的不断提高，都离不开高耗能产品的累积和能源消费的支撑。无论采取什么样的发展路径，在未来三五十年内完成工业化和城市化，实现既定的经济社会发展目标时，中国能源需求总量成倍增长将是不争的事实。

在节能情景中，2050年中国能源需求总量将达到67亿吨标准煤，是2008年能源消费总量的2.3倍，人均能源消费从2008年的2.1吨标准煤提高到2050年的4.6吨标准煤。在低碳情景下，2050年中国人均能源消费量为3.4吨标准煤，这一数值比目前世界能源效率水平最高的国家—日本的人均能耗还低40%左右。即使如此，2050年时，中国能源消费总量也要高达50.2亿吨标准煤，是2008年的1.8倍。

中国实现工业化过程中的二氧化碳排放累积量要低于多数发达国家。当2035年左右中国全面完成工业化时，人均累积二氧化碳排放量可控制在220吨以内甚至更低。当然，作为一个国土面积广、人口基数大、发展基础差、为全世界提供大量产品的国家而言，以这么低的人均累积排放水平基本完成工业化和城市化，必须付出艰苦卓绝的努力才可以实现。

（2）现有经济增长方式难以持续，必须寻求突破

21世纪以来，我国经济发展以主要依靠投资和外需拉动、高耗能为主的工业部门迅速扩张为特征。在经济发展取得举世瞩目成就的同时，也付出了巨大的资源环境代价，这种经济增长方式难以持续，一旦外需萎缩，经济发展就会停滞。1998年亚洲金融危机及2008年美国次贷危机引发的金融海啸，都使中国的经济发展陷入困境，就是例证。

中国钢铁产量、水泥产量已多年居世界第一，占世界总产量的40%以上，再成倍增长几乎已无可能。到2050年达到中等发达国家水平，不可能主要依靠高耗能产业。如果延续1978～2008年的能源消费增长趋势，2050年中国一次能源消费量将高达270亿吨标准煤，远远超过2008年全球161亿吨标煤的能源消费量，地球资源供应承受不了。

即使按基准情景，如果2050年达到中等发达国家水平时人均能源消费量比当今世界能源效率最高的日本低10%（2006年人均能源消费4.1吨油当量，折5.9吨标准煤），中国能源消费量高达78亿吨标准煤，对国家能源安全乃至经济安全将是一个很大的隐患。不仅国内资源难以支撑，也会对全球温室气体减排带来巨大压力，并且如果届时的能源消费达78亿吨标准煤且结构不变，温室气体排放将达170亿吨，占全球排放总量的60%左右。即使中国2050年做得比目前能源效率最高的国家还要好，仍然难以呈现可持续发展的态势。

因此，我国必须改变依赖高耗能产业发展的现状，寻求新的经济增长点，切实走出一条可持续的发展道路。传统工业的产业升级、高新技术产业的加快发展以及现代服务业比重的提高，特别是加快以低碳为主要内容的低碳产业发展，这是中国国情下的必然选择。

（3）重点是选择合理的消费模式、优化结构、提高能效、发展低碳能源

中国的绿色低碳发展道路既不能只顾能源忽视经济社会转型，也不能只顾生产忽视消费的合理引导，而是必须抓住尚处于发展过程中的契机，提前规避不合理的经济社会发展模式导致碳排放的"路径依赖"和"锁定效应"，在工业化、城市化加速发展阶段提前考虑低碳排放的要求。中国若想走绿色低碳发展道路，必须在以下几个方面努力：

①控制能源需求的快速扩张，形成合理的消费模式

不合理的消费不仅会浪费大量资源，还会增加生产的盲目性，增加二氧化碳排放。因此，需要引导合理消费，包括鼓励小户型住宅、改变依赖小汽车出行的习惯等。与节能情景相比，2050 年低碳情景下，通过合理引导消费，可以减少二氧化碳排放29% 左右。

②形成高效节能的生产和消费结构

满足同样的需求，既可以分散供应，也可以集约供应；生产同样的产品，既可以采取从原料到产品的一次性生产方式，也可以采用循环型生产方式。与前者相比，后者的能源利用效率更高，二氧化碳排放更少。优化结构包括：加快发展地铁等公共交通，推广集中采暖，尽快推广以废钢铁为原料的短流程生产工艺等。与节能情景相比，2050 年低碳情景下，通过优化供应结构可减少二氧化碳排放 20% 左右。

③建设低碳高效的能源工业

用低碳能源替代高碳能源，是中国能源低碳发展的必然选择。能源工业低碳化的途径包括：加快发展新能源和可再生能源，迅速提高可再生能源的比重，加快发展二氧化碳捕获与封存技术等。与节能情景相比，低碳情景下这一途径可使中国 2050 年减少二氧化碳排放 30% 左右。

④加快技术研发和创新，提高终端用能效率

我国必须加快能源利用效率的提高速度，加快赶超世界最先进水平。可以通过立法规定汽油车油耗水平下降目标，制定更严格的空调器、电机系统能效标准等。与节能情景相比，2050 年低碳情景下，通过终端部门技术的进步可以减少二氧化碳排放21% 左右。

如果上述几个方面均取得实效，中国将少排大量温室气体。与节能情景相比，2050 年低碳情景下的碳排放可下降近1/3。其中，生活方式改变的影响最大。2020 年时，

生活方式改变的贡献接近40%；2035年时，虽有所下降，但仍高达36%。这充分表明，作为发展中国家，我国生活方式的改变将对温室气体减排产生巨大影响。2050年时，四大途径的贡献基本各占1/4，呈现"四个1/4"的格局。其中，生活方式转变和能源加工转换部门的贡献略大，结构调整和终端部门技术进步的贡献略小。

④碳减排的重点要从以工业部门为主转向工业、建筑和交通行业并举

2010年前，工业部门能源消耗和二氧化碳排放占70%左右，是我国能源消耗和排放的第一大户。随着工业化的逐步完成和循环经济的加快推进，冶金、建材等高耗能行业可以做到"产值增加、二氧化碳排放不增加"。伴随着工业部门内部结构的调整以及工业部门内部充分挖掘节能潜力，工业能源消费量和二氧化碳排放增长速度将减缓。另外，随着居民消费结构逐渐转向"住"和"行"阶段，商用和民用、交通部门的能源消耗和碳排放将快速增长。到2050年，强化低碳情景下我国终端能源消费部门的二氧化碳排放结构，将接近目前发达国家的工业、建筑和交通各占1/3左右的水平。因此，节能减排的工作推进重点，应相应地从工业逐步向工业、建筑和交通行业并举延伸。

⑤温室气体减排离不开世界各国的通力合作

中国的低碳情景是一条史无前例的低碳发展道路。尽管我国可能会在应对气候变化方面做出重要贡献，且21世纪中叶时的人均累计排放可能还低于发达国家，但如果，届时发达国家人均排放大大低于全球平均水平，而中国人均排放略高于世界平均水平，中国依然可能面临着很大的减排压力。

要想将全球温升控制在2℃以内、全球温室气体当量浓度稳定在530～590×10-6二氧化碳范围内，发达国家2020年时必须比1990年水平减排40%以上，2050年应该比1990年减排90%以上；同时对发展中国家提供资金、技术和能源建设的支持，帮助包括中国在内的发展中国家尽早转向低碳发展道路。

⑥选择绿色低碳发展道路的风险及其不确定性

中国未来要真正走出一条绿色低碳发展道路，还存在着诸多风险和不确定性。

第一，认识转变的不确定性。认识决定未来，态度决定成败。只有认识到位，人类行为才有可能发生实质性的改变。1992年联合国《21世纪议程》提出改变高消费惯性、形成可持续消费模式，但并没有取得可以推广的成功经验。况且，协调靠需求拉动的市场经济与强调节约型的生活方式，在经济学上尚未形成理论基础，因此在实践上存在更大的不确定性。

第二，科技创新和技术转移的不确定性。低碳发展离不开先进技术的支撑。能否在低碳科技方面加大投入力度，并将低碳研发成果转化为成熟产品，取决于我国实现低碳发展的技术可行性。此外，发达国家能否将先进的低碳技术尽快转移给发展中国

家，帮助发展中国家尽早实现温室气体减排，也存在较大的不确定性。

第三，资金支持的不确定性。资金是实现低碳发展的保证。在节能和高能效技术、可再生能源技术、CCS 技术的开发投入和商业化，投入力度将决定发展前景。我国实现低碳发展每年要增加 1 万亿元人民币甚至更多的额外投资。如何筹措资金、保证资金来源的稳定性以及协调国内外资金的投向和高效利用等，尚存在很大的不确定性。

第四，外部环境的不确定性。目前中国在利用国际优质能源、引进国外先进技术、开发水电、核电时经常遭遇误解，在金融危机的影响仍然存在的情况下，各国贸易保护回潮，我国遭受"双反"（反倾销和反补贴）调查增多。如果这方面的问题不能得以解决，将影响我国的低碳能源发展道路。

（二）温室气体的减排潜力与成本

麦肯锡的研究认为，到 2030 年，人类有潜力将温室气体的排放水平在 1990 年的排放水平基础上降低 35%，或者相对于 2030 年的"一切如常"（BAU，如果全世界不共同努力去遏制目前及将来的温室气体排放）的排放水平，有潜力将排放量减少 70%。

1. 不同的减排措施及其潜力

到 2030 年，减排措施主要有：提高能效、低碳能源供给、陆地碳汇（林业和农业）和改变消费行为等途径。其中，前三个途径属于技术性减排措施，到 2030 年相当于每年 700 亿吨二氧化碳当量的"一切如常"的减排量，总计可达每年 380 亿吨二氧化碳当量。第四个途径是改变消费方式。在乐观情形下（存在很多不确定性），到 2030 年通过改变消费方式，可另外获得每年 35 亿 ~ 50 亿吨二氧化碳当量的减排量。

对电力部门的设想是，低碳发电技术（如可再生能源发电、核能发电和 CCS 技术）在全球电力生产中所占的份额从 2005 年的 30% 上升到大约 70%。

对交通运输业的假设前提是，在 2030 年前能销售 4200 万辆混合动力汽车（包括充电式混合动力汽车）—这一数字将占所有售出新车的 40%。

对林业部门的设想是，到 2030 年前少砍伐 1.7 亿 hm2（相当于委内瑞拉土地面积的 2 倍）的森林，在 3.3 亿 hm2 目前贫瘠的土地（相当于印度的大部分土地）上植树造林。

改变消费方式的措施和途径包括：减少公务和私人旅行，从坐汽车转向坐火车，接受室内温度的更大变化（减少冷暖气的使用），减少家电使用及减少肉类消费，等等。

只有所有地区和部门均最大限度地挖掘减排潜力，才能实现 4 个途径的预期效果。由于各个部门和地区的减排潜力参差不齐，这就要采取全球跨部门减排行动，无论由谁为这些行动买单都得这么做。如果任何一个重要部门或地区的减排行动不力，即使其他部门或地区付出很高的减排代价，也只能部分地弥补这一效果。

2. 不同减排措施的成本

如果把全球变暖二氧化碳减排控制在 2 吨以内，行动的时间就极其重要。麦肯锡的研究显示，如果全球减排行动从 2020 年（而不是 2010 年）开始，即使实施成本更高的技术性减排措施，且消费行为也发生改变，实现温室气体浓度为 550×10^{-6} 的稳定排放的轨迹也极具挑战性。延迟行动时间意味着温室气体排放将按照"一切如常"的发展模式（而不是减排模式）继续增长。在一些经济部门（如建筑、电力、工业和交通运输等）建设高碳的基础设施，未来几十年里会被"锁定"在较高的能源使用水平上。各个经济部门碳密集型基础设施的有效生命周期平均为 14 年。延迟行动一年将丧失 18 亿吨二氧化碳当量的减排机会，加上锁定效应，二氧化碳峰值浓度将比预期升高 5×10^{-6}。

麦肯锡研究显示，减排带来的能源节约效益大致可以收回投资。如果全世界按照从低成本到高成本的严格顺序，即采用比在现实生活中更合理的经济方式，成功地执行成本曲线中的每一项减排措施，到 2030 年，理论上平均减排成本应是每吨二氧化碳当量 4 欧元，实现整个成本曲线的总成本将大约是 1500 亿欧元。通常估计，减排每吨二氧化碳当量的交易和规划成本平均为 1 ~ 5 欧元；对 380 亿吨二氧化碳当量减排机会而言，交易和规划总成本为 400 亿 ~ 2000 亿欧元。到 2030 年，全球每年的总成本 2000 亿 ~ 3500 亿欧元，这一结果也存在不确定性：其一，成本曲线是一个非常乐观的假设，即可减排机会能从左到右被有效地利用；其二，大规模的减排计划在经济活动中有明显的动态变化，既可能增加成本，也可能降低成本，这取决于如何执行计划。而这些因素在成本分析中并没有考虑进来。

（三）低碳产业的框架与低碳经济转型

发展低碳经济必须落实到低碳产业上，否则就会成为一句口号或空话。从严格意义上说，低碳产业并没有现成的或统一的界定标准，正如低碳经济没有共识一样。因此，研究低碳产业的划定标准本身就是一个需要认真研究的话题。本书中的低碳产业，主要是指同样经济活动排放更少二氧化碳的产业，覆盖化石能源低碳转化和高效利用、可再生能源开发利用以及低碳服务业三大类。

在三类低碳产业中，化石能源的高效转化与低碳利用（又可以细分为以煤炭为代表的传统能源的洁净利用和低碳利用、节能等）和可再生能源的开发利用，将在后面详细讨论。如果说传统产业的低碳经济转型是重要内容的话，产业结构升级也可以起到降低单位 GDP 排放的二氧化碳强度的目标，而且是更重要的途径。

中国环境与发展国际合作委员会（简称国合会）2009 年的报告给出了中国低碳经济发展路线图框架，其中包含 5 个支柱：绿色低碳工业化、低碳城市与交通、低碳能源与结构、优化土地利用和增加碳汇以及可持续消费模式。技术创新、市场机制和制度安排则是发展低碳经济的重要基础。

由于本书没有专门讨论土地利用和碳汇问题，下面引用国合会2009年的研究报告加以简单介绍。近年来，中国陆地生态系统碳储量平均每年增加1.9亿～2.6亿吨碳。增加碳汇提高对温室气体的吸收也是减排的重要途径。增加碳汇有森林、耕地以及草地三个领域，每个领域有三种途径，即增加碳库贮量、保护现有的碳存和碳替代。

1. 增加森林碳汇

森林碳汇是最有效的固碳方式，我国每年增加的碳汇在1.5亿吨碳左右。为进一步增加碳汇，应通过造林和再造林、退化生态系统恢复、建立农林复合生态系统、加强森林管理，以提高林地生产力、延长轮伐时间，增强森林碳汇；通过减少毁林、改进采伐作业措施、提高木材利用效率以及更有效的森林灾害（如火灾、病虫害）控制来保护森林碳贮存；通过沼气替代薪柴、耐用木质林产品替代能源密集型材料、采伐剩余物回收利用、木材产品深加工、循环使用等，多途径、全方位地实现碳替代。

2. 增加耕地碳汇

耕地土壤碳库是陆地生态碳库的重要组成部分，也是最活跃的部分之一。我国农田土壤有机碳含量普遍较低，南方为0.8%～1.2%，华北0.5%～0.8%，东北为1.0%～1.5%，西北绝大多数在0.5%以下；而欧洲的农业土壤大都在1.5%以上，美国则达到2.5%～4%。因此，增加或保持耕地土壤碳库的碳贮量有很大潜力。

3. 保持和增加草地碳汇

关键在于防止草原的退化和开垦。具体措施包括：降低放牧密度、围封草场、人工种草和退化草地恢复等。另外，通过围栏养殖、轮牧、引入优良的牧草等畜牧业管理，也可以改善草地碳汇。

4. 湿地固碳也很重要

湿地是地球之"肾"，是一个比较活跃的生态系统，与大气圈、陆地和水圈的绝大多数地球化学通量联系。由于水分饱和及厌氧的生态特性，湿地积累了大量无机碳和有机碳。湿地是全球最大的碳库，储存在泥炭中的碳占全球陆地碳储量的15%。湿地也是温室气体的重要释放源，要尽可能地避免使碳汇变成"碳源"。因此，建立湿地公园，湿地恢复，利用湿地处理污水，均可以起到增加湿地碳汇的作用。

综上所述，中国作为世界上最大的发展中国家，将发达国家100多年的工业化过程压缩到一个较短时间内，走出了一条"快速工业化道路"。面对全球减排温室气体的新环境，中国不可能再走发达国家"先污染后治理"的老路，而要依据基本国情，借助知识和技术的创新和支撑，走出一条具有新时代特征的跨越式发展之路。

三、减排技术与政策扶持

技术路线图是应对气候变化研究的重点领域之一，因为低碳技术是一个国家或地区未来核心竞争力的重要标志。发展低碳经济，技术进步是决定因素之一，不仅因为碳生产率取决于技术水平，技术创新还可以为节能减排和低碳目标的实现提供强有力的支撑，同时技术创新、发展、扩散和大规模应用，又需要制度安排和政策创新的保证。

（一）技术路线图与关键技术

实现中长期控制温室气体排放的目标，现有的和前瞻性技术研发部署与应用至关重要。因此，明确重要技术领域、识别关键技术的发展路径、探索技术创新的政策保障、合理规划技术路线图，是探索中国特色低碳之路的重要保证。

1. 技术路线图的研究方法

技术路线图研究主要采用两种方法：一是以模型情景分析为基础，二是以技术预见为基础。前者是在对低碳技术特性和潜力分析基础上，通过模拟不同情景下政策措施和技术发展风险对未来能源消费和温室气体排放产生的不同影响，甄别技术发展中的关键问题，并提出建议。重点是探索实现不同升温目标下的排放水平、低碳技术的部署／应用水平以及实现此种情景的政策措施和资金投入。后者则是在综合考虑自然资源条件、保障能源安全需求和社会经济可持续发展的前提下，以科技发展现状和技术预见结果为主要依据，得出关键技术发展目标和实现路径。

（1）以模型情景分析为基础的路线图

此类技术路线图强调技术对温室气体减排的潜力和重要性。模型一般分为两类，"自上向下"模型和"自下向上"模型。"自上向下"模型（如可计算一般均衡模型，CGE）并不对技术进行描述，而是从宏观上讨论技术进步的作用。"自下向上"模型对某项技术变化的描述更为具体，并进行技术的生命周期分析。国际能源署（IEA）开发的能源技术前景模型（ETP模型）中包括1000余项技术（IEA，2008），能源研究所开发的IPAC-AIM/技术模型覆盖42个部门的500多项技术。

IEA（2008）发布的能源科技路线图，反映了全球低碳技术的发展方向。其中识别出全球减排的17项关键技术，并评估了发挥技术减排潜力作用所需的努力。对保守的"ACT系列情景"的研究表明，如广泛利用现有或正在研发的先进技术，在2050年全球二氧化碳排放量下降到现在水平，能源领域额外投资需求为17万亿美元。较激进的"BLUE系列情景"研究结果表明，如果实现2050年二氧化碳减排50%目标，要应用那些处于研发阶段、仍有不确定性的技术，2050年全球所需的额外投资在45万亿美元以上。IEA（2009a）依据"BLUE系列情景"研究，给出了碳捕获与封存（CCS）、水泥、电动汽车（EV）、太阳能光伏（PV）和风能等关键领域的技术发展路线图。

国家发改委能源研究所研究员姜克隽等采用能源环境综合政策评价模型（IPAC）对我国中长期能源与温室气体排放情景进行了分析，研究设定了基准情景、低碳情景和强化低碳情景这几个情景。研究结果显示，基准情景下我国能源需求量将持续增长，低碳情景下2050年能源需求减少24%，强化低碳情景下则将继续下降4.5%。实现低碳情景和强化低碳情景，要在广泛的领域长期实施技术创新、观念创新、消费行为创新和政策机制创新。研究进一步描绘了发电、工业节能、节能型消费品、交通运输和建筑节能等领域技术创新对实现低碳情景的作用，还给出了重要低碳技术发展的路线图和普及率目标。

（2）以技术预见为基础的路线图

国家科技路线图多以技术预见为基础，按照"国家目标—战略任务—关键技术—发展重点"框架编制，主要包括：以情景分析法研究经济社会发展目标；用德尔菲法等方法开展技术预测，收集一线专家对未来技术发展的意见；采用数据追踪等方法对文献、专利数据库进行挖掘。中国科学院能源领域战略研究组的钱祖（2008），以我国技术预测数据为基础，列出了节能减排关键技术清单，每个技术群由若干发展重点组成；再按照技术在市场上首次应用时间，综合考虑技术研发基础、与国外先进水平的差距和技术发展路径，绘制了我国节能减排技术路线图，但尚未覆盖尚处于基础研究阶段、在未来有重大减排潜力的技术。

2008年，中国科学院40多位专家组成的能源战略研究组，按照"能源发展需求—重要科技问题—重要技术方向—重要技术方向路线图—创新能源技术总体部署—保障体系建设"的逻辑构架，编制了"中国至2050年能源科技发展路线图"，识别出10个重要技术方向和发展路线图，包括：高效非化石燃料地面交通技术、煤炭的洁净和高附加值利用技术、电网安全稳定技术、生物质液体燃料和原材料技术、可再生能源规模化发电技术、深层地热工程化技术、氢能利用技术、天然气水合物开发与利用技术、新型核电与核废料处理技术以及具有潜在发展前景的能源技术。

2. 关键技术

关键技术领域包括清洁能源（主要指电力）、交通运输、建筑和电器以及工业。由于技术的不确定性，先进技术的研发和应用存在延迟或失败风险，包括CCS、新一代生物燃料、可再生能源规模化应用、纯电池电动汽车以及以低碳方式生产水泥和钢铁等均是如此。因此，低碳技术的战略选择应面向一系列关键技术组合，以保证能源安全和减排目标的可选择性，并使国家低碳技术发展战略调整成为可能。

（二）技术创新的推动措施

按照发展阶段，技术可分为：战略性／前瞻性技术、创新技术、成熟技术和商业化技术。根据各类技术创新的特征和面临的障碍，对不同阶段的技术创新需要相应的政策扶持。

1. 战略性／前瞻性技术

战略性／前瞻性技术处于基础研究期，有巨大的应用潜力或代表世界科学发展趋势。此类研究不能以市场为导向，如核聚变、海洋能、天然气水合物和 CCS 等，需要采取以下促进政策：

（1）将技术研发纳入国家科技计划

韩国在天然气水合物研究上的经验值得借鉴。2005 年，韩国成立国家天然气研究机构（GHDO），由知识经济部、地球科学和矿产资源研究院、天然气公司及国家石油公司等部门组成，负责推动天然气水合物研究计划。现今韩国天然气水合物的科研水平已跻身世界第一梯队。

（2）提供资金支持

欧盟 2003 年制定《欧盟氢能路线图》，5 年内投入 20 亿欧元，用于氢能、燃料电池及燃料电池汽车的研发示范；日本经济产业省每年投入约 2.7 亿美元用于燃料电池的研究。只有加大投入力度，才能保证在未来的低碳技术发展中处于有利地位。

（3）建立与国际研究的对接机制

以核能为例，阿根廷、巴西、加拿大、欧洲原子能共同体、法国、日本、韩国、南非、瑞士、英国和美国等，组织了第四代反应堆国际论坛，推动技术研发。2006 年美国发起"全球核能伙伴计划"（GNEP），2007 财政年度为能源部拨款 2.5 亿美元。我国核技术研发也参与了多项国际合作项目，包括"创新型反应堆和燃料循环国际计划（INPRO）""国际热核聚变试验堆计划（ITER）"等，应以此为基础加快核技术发展的战略实施。其他前瞻性技术也应把参与高端国际合作计划作为重点之一。

2. 创新性技术

创新性技术指处于应用研发期，并进行少量示范的技术。此类技术创新属于"颠覆性创新"，即从一条性能曲线上升到另一条更高层次的性能曲线。创新型技术具有研发周期长、投资规模大等特征，以工艺、产品并最终商业化为目标。电动汽车、氢燃料电池汽车、新型薄膜太阳能电池和海上风电等技术均属于这一范畴。

企业是技术创新和扩散的主体，政府给予必要的政策激励非常关键。相关政策包括以下内容。

（1）编制产业化技术路线图

例如，为统筹以前欧洲各种零散的太阳能热发电研究方法，欧盟委员会于2005年，绘制了"欧洲集中式太阳能供热路线图"，使技术在一定时间内达到具有竞争性的成本水平。

（2）搭建技术创新平台

可采用税收补贴和资助等手段强化对产学研合作的激励，2004年成立的国家半导体照明工程研发及产业联盟是政府推动创新的成功案例。2008年，科技部、财政部等发布了《关于推动产业技术创新战略联盟构建的指导意见》，可以发挥配置资源的引导作用。

（3）发挥企业创新主体的作用

可采用的政策包括：协调产业化的标准，防止技术标准垄断并形成壁垒；设立创业孵化器、提供信息技术服务、管理咨询和培训等；设立中小企业担保计划、种子基金等。1999年成立的"科技型中小企业创新基金"由中央财政预算每年列出专项资金，分别以贷款贴息（中试阶段）、无偿资助（研发阶段、重点项目）和资本金（股本金）等方式支持科技型中小企业技术创新，已取得明显成效。

（4）提供资金支持和政策激励

可以采用支持企业承担国家科研项目和税收优惠等多种手段相结合。国家税务总局2006年出台的有关企业技术创新所得税优惠政策，通过研发费用税前加计扣除、加速设备资产折旧和税收减免等政策为企业技术创新提供激励，并加大政策的可操作性和落实力度。

（5）为技术的市场准入创造条件

创新性技术进入市场的能力取决于市场结构和相关法规，限制性法规或被垄断性企业支配的市场将导致技术应用的失败，并阻碍潜在创新者的投资。公平竞争政策对于推动上述行业的低碳创新发展至关重要。

（6）推动国际合作

政府应鼓励、支持企业和科研机构开展与国际最佳实践的对比和嫁接工作，推动商业促进组织在企业的跨国合作中起到更大的作用。2009年7月，成立的中美清洁能源联合研究中心，两国将共同投入1.5亿美元作为启动资金，在清洁能源、建筑能效和电动汽车等领域开展合作，就是一个成功的案例。

3. 成熟技术

成熟技术主要是指基本成熟并开始大规模示范推广的技术。此类技术需要渐进性的创新，即沿着性能曲线移动，性能逐步得到改善，成本也逐步降低。提高车辆燃油效率、改进现有风能和太阳能技术以提高其经济性、增加改进工艺和设计以及提高LED照明的亮度和寿命等就是如此。

（1）转变观念

我国企业普遍存在重引进、轻消化吸收和再创新的问题，引进经费远高于消化吸收，平均比例为 6.5∶1，而第二次世界大战后日本的数据是 1∶7。因此，必须通过政策引导企业的再创新行为。培育市场拉动对本土化技术的需求，包括：政府优先采购、建立使用国产首台（套）装备的风险补偿机制、鼓励保险公司开展国产首台重大技术装备保险业务等。

鼓励采用"技术引进—消化—吸收—再创新"策略，以降低技术创新成本。"以市场换技术"虽广受争议，但三峡总公司本着"技贸结合、转让技术、联合设计、合作制造"的战略方针，与外商展开合作，成功培育出两家掌握核心技术和具备大型设备制造能力的我国水电装备企业，并跻身世界大型机电设备制造先进国家的行列。

（2）形成以企业为主体的技术推广利用体系

应对掌握核心技术或自主研发技术给予补贴和税收优惠。丹麦的风机制造工业就是在世界上最早、最成功和较稳定的购电法政策体系的基础上建立和壮大的。除对生产者补贴外，还应对经济效益差的技术进行终端用户补贴，包括加大对消费者采购低碳产品的财政支持力度以及研究绿色消费信贷等。

（3）加大扶持力度

例如，出台针对高碳技术发展的一些约束性政策以限制其发展，包括对新建和扩建工业产能的能效要求，对五大发电集团可再生能源发电比例的要求等。约束性政策可以与鼓励性政策（如财政补贴、税收减免、低息贷款）相结合使用。

（4）引导社会资金进入低碳技术的推广领域

通过政策性资金的引导，鼓励风险投资投向低碳技术。政府应创造良好的制度环境，并通过适度的税收补贴政策促进绿色风险投资业的快速发展。合理规划，保证基础设施能够为大规模应用低碳技术提供服务。例如，对于可再生能源并网发电来说，必须增强电网基础设施的安全性和调度能力。

4. 商业化技术

商业化技术是指具备经济性且已经商业化，但大规模应用仍可能面临其他障碍的技术。市场的障碍导致这些"成本有效"技术得不到大规模应用。对此，政府需要坚持以市场机制为导向，辅以相关政策，方能快速推动技术的大规模商业化应用。可以考虑的政策包括以下几条：

（1）完善法规和标准，增强监管力度

不断提高能效标准，有效地将高能耗产品从市场中驱逐。以《能源效率标识管理办法》为例，采用"企业备案，市场监督"模式，能效标识上的数字由生产厂家根据自己检测的结果标注，监管机构进行抽查。由于对违规的处罚措施力度不够，在很大程度上削弱了法规的效用。

（2）鼓励适宜的商业模式

银行和投资者对尚未得到大规模应用的节能低碳新技术存在疑虑，融资困难成为主要障碍。能源服务公司（ESCO）模式是被广泛证明了的成功商业模式之一，能源合同管理也是行之有效的途径，应进一步加大推广应用的力度。

（3）完善第三方标识系统和认证制度

建立简单、明确的第三方能效标识系统，为消费者选购高能效产品创造条件。例如，已经在电冰箱和空调等电器上得到应用的家电能效标识系统，将电器能效等级分为5级，对节能电器的推广起到了一定作用。应加大舆论宣传和信息传播的力度，引导企业和公民行使其社会责任，积极提供和采用低碳产品以抵消其碳足迹。

第六章　区域经济低碳发展与产业结构调整

第一节　产业结构调整的背景

产业结构的调整是一国宏观经济的重要内容之一。改革以来，中国的产业结构经历了各种调整和升级的阶段，正在不断合理化和高级化。从产业分布来看，随着经济的高速发展，我国产业发展日益加速，产业结构调整取得的进步有目共睹。

一、区域经济产业结构现状

改革开放以来，我国以市场经济为取向实施一系列改革措施，通过对经济结构进行调整，遵循产业结构演进规律，减缓重工业的增长速度，加快农业和轻工业的发展。我国的产业结构逐渐从失衡中协调过来，不断优化升级。

（一）产业结构的划分

我国的产业结构一般分为：第一产业、第二产业和第三产业。第一产业是指广义的农、林、牧、渔业；第二产业是指采矿业，制造业，电力、燃气及水的生产和供应业以及建筑业；第三产业是指除第一、二产业以外的其他行业，又称服务产业和服务业，具体包括：交通运输、仓储和邮政业，信息传输、计算机服务业和软件业，批发和零售业，金融业，房地产业，租赁和商品服务业，科学研究、技术服务和地质勘查业，水利、环境和公共设施管理业，居民服务和其他服务业，教育，卫生、社会保障和社会福利业，文化、体育和娱乐业，公共管理和社会组织，国际组织等。

（二）改革开放以来我国产业结构的演进历程

在一国的经济发展中，无论是促进经济的增长和效益的提高，还是实现经济发展的目标，优化产业结构都是一个极重要的问题。产业结构优化的一个重要标志便是产业结构的协调化，即指各产业部门之间是协调发展的或按比例发展的，这体现着各产业部门之间质和量相统一的内在联系。一个协调化的产业结构对于实现经济发展战略目标，求得人民需要、速度和经济效益三者的统一具有重要意义。中共十七大将产业结构优化作为重点问题予以讨论研究。要讨论产业结构的升级，在我国环境下，也就必须实事求是地研究我国区域经济的发展和变化。我国土地幅员辽阔，经济形式多样，从发达地区到不发达地区的阶梯过渡，显性地证明了我国产业结构的复杂性。全面平稳发展我国经济，就必须调整产业结构，使之符合时代发展的需要。我国产业结构的变化大体经历了三个阶段：

第一阶段：1978 ~ 1984 年，是农业迅速发展时期。第一产业占 GDP 的比重迅速上升，第二产业比重快速下降。国民经济由于改革开放一系列政策的实施得到恢复，资源流向第一产业，成为经济增长的主要因素。第一产业在国民生产总值中的比重从28.2% 上升到 32.1%，增加了 2.9 个百分点。工农不平衡的状况得到改善。第二产业的比重有所下降，从 47.9% 下降到 43.1%。

第二阶段：1985 ~ 1992 年。这一阶段第一产业占 GDP 的比重迅速下降，第二、第三产业所占的比重迅速上升。一、二、三产业在 GDP 中的比重从 1985 年的28.4%、42.9%、28.7% 变为 1992 年的 21.8%、43.4%、34.8%。GDP 比 1980 年翻了一番。农业和一些轻工业的发展使人们基本的温饱问题得到解决，市场经济体制的确立，使资源和劳动力大量流向第二产业。

第三阶段：1993 ~ 2009 年。这一阶段是第二产业高速发展时期，以重化工业为主导，电信、能源等基础设施迅速发展，制造业得以迅速发展。第一产业比重逐渐下降，第二产业比重基本稳定略有增长，第三产业比重持续增长。1978 年，我国 GDP 为3645.2 亿元，其中第一产业 1027.5 亿元，第二产业 1745.2 亿元，第三产业 872.5 亿元。到 2009 年，我国 GDP335353 亿元，比 2008 年增长 8.7%。分产业看，第一产业增加值 35477 亿元，增长 4.2%；第二产业增加值 156958 亿元，增长 9.5%；第三产业增加值 142918 亿元，增长 8.9%。另外，2008 年，全年 GDP300670 亿元，比上年增长 9.0%。分产业看，第一产业增加值 34000 亿元，增长 5.5%；第二产业增加值 146183 亿元，增长 9.3%；第三产业增加值 120487 亿元，增长 9.5%。

30 多年来，我国经济突飞猛进的增长显而易见，但是，我国的第一、第二产业比重都过大，第三产业发展相对滞后，所占比例仍然小于第二产业。

（三）各产业内部结构分析

从各产业内部结构来看，首先，第一产业中的农、林、牧、渔业比例正在逐步调整。农业所占比重过大的状况不断改变，牧、渔业的比重有所上升。随着农业内部结构的调整，粮食和经济作物比例得到调整，并且逐渐向优质高效高产、专业化和区域化方向发展。第二产业正在向现代工业化转化。虽然工业尤其是制造业仍然占较大比重，但是电力、燃气及水的生产和供应业、石油天然气开采业等行业的工业增加值迅速上升。中国传统的钢铁业、纺织业比重逐步缩小，而高新技术产业如汽车业、电子等行业迅速发展，已经成为对我国经济影响较大的力量。第三产业近年来异军突起，在国民生产总值中比重明显增加，其中交通运输、仓储和邮政业比重虽有所下降但仍在第三产业中占有重要地位；批发和零售业日益壮大，一批新型物流企业应运而生；房地产业和旅游业等比重有所上升，推动了我国经济快速发展；金融、保险、证券业稳步发展，其体制正在不断完善以适应市场需求。大力发展第三产业是节能减排的重要途径，也是我国为减缓全球变暖做出贡献的最好方法。

（四）区域产业结构现状

从 20 世纪 90 年代以来，我国区域产业结构出现加速升级的趋势。东、中、西部三大区域 1985 年和 2001 年三次产业产值的比例分别为：东部地区为 25.1 ∶ 50.5 ∶ 24.4 和 11.4 ∶ 48.2 ∶ 40.4；中 部 地 区 为 34.4 ∶ 42.8 ∶ 22.8 和 18.7 ∶ 46.0 ∶ 35.4；西部地区是 35.7∶40.6 ∶ 23.7 和 20.1 ∶ 41.6 ∶ 38.3。它们变化的共同趋势是：第一产业产值比重显著下降；第二产业中轻工业与重工业比重交替上升；第三产业比重明显增加。这种结构变动推动了我国区域经济增长，从而也带动了国民经济的加速发展。在 1978 ~ 1990 年和 1991 ~ 1999 年两个阶段，国民生产总值年平均增长率分别为 8.8% 和 10.1%。产业结构和总量增长两者若表现出正相关关系，则产业结构变动率越大，经济增长速度越快。这种结果也证实了，钱纳里关于"经济增长是生产结构转变的一个方面"的规律性结论。

我国区域产业结构主要有以下几个特征：

1. 区域产业结构水平"东高西低"

20 世纪 90 年代中期以后，各区域为了加快工业化，都做了大幅度产业结构调整。2008 年，三大区域三次产业结构比例分别为：东部地区 7.5 ∶ 51.6 ∶ 40.9，中部地区是 14.2 ∶ 51.2 ∶ 34.6，西部地区是 15.5 ∶ 47.8 ∶ 36.7。可见，东部地区的产业结构水平基本接近中等收入国家的水平，第二产业比重较高，第三产业略低；中西部地区则处于低收入国家的一般或一般偏上水平，第一产业比重还较高，尤其是西部地区的工业化水平明显低于东部地区。在区域三大产业结构中，第二产业比重不断提高，在制造业的内部结构中，重工业比重上升。由于地区产业结构演进的条件不同，特别是工业化进程和水平的差距，造成了东、中、西部地区在产业结构和增长绩效方面的差距。

2. 区域产业结构效益总体不高

随着各产业部门的分化与整合，产业结构变动会产生出结构效益。一般用比较劳动生产率指数反映产业结构效益，该指数是某产业产值百分比与该产业从业人员百分比的比值，比值越大，说明该产业的比较劳动生产率越高。西蒙·库兹涅茨在对佩蒂·克拉克定理研究的基础上得出：随着人均收入的提高，第一产业的比较劳动生产率会趋于稳定；进入高收入水平后，第一产业比较劳动生产率会明显上升，第二、第三产业劳动生产率则会明显下降；只有当第一产业比较劳动生产率接近第二、第三产业，且比值都较大时，才能认定产业结构总体效益提高。

我国产业结构效益下降，表现为三次产业之间的劳动生产率差距拉大。较高的第二、第三产业比较劳动生产率并不表明第二、第三产业的实际效益最好，而只是反映三次产业产值构成与其从业人员构成的背离程度和劳动力等生产要素流动不顺畅。这是因为在正常情况下，各产业产值比重与其从业人员比重应该是趋于一致的，否则生产要素就会从效益低的产业流向效益高的产业，直到产业间的效益差消失为止。

3. 区域之间产业结构趋同的比较

从区域产业结构的性质和特征得知，区域产业结构一般不能自成体系，而是各有重点。区域产业结构中一般都存在若干个在全国具有专业化分工优势的产业部门，各个区域产业结构系统之间存在明显差异。不同区域的产业结构应该具有不同的组合和内容，如工业产品的结构、主导产业的结构和规模经济状况等。若不同区域产业结构的内容基本相似，则会出现产业布局分散和结构雷同现象，引发过度竞争和资源浪费。

区域产业结构一般各不相同，且各有其特点，由此决定了区域产业结构拥有以下特点：一是区域产业结构普遍存在于数个在国内拥有专业化分工优势的产业部门，且它们之间存在显著差别；二是区域产业结构系统之间相互开放、彼此补充；三是产业结构中不可能拥有国民经济的所有部门；四是产业结构体系在各地区的运转，在区域内应自发组织，而不应受到政府的行政制约；五是区域产业结构的发展，既受到国家相关政策调整的影响，又对国家产业结构的发展形成影响。

二、区域经济现有产业结构中存在的问题

我国产业结构经过30多年的不断调整得到了一定的改善，第一、第二、第三产业增加值占GDP的比重分别为：10.6%、46.8%和42.6%。区域产业结构2008年东部为7.5%、51.6%和40.9%，中部为14.2%、51.2%和34.6%，西部为15.5%、47.8%和36.7%。通过与世界相关国家比较发现，从国内三次产业的构成来看，第三产业比重过低，工业"偏热"与服务业"偏冷"并存。至2000年以来，第二产业占GDP的比重明显提高，一直在46%以上高位运行，第三产业却一直在40%左右徘徊不前，这与发达国家甚至发展中国家的70%～90%的比重差距太大，我国的产业结构水平大约相当于发达国家20世纪70年代的平均水平，相对不合理的产业结构，对我国的经济、社会和环境产生了极大的负面影响。

（一）能源消耗过快，能源安全形势严峻

从产业特点看，中国近几年又表现出高投入、高产出、高能耗来支撑国民经济发展的不良态势。在全球价值链分工中，我国的工业处于低端位置。在国际制造业向我国转移及跨国公司按照价值链进行全球水平分工的大背景下，在许多分工领域，我国的竞争优势主要体现在组装环节，附加值难以大幅度提高，相应的实现积极增长的物耗、能耗也比发达国家高得多。

从工业装备的技术水平看，我国相关产业的装备技术能力，虽然得到了一定程度的提升，但与发展的要求和国际先进水平相比，还有很大差距。

（二）环境污染问题突出

造成环境污染主要是由于产业结构不合理，产业组织结构不规范、产业布局不合理以及政策性资源供给不足，加之粗放式发展方式以及人为的破坏性生产所造成。其主要体现在以下几个方面：

1. 产业结构比例不合理对环境的影响

产业结构中，第二产业的污染强度显著高于第一产业和第三产业。农业导致的环境污染主要是农药的化肥残留物，农业生产过程中对环境依赖性较小，对能源和资源需求相对较低，因而环境污染较低。服务业中较多的产品是非实物形态的无形产品，如教育、金融、咨询等，对能源、资源需求也较低，因而环境压力也较低。第二产业则不同，工业生产需要消耗大量的各类能源和资源，消耗强度远高于农业和服务业，在能源和资源利用及转化过程中必然产生一定比例的废弃物，高消耗强度和高消耗量必然导致大的环境压力。因此，一个国家或地区的经济结构中，第二产业在三次产业结构中所占比重越高，环境压力越大。据中国国家环保局估计，工业污染最高曾占全国污染总量的70%，其中包括70%的有机水污染，72%的二氧化碳污染和75%的烟尘污染。就工业内部而言，污染程度也不相同，同样由于能源、资源密集型的特点，总体上，重工业的污染程度明显高于以劳动密集型为特点的轻工业。一个地区重工业比重持续上升或该地区工业化进程进入以重化工业为中心的资本密集型阶段后，环境压力显著大于其他阶段。当工业化进入以高技术产业为核心的技术密集型阶段，污染程度就会下降，从经济结构的角度，环境压力开始改善。

2. 产业组织结构对污染治理的影响

按照产业经济学的定义，产业内企业的组织就是企业组织结构，产业组织结构直接影响污染水平。目前，我国产业内大量的企业都是小规模、低效益的，造成的污染水平就是要高于大规模、高效益企业构成的产业的污染水平。不同的产业达到规模效应的规模水平是不同的，产业效益也是不同的。大量规模较小的企业因为达不到规模

效益，在竞争中缺乏优势，获利水平低，无力进行污染治理，造成了大规模的环境污染。另外，产业的组织水平与产业内企业的一般技术水平有关，所以产业组织不是直接决定环境污染，而是市场及技术水平决定了环境污染所产生的程度。目前，我国产业自主创新能力不强，科技水平落后，污染治理水平普遍较低。污染物处置方法主要包括回收、填埋、焚烧和储存等，还包括采用量化、再循环和无害化技术来减少和消除填埋污染物。一些发达国家重点发展了安全填埋技术和焚烧技术，还发展了安全填海技术、深井注入和安全固化等技术。我国在不少技术上还处于空白状态，例如，目前几乎没有可再生能源工业，这也阻碍了我国产业结构调整的转变和环境治理。

3. 产业结构布局不合理对环境的影响

我国产业结构还存在地区之间的分布问题，即产业布局问题。不同区域根据不同的资源优势形成产业结构，再与其他地区的产业形成产业布局。如果产业布局是合理的，生产的流程是连贯的，地域间的产业是合作的关系，再造成环境污染，这种污染与产业布局无关，只取决于某个产业的环境污染水平。如果产业布局不合理，例如，出现区域间产业布局不合理，则不但分工协作的效益不能获得，而且地区间存在产业的恶性竞争，环境污染就会由此产生。产业布局的另一层含义，是指具体坐落位置的产业，在环境保护中，对坐落位置的研究涉及地理、天文等因素。坐落位置的不当，对环境污染造成的损失更大。由于不恰当的布局，即使对该项目采取了环境防治措施，但经济效益的降低导致了环境的自净空间越来越小。相关数据显示，我国中西部地区产业构成中的电力工业、化学工业、有色金属开采和冶炼加工业、炼焦和核燃料加工业、石油和天然气开采及加工工业等产业，在中西部地区的工业总产值中占据很大比重，分布密度大、产值比重高，表明中西部地区以重工业发展为主，造成环境污染情况严重。相对来说，东部地区除了电力、热力工业和化学工业这些产业居主要地位外，设备制造业、电气设备机械制造业和计算机、电子设备制造业等在各省的分布密度也大，产值也较高，在东部地区工业中起着重要作用，这些产业都是国家应该大力发展的低污染、高产值行业。同时，纺织业等轻工业也主要分布在东部地区，因此东部地区的产业结构比较完善，总体产值高，环境污染并没有陷入极端状况。

4. 资源型城市资源的过度开采对环境的影响

据国家发改委调查，我国资源型城市共118座，经济结构单一，矿产资源日渐枯竭，生态破坏和环境污染日益严重，人民生活和就业日渐困难。在我国经济快速发展过程中，一些地方政府默许甚至鼓励多开矿，矿产资源被一些企业滥采乱挖、疯狂出口，并由此产生了两种无法挽回的结果：一是我国资源储量消耗过快，如广西南丹有色金属矿原来规划开采20年，实际在不到10年的时间内就开采和破坏完了；二是大量出口，使国内资源几近枯竭。

资源型城市的资源储量逐渐减少，而成本却在不断上升，资源型产业的整体萎缩已经相当明显。就黑龙江而言，其自然资源消耗型发展模式也进入了调整和转型期。以大庆为例，大庆市第二产业在三次产业中的比例一直保持在80%～90%，第一和第三产业十分弱小。大庆石油探明石油储量约占全国的47.4%，居全国第一位，然而到2020年年产量只能维持在2000万吨左右，开采成本也将在目前已经很高的基础上大大提高。由于长期过分依赖资源型产业，导致产业结构调整速度缓慢，一旦资源枯竭，就会对资源型城市的经济发展造成全方位的不利影响。

资源开发是一把"双刃剑"。资源的开发利用，为我国工业化进程提供了能源原材料，促进了城市经济社会发展。另一方面，也造成了一系列的环境问题，给生产和人民生活带来很大危害。矿产资源型城市（地区）长期以来对资源进行的是粗放式开采，重开发利用，轻保护治理。生态环境破坏主要表现为大气、水体、工业"三废"排放、地下水资源的破坏，还包括占用和破坏土地、地面塌陷等问题。据统计，目前全国发生岩溶灾害的矿产资源型城市（地区）近70个；发生塌陷的地区共有180多个，塌陷坑1600多个。如山西省孝义市现有土地塌陷面积150平方千米，占全市土地面积的16%，因采煤导致11.4万人饮水困难；陕西省铜川市现有塌陷面积156平方千米，占煤田面积的45%，煤矸石堆积51.6万吨；吉林辽源矿区塌陷区静态面积29.5平方千米。

资源型城市由于产业结构不合理，资源综合利用水平低，积累能力和再生产能力低，新兴产业难以培育发展起来，技术集约化、辐射性强、带动力大的主导产业还没有形成，从而导致产业结构优化升级缓慢。

综上，我国目前重化工业比重过高且装备技术水平过低，所造成的能源消耗过高和资源的开发利用率过低的实际情况，严重背离了我国自然资源相对匮乏的基本国情，导致我国面临严重的能源危机。从2003年开始，出现长三角的"电荒"，东北、华东、华南、西南等地区的"煤荒"，给我国经济社会的发展带来了方方面面的影响，能源对经济发展的制约作用日益明显。另外，我国产业结构比例、产业组织结构、产业布局不合理以及对资源的恶性开采和过度依赖，也使我国大环境污染问题日益严重，不仅影响到我国经济社会发展的健康和稳定，也影响到人们不断增长的物质文化需求乃至国家的安全。因此，调整我国目前的产业结构，适当降低对能源的消耗和浪费已成为当前我国产业结构调整亟待解决的重要问题。切实转变经济增长方式，理顺经济增长与能源消费之间的关系，解决增长与能源消费之间的矛盾，是当前乃至今后相当长的一段时期内我国经济工作的重点，也是保持我国经济又好又快发展的一项紧迫性任务。

第二节　区域经济产业结构调整向低碳发展

产业结构调整,也称产业结构优化升级,是指产业结构向合理化、高度化方向演进,提高经济增长质量就必须提高产业结构水平。威廉·佩蒂描述了产业结构的演变趋势,他认为工业比农业的收入多,而商业的收入又比工业多。经济学家克拉克得出一个普遍的规律性结论:随着经济的发展和人均收入水平的提高,出现劳动力从第一产业(即农业)向第二、第三产业等非农业部门转移的现象,而且,随着人均收入水平的进一步提高,又会出现劳动力由第二产业向第三产业转移的现象。这一就业结构变动规律成为"配第—克拉克定律"。日本学者赤松要于1932年提出了后进国家的产业赶超先进国家时,产业结构高度化的途径,即"雁行形态的发展模式"论:在产业发展方面,后进国家的产业发展是按"进口—国内生产—出口"的模式相继交替发展。这个模式还有两个变型:一是产业发展的次序,一般是从消费资料产业到生产资料产业,从农业到轻工业进而到重工业的不断高级化过程;二是消费资料产业的产品,不断从粗制品向精制品的生产资料转化,最终就使产业结构趋向多样化、高度化。

20世纪90年代,美国经济学家Grossman和Krueger在研究环境与经济增长之间可能的关系时发现:随着经济的发展,环境先是趋于恶化,经济发展到一定水平,环境质量恶化到顶点,在转折后环境质量趋于改善,也呈现出一种倒U形关系。在库兹涅茨曲线基础上,他们提出了环境库兹涅茨曲线。

环境库兹涅茨曲线理论说的核心内容包括以下几个方面:

(1)在经济起飞阶段,伴随着经济增长,环境质量的退化在一定程度上是难以避免的,在污染转折点到来之前,环境质量随着经济增长不断恶化。

(2)伴随着经济快速增长,大量自然资源的消耗和环境质量的恶化促使政府对环境保护的投资加大,因此环境恶化的速度在减小。当经济发展到一定阶段时,在经济水平超过转折点后,经济增长将为环境质量的改善创造条件,环境污染逐步减少。

(3)环境污染水平与经济增长的关系呈倒U形曲线特征。由于一个国家从经济发展水平较低阶段演化为经济较发达阶段需要很长时间,因此,该曲线所揭示的经济增长与环境污染关系是一个长期现象。

(4)政府的环境经济政策等制度安排,在改变环境库兹涅茨曲线的走势和现状上有重要意义。产权的界定、环境标准的制定、污染成本内部化等制度安排,将有效地降低环境库兹涅茨曲线的峰值,使曲线变得更加平坦,从而使转折点提前到来,减少经济增长过程中的环境破坏。

（5）环境库兹涅茨理论假说，揭示了经济增长与环境之间的一种联系、一种转化规律，但这并不意味着发展中国家的环境状况到一定增长阶段，必然会出现环境质量改善。这是因为，生态环境存在一个阈值，如果环境退化超过这一阈值，环境退化就成为不可逆的。如果自然资源在经济增长的起飞阶段造成严重的枯竭或退化，那么将需要很长时间和很高的成本才能恢复，甚至不可恢复。因此，即使存在倒U形关系，也需要相应的政策措施防止倒U形曲线超出生态阈值。

国外有学者估算环境库兹涅茨曲线，指出一国经济从以农耕为主向以工业为主转变时，环境污染的程度加深。因为，伴随着工业化的加快，越来越多的资源被开采利用，资源消费速度率开始超过资源的再生速度，产生的废弃物数量大幅增加，从而使环境的质量水平下降；而当经济发展到更高的水平，产业结构进一步升级，从能源密集型为主的重工业向服务业和技术密集型产业转移时，环境污染减少，这就是产业结构对环境所产生的效应。

通过以上关于经济增长、产业结构和环境问题的理论分析可以看出，产业要随着经济的增长不断地进行调整和优化，而产业结构的调整在不同的经济发展时期对环境的影响和要求是不同的。目前，我国正处于由重化工业向新型工业化道路的转型时期，而前一时期的经济发展已经对环境造成了极大的破坏，环境问题已经成为我国经济发展必须重视的问题。我国政府在进行产业结构调整指导时，要求全面贯彻科学发展观，坚持走新型工业化道路，以改革开放和科技进步为动力，增强自主创新能力，鼓励和支持发展先进生产能力，限制和淘汰落后生产能力，防止盲目投资和低水平重复建设，促进产业结构优化升级。强调产业结构调整的方向和重点包括：大力发展先进制造业，发挥其对经济发展的重要的支撑作用；加快发展高新技术产业；促进服务业全面快速发展，提高服务业比重和水平；大力发展循环经济，加快建设资源节约型和环境友好型社会。因此，低碳经济作为一种新的经济增长模式必然成为我国产业结构调整的方向。

第三节 发展低碳经济来推动区域产业结构调整

低碳经济是为减少温室气体排放所做努力的结果。但实质上，低碳经济是经济发展方式、能源消费方式、人类生活方式的一次新变革，它将全方位地改造建立在化石燃料（能源）基础之上的现代工业文明，转向生态经济和生态文明。全球化石能源价格上涨是市场对资源稀缺性的反应，尽管对全球经济增长会带来负面影响，但是，对化石能源的高效使用、清洁开发、节约利用起到积极推动，也给高新技术产业和现代服务业等低碳乃至无碳产业的发展注入活力。

一、推进传统工业升级，实现能源的清洁、高效利用

传统工业的发展离不开化石燃料所提供的巨大能源，能源结构的高碳化是传统工业化的必然结果。当地球温室效应不断影响和威胁人类赖以生存的自然生态系统时，人类对工业文明所依赖化石能源的反思和改造也是顺理成章的。高碳工业发展难以为继，不仅是不可再生的化石能源资源的储量有限，更重要的是大量的二氧化碳排放将影响人类的生存环境。

发展低碳经济，对传统工业进行升级已刻不容缓。但是，从高碳工业向低碳工业的转型是一个漫长的历史过程。因为，高碳工业的体系是庞大而又稳固的，传统工业对化石能源的依赖是不可能在短期内完全改变的。虽然全世界对可再生能源的开发取得了很大的进展，包括太阳能、风能、水能、生物质能、沼气、核能等众多低碳能源或无碳能源在一些领域正在渐渐替代化石能源，但是许多低碳或无碳能源的利用还未达到全面产业化、规模化和商业化的水平。因此，传统的能源结构在较长的一段时间内也很难有颠覆性的改变，所以在注重开发新能源的同时，应该把传统工业的调整与提高能源效率的方法相结合，采用低碳技术、节能技术和减排技术，逐步减少对化石能源的过度依赖，努力提高现有能源体系的整体效率，遏制化石能源总消耗的增加，限制和淘汰高碳产业和产品，发展低碳产业和产品。对传统工业的调整具体可以分为以下几个步骤：

（一）实行产业集约化战略

工业产业集约化，是指工业的发展以资源优化配置为原则，以社会福利最大化为目标，产业组织结构高度集中，产业内大、中、小企业共生，提高资源利用效率，使产业可持续发展。工业的规模结构效率反映了工业经济规模和规模效益的实现程度，是工业集约化水平的重要标志。

目前，我国传统工业存在的主要问题：一是产业组织结构过于分散，企业规模较小，产业集中度较低，缺乏国际竞争力，缺少与国外大跨国公司相抗衡的真正意义上的大型企业；二是大量的小型企业大多是一些全能企业，专业化分工程度较低。因此，目前，我国产业集约化战略的重点在于整合各种资源，实现规模经济。

我国产业集约化战略的具体思路如下：通过兼并、重组、战略协作等方式，推动传统工业内部各行业规模结构的优化和升级。现阶段的关键是要建立一个完善的市场竞争机制，创造一个公平的市场竞争环境，通过市场竞争优化资源配置，逐步将那些技术水平较低、竞争力不强的企业淘汰出局，由此提高整个行业的市场集中度。以集团内部控股为基础，对现有大型企业集团进行股份制改造。

目前我国现有集团以生产技术、供货销售等形式作为联系纽带的较多，资产联系纽带较少，企业集团不能形成一个有机整体，难以发挥应有的规模优势。

（二）推动工业产业向高效节能发展，淘汰落后产能

具体应考虑从以下几个方面同时推进：

1. 新增工业产能的能效控制

考虑到我国工业化进程的加快，预期工业产能仍将有明显扩张，对新增工业产能，特别是新增高耗产能应实施严格的能效控制，这是推进工业节能技术进步、降低现有工业产品单耗的首要着力点。

2. 淘汰现有落后工业产能

当前高耗能行业产能普遍过剩，把握这一淘汰落后的有利时机，加快淘汰现有落后工业产能，是推进工业技能进步、降低现有工业产品单耗的重大努力方向。

3. 对现有工业产能的技术改造

现有工业产能中，能效水平居于中游的产能占有较大比重。要完全淘汰这一部分产能固然不现实，从经济的角度看也是不合理的。但是这一部分工业产能具有不同程度的能效提升潜力，对其实施节能改进技术，是今后推动工业节能技术进步的重要方向。在工业节能技术进步这一途径下，仅从高耗能行业来看，新增产能、淘汰落后产能、现有产能技术改造三个方面所具有的节能潜力分别为 5378 万 tce（tce 为 1 吨标准煤当量，下同）、5711 万 tce、2194 万 tce，3 项合计节能潜力为 13283 万 tce。而这还不是高耗能产品，以及一些节能技巧措施。因此，高耗能行业节能技术进步对实现该设想目标的可能贡献率应在 26.3% 以上。

（三）工业行业内部进行产品结构调整

进行内部产品结构调整，引导和促进多产品工业子行业，特别是高耗能工业子行业努力提高技术创新能力，加大低单耗、高附加值新产品的开发力度，并设法提高现有产品中低单耗、高附加值产品的比重，是降低工业行业能源强度的又一重要途径。我们以规划方案下测算得出的单位工业增加值下降 24% 要求为工业节能设想目标，以及实现这一工业节能设想目标的可能性，分析结果表明：在规划方案下，工业节能各具体途径下都具有相当可观的现实节能潜力，对支持实现这一工业节能设想目标都可能得到不同程度的支持作用：在工业行业内部产品结构调整这一途径下，仅就高耗能行业而言，其所具有的节能潜力估计有近 1 亿 tce，对实现该设想目标的可能贡献率约为 20%。

二、大力发展新能源产业，改善能源产业结构

（一）新能源产业将成为我国未来的支柱型产业

在低碳经济时代，新能源产业我国是发展前景广阔的产业。加快发展新能源产业，是转变经济发展方式、促进可持续发展的有效途径，是抢占未来产业制高点、提高国际竞争力的重大举措，是扩大内需、培育新经济增长点的有效手段。改变传统的能源利用方式、开发利用新能源已成为国际共识，美国、日本等发达国家普遍大力实施"绿色新政"。美国总统奥巴马认为，发展可再生能源是"美国复兴再投资计划"的重要部分，在产业政策中对新能源做出了极大倾斜。他计划用 3 年时间，促使美国可再生能源产量增加 1 倍。这一领域的革新将创造数百万个就业机会。据专家分析，此前美国等发达国家的经济增长主要靠金融，而目前来看，短期内金融业再成为拉动经济增长的火车头已不可能；实体经济绝大部分已经外包给发展中国家，因此必须寻找一个新的产业作为实体经济发展的基础，从而成为下一轮经济增长的领头羊，围绕清洁能源所形成的产业群有可能成为下一轮经济繁荣的支撑点。

我国也出台了一系列鼓励措施，积极推动新能源产业发展。我国正在制订的新能源发展规划，将把新能源放在战略地位，加强新能源的技术研发，大幅增加对新能源产业的投资，创新体制，促进新能源的发展。而要实现规划的总目标，预计可再生能源总投资将超过 3 万亿元以上。核电、风电、太阳能发电成为新能源振兴规划的重点发展领域。新能源产业正孕育着新的经济增长点，也是新一轮国际竞争的战略制高点，当前国际金融危机为新能源产业发展带来了机遇，要把发展新能源作为应对危机的重要举措。要以企业为主体，以市场为导向，加强政策引导扶持，促进风能、太阳能、生物质能发展，推动新能源汽车、节能建筑和产品的广泛应用，加快用新能源和节能环保技术改造传统产业，推进能源乃至整个产业结构的调整。新能源产业的发展不仅能够带动传统产业转型升级，而且成为拉动经济回暖的一大引擎。中国政府高度重视新能源发展问题，新能源的战略地位愈加突出，这必将进一步加快我国的新能源开发利用步伐，为新能源产业提供广阔的发展空间。

（二）目前我国新能源产业化基础状况

1. 生物技能产业

由于生物能源所具有的优势，世界各国已经将其作为发展新型能源的重要选择之一。中国政府对生物技能利用技术的研究与应用已列为重点科技攻关项目，推动了我国生物技能产业的发展。目前我国的生物技能产业发展初具规模，积累了一些成熟的

经验，但不同研究领域的技术成熟程度不尽相同。少数生物技能转化利用技术初步实现了产业化应用。例如，农村户用沼气、养殖场沼气工程和秸秆发电技术，生物质发电、生物质致密成型燃料、生物质液体燃料等正进入商业化早期发展阶段，还有许多新兴生物技能技术尚处于研究阶段。

2. 太阳能产业

（1）太阳能热利用产业

在国际光伏市场巨大潜力的推动下，各国的光伏制造业竞相投入巨资，扩大生产以争一席之地。中国作为世界能源消耗第二大国也不例外，在这一波热潮中，中国的太阳能热利用走在了世界的前面。过去10多年，我国太阳能热利用产业取得了长足进步，市场规模越来越大。自20世纪90年代末以来，一直保持30%的年增长。2004年我国太阳能热水器年销售量已达到5000余家，实现年产值数百亿元，销售收入150亿元人民币。目前，我国太阳能热利用已占世界的76%，生产和普及面积都是世界第一。我国的太阳能热利用产业体系已经较为完善，初步形成了合理配套的产业链和基础标准体系，建立健全了检测认证体系。更为重要的是，我国自主创新的太阳能镀膜真空集热管，已经获得了国际公认，这意味着我国企业掌握了太阳能热利用领域95%的核心技术。在应用方面，太阳能与建筑的结合也获得了长足进展，太阳能取暖和工业化利用也取得了成效。

从我国国情来看，农村市场潜力巨大，随着农村经济的快速增长，农民生活水平不断提高，大量的新建农宅和小城镇住宅无疑将大大增加对生活热水的需求量。产业龙头企业皇明集团投资数十亿元，年设计产值千亿元的"国际环保节能示范区"和"中国太阳谷"项目，目前正在建设中，主要包括各类太阳能建筑、太阳能生产区、太阳能检测中心、中国可再生能源大学、太阳能光电应用、太阳能博物馆等。力诺集团已由我国建设部批准，2007年正式开始组建国内第一个以太阳能研发为内容的国家太阳能住宅产业化基地，其他国内知名大企业也都有大的举动，都希望在产业扩张初期抢先占有更大市场。

（2）太阳能光伏电产业

太阳能光伏电产业的前景乐观。我国能源发展规划指出，我国太阳能光伏发电行业，2010年实现总装机容量达到400兆瓦；2020年，光伏发电将占总发电量的1.1%，系统总产值将由200亿元上升到3000亿元；2040年将占26%；2050年以后将成为能源支柱。据推算，2010～2040年，全行业的复合增长率也将达到25%。国内外知名大企业看好我国的光伏发电行业，投资速度加快。2005年12月，德利国际（美国）控股有限公司与深圳市雄日太阳能有限公司携手投资1.5亿元，在深圳建立太阳能研发及生产基地。2006年8月，无锡尚德太阳电力公司与美国老牌硅料厂商MEMC签订为期 10 年的长期供货协议意向书。2006 年 4 月，国内唯一拥有完整的产业链的光伏发电企业保定市天威英利集团耗资 30 亿元的第三期工程启动，产能将提高到 600 兆瓦，年销售收入 200 亿元，利润 35 亿元。

但同时要看到，目前我国的光伏发电技术还处于较为落后的水平，与日本、德国、美国的差距很大，光伏发电装机总量只有 80 兆瓦，仅占世界总量的约 1%。屋顶并网系统和"建筑光伏"一体化还处于研究探索阶段，而日、德、美等技术领先国家已经先后开展了"百万屋顶"计划等大规模推广的尝试。中国太阳能电池生产的技术水平低、发电成本高，又受制于不完整的产业链结构，使得国内太阳能企业最终仅承担了产业链中高污染、高耗能的生产环节，赚取的仅为 5% ~ 6% 的加工利润。同时，光伏产业上游原料的技术壁垒高，主要由美、日等国控制，获取技术困难。

3. 核电产业

我国于 20 世纪 70 年代开始筹建核电站，1991 年 12 月 15 日，我国第一座自行设计自主建筑的核电站—秦山核电站并网发电成功。秦山核电站的成功发电标志着核电开始登上中国能源舞台，目前已形成广东、浙江、江苏 3 个核电基地，建成并且正在运营的核电机组 11 个（如秦山核电站、岭澳核电站、大亚湾核电站、田湾核电站等）；在建和即将建设的核电机组 14 个（如岭东、三门、宁德、阳江、海阳大连核电站等）。我国核电自运行以来始终保持着良好的运行状况，运行业绩逐年提高。经过多年的发展，我国已经形成了完整的核工业体系，包括地质勘探、铀矿采治、铀转化与同位素分离、元件制造和后处理等。我国在核电技术的研究开发、工程设计、设备制造、工程建设、运营管理等方面，形成了一支具有丰富实践经验的技术与管理人才队伍，能够自主设计、建筑和运行 30 万千瓦和 60 万千瓦压水堆核电机组，已具备了以我为主、适当引进国外技术、建设百万千瓦级压水堆核电机组的能力。

秦山一期核电站是我国首座自行设计、建筑、调试、运行的国产 30 万千瓦核电站。大亚湾核电站是我国第一次引进建设的百万千瓦级大型商用核电站，已安全稳定运行 10 年，在 2003 年 WAN 的 8 项关键指标评比中，有一项位居世界先进水平，其余超过世界中间水平。岭澳核电站已在大亚湾核电站引进国外技术的基础上，实现了 52 项改进，达到核岛 11%、常规岛 23%、辅助系统 50% 的国产化率，核电站大部分指标可与新的 IAEA 国际安全标准相媲美，岭澳核电站将成为全球核工业界极有价值的参照。秦山第二核电站 2003 年 1 号机组能力因子为 81.2%，秦山第三核电站（重水堆）1 号和 2 号机组能力因子分别为 90.39% 和 87.67%。我国已开始致力于研究国际上先进的第三代技术核电机组，该工程预计到 2020 年将建成可商用的原型和反应核电站。上述事实证明，已有核电建设取得的成就和积累的经验，能为今后我国发展核能打下良好基础。

4. 风电产业

近年来，中国风能开发利用取得了长足的进步。截至 2007 年，10 千瓦以下的离网型风力发电机组已累计生产 30 余万台，实际运行 17 余万台，主要是供远离电网的人口密度低的边远地区单户使用，提供生活用电。随着应用范围和用电量的扩大，已由"一机一户"向"多机联网"供电，以及由"单一风力发电机组"供电发展到"风/光""风/光/柴"互补系统。全国内地已有 15 个省、直辖市、自治区建成了 62 个风电场，装机容量达到 126.6 万千瓦。其中，国产风力发电机组（600 千瓦、750 千瓦）占 22.7%，进口风电机组占 77.3%。列装机容量前三位的省区是新疆、内蒙古和广东，其装机容量分别为 18.1 万千瓦、16.6 千瓦和 14.1 万千瓦。与此同时，我国已研发和制造兆瓦级发电机组，新疆金风科技股份有限公司通过技术引进与自主研发相结合的方式，研制了 1.2 兆瓦直驱型风力发电机组；沈阳工业大学风能研究所自行研制了 1.0 兆瓦双馈变速恒频型风力发电机组；东方汽轮机厂、大连重工起重集团、哈飞集团等，也通过技术引进研制了兆瓦级风力发电机组。2005 年 2 月 28 日我国《可再生能源法》颁布后，进一步明确了可再生能源发展的战略地位，并从法律上给包括风能在内的可再生能源发展提供了保证。

风能的发展既遇到了非常好的机遇，也出现了许多新的情况，因此如何健康、可持续地发展我国风能产业已成为我们十分关注的问题。由于新能源产业前期投资研发费用大，很多企业对新能源产业不十分了解，涉足积极性不高，而政府对新能源的研发投入还比较有限，所以大多数新能源的开发和利用成本较高，技术水平较低，缺乏自主技术研发能力，技术和设备主要依靠进口，技术的引进消化吸收能力较差，这些因素制约了我国新能源的发展。因此，政府和相关部门要进一步加大技术研发力度。只有占领了技术高地，才有可能占领产业高地。

三、促进信息与通信技术（ICT）产业发挥更重要的作用

大量研究表明，ICT 行业发展与全球 GDP 增长及全球化联系在一起，经合组织成员国在 1970 ~ 1990 年间三分之一的经济发展都要归功于电信网络。对全球来说，ICT 行业在 2002 ~ 2007 年间贡献了 16% 的 GDP 增长，行业自身占全球 GDP 的份额由 5.8% 上升到 7.3%，且有望在 2020 年达到 8.7%。尤其是随着中国等众多发展中国家经济的不断发展，ICT 行业将取得更加快速的扩张。作为高新技术产业，ICT 行业自身的碳排放比较低，同时在电力传输过程中，在高耗能的建筑物和工厂以及交通工具的使用中，ICT 行业在提高能源利用率方面起着重要作用。总体上计算，在 2020 年，ICT 行业可以节约大约 7.8 兆吨二氧化碳当量，在基准情况（BAU）下，这占到 2020 年碳排放量的 15%。从经济学角度来讲，ICT 行业带来的能源效率可以节约大约 6000

亿欧元的成本。通过将 ICT 与新的操作、生活、工作、学习及旅行方式相结合实现规模减排，除 ICT 外，还没有哪个行业可以为提高其他行业和工业的能源效率，提供如此完整的科技解决方案。

（一）非物质化领域

非物质化领域是指用低碳取化物来取代高碳产品和活动，例如，用电话会议来取代纸质账单。非物质化可以用于日常生活的很多方面，最终的目的是减少物质产品的数量。网上支票、媒体、音乐等可以替代传统纸张和 CD，从而降低制造和输运这些产品时产生的碳排放。

在非物质化中，被人们广泛认可的就是远程办公——人们可以在家办公。尽管根据历史的发展潮流，将来其他非物质化的做法可能发挥巨大作用，但是分析表明了远程办公将发挥更大的作用，每年可减排 260 兆吨二氧化碳当量。例如美国，如果 3000 万人在家工作，在 2030 年可以减排 75 兆吨～100 兆吨二氧化碳当量，这与使用节能汽车所能达到的减排量相当。通过网络和电话来开电话视频会议，保守估计这种方式可以取代 5%～20% 的全球商务出行。早期使用的先进视频会议设备在企业和公共事业分布很广的环境中有着很重要的作用。另外，通过影响员工行为非物质化还可间接减排，建立更强的气候变化意识并在全行业中创造低碳文化，尽管这些是无法量化的。非物质化至少可以提供替代的方法，使个人可以很直接地控制自身的碳排放。

当然，虽然非物质在减排方面毋庸置疑地具有很大的潜力，但目前其影响还是很局限的，主要原因在于利用率太低，很多个人和公司对新技术尚心存疑虑。同时，公司现在仍然不愿频繁采用非物质化科技，因为它需要采用新的工作方法，随之而来的还有文化转变。最后，就全球的基础设施情况来看，目前的基础设施对于面向所有消费者企业提供高质量的、支付得起的网络服务还没有给予支持。

（二）智能工业电动机领域

工业电动机系统是将电力转化为机械力的系统，是全球工业活动的心脏。在中国制造业的发展中，由使用能源导致的碳排放仍在增加，因为大部分电力需求是由火力发电供给的。如果工业电动机不考虑负载情况不安全运转，则被认为是低效的。当工业电动机可以根据需要功率调整能耗，那么这种工业电动机就是"智能"的，这通常需要一个变速传动装置和一种控制变速装置的硬件进行控制，称为"智能业电动机控制装置（IMC）"。

工业活动是全球碳排放的最大来源，2002 年其排放量占全球排放量的 23%（9.2 兆吨二氧化碳当量），几乎耗费了全球总发电量的一半，其中工业电动机系统占用了大多数（65%）；到 2020 年，工业电动机系统将占全球总碳排放的 7%。我国目前的工业电动机系统占到整个工业用电的70%，而能效比西方发达国家低20%。到2020年，我国工业电动机系统将消耗总电力的34%，排放10%的二氧化碳（仅占世界总排放的1%～2%）。目前还缺乏对于工业电动机系统耗能以及如何节约生产成本的认识。因此，ICT短期的主要目标就是调控用能，并为企业提供数据，以便它们通过改进制造系统来节能和节约成本。这些数据对于组织机构来说比较有利用价值，可以帮助它们设定工业电动机系统效率的标准。ICT行业还有其他的作用，例如，模拟软件用于帮助推动工厂和制造过程的设计；而无线网络的普及提供了机器间和ICT系统间的通信，可以在整个工厂内提高效率。因此，ICT可以在工业电动机系统造成的全球碳排放中起到减缓作用，在2020年可以减排970兆吨二氧化碳当量。澳大利亚的智能能源、加拿大的卑诗水电公司的智能电力以及美国的"有关工业电动机决定的事务"等方案措施，都与企业一起合作，发现在生产过程中智能工业电动机的最优使用，并达到节能减排的效果。《智能能源商业项目》中指出，如果比例合理，拥有电子变速传动设备的节能工业电动机和改良的设备、输送带、轴承和润滑剂只用到标准系统用能的40%。从经济学的角度来说，以一个4年偿付的项目为例，安装变速传动设备来控制传送带和燃机及排气扇，每年可以减少7300万欧元的成本。

（三）智能物流领域

受全球化和全球经济发展的影响，全球货物运输发展很快，预计在2002～2020年，物流业务将增长23%。但由于大范畴（包括包装、运输、存放、消费者购买及废物）的物流效率不高，例如，车辆在回程过程中装载过少或没有装载，运输和储存过程中会产生大量的温室气体。运输行业是排放温室气体的主要行业之一，而且排放量还在不断增加，占到全球总排放量的14%。另外，燃料成本和税收的不断增加，对于高效物流的需求也越来越迫切。

"智能物流"将包括一系列软件和硬件设施，帮助监控、优化和管理整个物流过程，如优化运输网络设计的软件，使用集中的输送网络，运行可以促进灵活传递到客户的管理系统等。通过ICT优化秩序，可以在全球范围的运输过程中减排16%，在存储过程中减少27%，从而达到全球减排1.52吉吨二氧化碳当量。尽管这个数字与其他ICT手段减排量相比不是很大，但是，这种可以让物流行业有更加高效的机会，也有很大的经济效益，因为物流具有非常高的价值市场，在2005年，全球物流行业的价值为35000亿美元。仅以欧洲为例，燃料价格的上涨促进物流公司加速采用基于ICT的节能解决方案，那么到2020年，总排放量达到225兆吨二氧化碳当量，比起在基础情况下减少27%。通过更加高效率的商业公路运输，预计获得的潜在积累价值总额将达330亿欧元。

（四）智能建筑领域

2002 年，全球建筑排放量占总排放量（3.36 吉吨二氧化碳当量）的 8%，这些数据还不包括运行建筑物的能耗。如果考虑综合情况，2020 年将释放 11.7 吉吨二氧化碳当量。新兴经济体，如印度和中国的城市化程度越来越高，来自建筑物的排放量将越来越多。尽管对建筑物的能源消费的关注度在不断加强，但全世界的建筑建设仍然不怎么认真考虑执行那些能够获得最佳能源利用率的措施。智能建筑描述了一项可以使建筑的设计、建造、运作更加有效率的技术，并且对已存在或新建造的建筑均能适用，这包括房屋管理系统（BMS），可以根据居住者需要运行制热及冷却系统或运行软件来关闭所有个人计算机，并在大家回家之后进行监控。目前各国已经设定了一些全国性的组织或计划来促进这些技术的推广，如绿色建筑委员会或房屋能耗比（澳大利亚）、建筑研究所环境评估法（英国）、建筑物综合环境性能评价体系（日本）等，其中最有影响的当属领先能源及环境设计（LEED）（美国）。

建筑物的最初设计往往比较粗劣，不太考虑它们的用途怎样随着时间的推移而改变。即使当初考虑到了能源利用率，如果建筑者偏离计划或规格操作 BMS，建筑的实际节能表现也将会削弱。假定建筑物按照规则设计和建造，但缺乏调试（保证建筑物系统能按规划进行），则用途的不断变化和维护不足都可以极大地降低所有 BMS 的效率。这就意味着不同的建筑物在能源消耗上显著不同，同样的技术应用可能产生不同的影响。能源建模软件可以帮助建筑师确定设计对能源利用的影响，建筑者可以使用软件来比较能源模型与实际建筑。一旦建筑完工，使 ICT 行业测量和找到决定建筑物性能的基准点，并将实际的能源利用率与所预计的进行比较就成为可能。当 ICT 在行业的应用变得更加成熟时，BMS 起的作用将更加明显。

（五）智能电网领域

2002 年，电力部分排放温室气体占全球温室气体排放量的 24%，并在 2020 年将占有 14.6 吉吨二氧化碳当量。中央能源分销网络往往规模庞大，使得效率低下的电网在电力传输过程中的电力损耗很大，需要有超负荷的发电能力来应付意外激增的能源消耗和进行从电站到用户的单向沟通。目前，在大多数国家，出售能源电网（如从太阳能电池板产生的）还是不可能的。这样的经营方式正变得越来越站不住脚：不断上升的燃料成本和全球排放交易计划（DSM）进行双向、实时的信息交流。它通过发电及网络提高效率，进行能源监测和数据采集。ICT 对组成智能电网的一系列技术来说是不可缺的，其中，包括智能仪表和一个更先进的电网系统。智能仪表可以使消费者进一步了解自己正在使用多少能源或允许使用自动阅读能源消费数据，以帮助各单位更好地了解能源被用到了什么程度，需求管理系统通过允许家电等在高峰时期的减小动态负荷使反馈过程自动化。ICT 通过智能电网技术减少排放量的潜力是巨大的，到 2020 年大约减少 2.03 吉吨二氧化碳当量。美国正在积极进行智能电网解决方案，2007 年，政府通过了能源独立与安全法案，其第十三节建立了关于电网现代化的国家政策并且寻找一系列解决措施，包括一个有关智能电网技术和区域示范倡议的研究和发展（R&D）方案，以期实现改革国家能源系统的目的。

四、大力发展现代服务业，实现产业结构调整低碳化

现代服务业也是一个能耗低、污染小、就业容量大的低碳产业，包括金融、保险、物流、咨询、广告、旅游、新闻、出版、医疗、家政、教育、文化、科学研究、技术服务等。众所周知，发达国家的现代服务业在 GDP 中所占比重高达 60%～70%，如 2003 年英国能源白皮书《我们未来的能源—创建低碳经济》揭示的，英国近 30 年中经济规模增加 1 倍，但能耗只增加了 10%，这一方面得益于能源利用效率的提高，另一方面也得益于产业结构的调整和现代服务业的发展。

长期以来，我国的经济发展主要以高投入、高消耗和高污染为特征。这种经济发展方式，尽管支持了我国改革开放以来的经济高速增长，人们从中也获得巨大的利益。但是，随着时间的推移，这一增长方式暴露出来的问题也日趋明显。例如，环境污染、资源枯竭等问题凸显，严重危及人们的正常生活，制约着我国经济社会的稳定发展，转变经济发展方式已成为大势所趋。经济发展方式的转变，意味着经济发展的驱动将由扩大投资转变为扩大内需，大规模地减少资源的投入和废弃物的排放。高端服务业处于服务业的高端领域，被认为是典型的"无烟"产业，具有低资源消耗、低环境污染和高产业带动力等特点。发展高端服务业，不仅是转变经济发展方式的内在要求，也是实现经济稳定发展的重要保证。

产业结构的转型升级，必然要求低端服务转向高端服务。中国产业结构正处在转型升级的重要历史时期，退出高能耗、高物耗、高污染、低附加值行业，进入和大力发展资源节约型和高附加值行业，是我国未来经济发展的必然走向。产业结构的转型升级，主要体现在以下两个层次：一是扩大第三产业在整个三次产业中的比重；二是三次产业各自低端领域向高端领域升级。无论哪个层次意味着农业由传统低端农业向现代观光农业、特色农业和生态农业等高端领域转型。向高端农业发展制造领域转型，这对金融、教育和信息服务等行业的发展提出了更高的要求。

尽管我国高端服务行业发展相对滞后，某些高端服务行业（如金融保险、法律、咨询、电影文化产业等）还比较落后，但发展高端服务业的各种环境条件正不断改善，这使高端服务业大发展面临难得的历史机遇。首先，政府高度重视发展高端服务业，期望在未来几年内这些行业能够加快发展速度。其次，我国高端服务业面临技术进步、

市场开放、世博会等历史性机遇，这有助于扩大高端服务业的服务范围和服务规模，高端服务业的发展必然从中受益。最后，国际服务业特别是高端服务正加快向我国转移。随着经济全球化趋势不断增强，国际产业转移从制造业领域日益向服务业领域发展；国际服务业特别是高端服务业向我国沿海地区转移的态势日趋明显，速度逐步加快。在这样良好的基础和环境下，选择高端服务业作为发展的方向，并以此来推动我国经济的可持续发展，正可谓"审时度势，顺水推舟"。我国的现代服务业拥有很大的提升空间，不仅要关注"中国制造"，更应该关注"中国创造"，先进制造业是一个完整的体系，包括"设计—制造—品牌"三个环节，中国仅仅拥有中间的制造环节是不够的，中间制造环节正好是能耗高、物耗高、污染大、排放大的环节。制造业前端的产品的技术设计和开发是知识密集型，制造业后端的品牌是与产品的物流和销售网络平台的搭建密切相关的，而先进制造业的前、后端都属于现代服务业范畴，属于高附加价值的环节。

第七章　低碳经济与低碳城市建设

18 世纪工业革命以来，城市迅速发展，人口转移，城市人口剧增。到 20 世纪下半叶，发达国家已率先进入城市化时代，目前，这些国家的城市人口占总人口的 70% ~ 90%。而发展中国家则刚刚开始城市化，或是正在进行城市化进程。城市作为经济社会活动的中心，城市能源消费量占消费总量的 80% 多，城市人均能源消费为农村人均能源消费的 3.9 倍。城市人口不断增加，必将推动城市能源消费量的增长。

美国世界观察研究所的调查报告《为人类和地球彻底改造城市》指出，无论是工业化国家还是发展中国家，均必须将规划本国城市放在长期发展战略的地位，而其大方向只能选择走生态化的道路。

报告指出，尽管城市面积仅占地球表面积的 2%，但是目前城市所排放的碳约占全球总排放量的 78%，工业生产中木材消耗占 76%，自来水消耗量占 60%。20 世纪城市的快速发展，使城市对环境的影响大大增加。1900 年，城市人口只有 1.6 亿，占世界人口总数的 1/10。2007 年，全世界有 33 亿的人口居住在城市，增加了 20.6 倍，2050 年将达到 64 亿；在接下来的时间内，全球人口将从现在的 69 亿人飙升至 2075 年的 95 亿人。所以需要在能源、水、交通、土地、食品供应、废弃物回收和利用等重要领域对城市的未来进行设计。由此可见，城市的可持续发展是实现人类可持续发展的重心和焦点，低碳城市成为科学发展观对城市发展的内在要求的终极目标。

第一节　低碳城市概述

一、低碳城市的含义

随着低碳经济发展，人们开始把低碳与城市联系起来。国内外众多学者对低碳城市开展了深入研究，包括：城市设计、规划，城市设施改建，城市系统协调等方面。

低碳城市的概念，许多学者从各自的研究领域进行了定义。国家环保总局科技委员会委员夏堃堡认为，低碳城市就是在城市实行低碳经济，包括低碳生产和低碳消费，建立资源节约型、环境友好型社会，建设一个良性的可持续的能源生态体系。清华大学教授顾朝林等认为低碳城市是指城市经济以低碳产业为主导模式，市民以低碳生活为理念和行动特征、政府以低碳社会作为蓝图的城市。其目标，一方面是通过自身低碳经济发展和低碳社会建设，保持能源的低消耗和二氧化碳的低排放；另一方面是通过大力推进以新能源设备制造为主导的"降碳产业"的发展，为全球二氧化碳的减排做出贡献。付允等学者从低碳生产、低碳消费、低碳交通等不同角度给出了对低碳城市的不同认识，但是在对低碳城市内涵的认识方面，我们需要注意以下三点：低碳目标的实现以一定的经济发展速度为基础，以牺牲经济发展速度的方式实现城市低碳发展是不科学、不可取的；低碳城市的建设不能以降低或损害人民的生活质量为代价，需要在不断提高人民生活质量的前提下实现城市低碳发展；低碳城市建设是一个多目标问题，不仅要降低温室气体排放量，也要保证经济的发展速度以及人们的生活质量，需要在两者之间寻求最优平衡点。

综合以上关于低碳城市的定义，本书认为，低碳城市应当是通过经济发展模式、消费习惯和生活方式的转变，在保证生活质量不断提高的基础下，实现有助于减少碳排放的城市建设模式和社会发展方式。低碳城市强调以低碳理念为发展指导，在一定的规划、政策和制度建设的推动下，推广低碳理念，以低碳技术和低碳产品为基础，以低碳能源生产和应用为主要对象，由公众广泛参与，通过发展当地经济和提高人们生活质量而为全球碳排放减少做出贡献的城市发展活动。

低碳城市定义虽然各有侧重，但其中不乏共同的内涵，主要具有经济性、安全性、系统性、动态性、区域性等方面的特征。经济性指在城市中发展低碳经济能够产生巨大的经济效益；安全性意味着发展消耗低、污染低的产业，对人类和环境具有安全性；系统性指在发展低碳城市的过程中，需要政府、企业、金融机构、消费者等各部门的参与，是一个完整的体系，缺少一个环节都不能很好地运转；低碳城市建设体系是一个动态过程，各个部门分工合作，互相影响，不断推进低碳城市建设的进程；低碳城市建设受到城市地理位置、自然资源等固有属性的影响，具有明显的区域性特征。

二、低碳城市的评价指标

（一）低碳城市评价的三种模式

有学者在研究自然资本已经稀缺条件下的中国发展时，用情景分析法指出，在2000年基础上人均GDP再翻两番的经济目标的情况下，中国到2020年的发展情景有A、B、C三种模式，其中，C模式才是比较适宜中国当前阶段实际情况的发展模式。

1.A模式的发展路径

A模式是沿袭传统发展模式，不去担当足够责任的情况。即中国的二氧化碳排放从 2005 年的人均 4 吨开始，随着粗放型的经济增长，二氧化碳排放持续增长到超过发达国家的平均水平（人均 10 吨），甚至超过美国的高峰水平（人均 20 吨），到 2050 年左右才非常被动地并且以比现在大得多的治理代价急剧降下来。这样的发展方式会严重影响中国人的生活质量，也被认为是中国发展没有承担大国责任的情景。实际上，在对外的学术交流中，我们已经多次碰到由此引起的难堪处境。因为按照这样的趋势，到 2050 年中国的二氧化碳排放规模会高达 150 亿～300 亿吨，与世界届时控制排放在 200 亿吨以内的目标，产生严重抵触。应该说，过度依赖传统高碳经济增长的趋势在当前的认识和实践中是存在的。中国提倡发展低碳经济，首要任务就是改变这样的思维模式和发展路径。

2.B 模式的发展路径

B 模式是要求中国承担过度责任而影响正当发展的模式，即要求中国二氧化碳排放规模到 2020 年就达到峰值，要求这个峰值不超过世界人均二氧化碳排放的平均水平，然后一直到 2050 年回落到人均 2 吨左右，即按照中国 15 亿人计算的排放规模是 30 亿吨。这个模式的提法主要来自发达国家的研究者、政府有关部门等。这样的要求没有给予中国必要的发展空间，没有考虑中国当前的生存性碳排放与发达国家的奢侈性排放的本质差异。如果认为这是 21 世纪中国所需要的绿色跨越，那么这样的跨越应该不属于前面所说的低碳经济概念。因为它满足了"低碳"的要求，但是没有满足"发展"的要求。中国推进低碳经济，也需要提防这种跨越发展阶段的不切实际的思想干扰。

3.C 模式

C 模式是既考虑发展权益又承担大国责任的发展路径，这个模式比较符合《联合国气候变化框架公约》倡导的，"共同而有区别的责任"的精神。按照这个模式，中国的二氧化碳排放量从 2005 年开始随着经济高速增长进入大幅增长阶段，到 2020～2030 年间将达到峰值（以人均 GDP 和人类发展指数分别达到满足基本需要的 10 000 美元和 0.85 以上为前提条件）。峰值虽然一定程度上将超过世界的平均值，但是任何时候都要努力控制在低于发达国家的平均值之内。例如，将人均二氧化碳排放的高峰值控制在 6 吨～8 吨之间。这样的发展路线，应该是中国低碳经济情景研究的重点内容。它要求中国在未来 40 年的发展中，不仅需要在能源结构和能源效率等技术方面，而且需要在人口规模和消费方式等社会方面做出系统的思考和安排。对历史人均二氧化碳排放与经济社会发展水平的实证研究已经证明，随着技术的提高和制度的变革，后发国家的现代化是可以在低能源消耗和低二氧化碳排放的基础上实现的。事实上，欧盟、日本与美国等国家的经济增长水平和人类发展水平相同，但是前者比后者有更少的能源消耗和二氧化碳排放，已经证明了实现绿色跨越的可能性。因此，中国采取 C 模式的发展路径不仅是必要的，而且是可行的。关键问题在于，中国未来的发展需要致力于将潜在的优势转化为实际的优势，即将善于学习的社会文化转化为具体的低碳经济发展战略与目标，将政府强大的政治动员能力转化为保障低碳经济的制度化体系，将跨越式建设物质资本的机会转化为建设绿色固定资产的现实行动。

（二）低碳城市评价指标选择

如何评价城市发展是否低碳，必须制定简便可行的评价体系，根据上述模式的论述，分别对应于三种评价指标。根据近几年能源效率增长状况，采用年人均 GDP 增长率的能耗及二氧化碳排放增长率比例系数，即弹性系数来评价中国发展低碳经济的效果，分为三种情景：①A 模式下当前惯性情景；②C 模式下 < 0.50 情景；③未来 B 模式下零情景。

运用弹性系数作为低碳城市的评价指标是基于脱钩理论基础上的现实应用，评价指标的确立，是建立在三种模式运用的基础上。当碳排放增长率与经济发展年增长率保持目前对应性关系时，即为当前保持经济增长的环境代价为经济增长速度的一半作为碳排放增长率，经济增长与碳排放实现了相对脱钩发展，相对脱钩时具体的弹性系数应根据不同城市各自的发展特点，采用情景反推；绝对脱钩发展情景，即经济增长率保持不变，而碳排放增长率为零及其以下，实现了城市发展与碳排放增长的绝对脱钩发展。

低碳城市的评价指标采用弹性系数法进行衡量，评价指标的确立是建立在三种模式运用的基础之上，评价指标的建立使不同城市发展低碳的有效性得到了具体的量化。

第二节　国内低碳城市建设实践

一、北京低碳城市建设实践

（一）北京低碳城市建设背景

北京率先建设低碳城市，是应对气候变化、加快生态文明建设的现实需要，低碳城市建设将催生新的能源革命、新的产业革命和新的生活方式革命。北京还制订了北京中长期低碳发展规划和北京低碳发展路线图，确立今后各发展阶段，推进低碳发展的目标、途径和工作重点，明确一系列重点支持的优先领域和重大项目。同时，加快产业转型和人口转型，强化政府对可持续能源发展的干预力度和统筹能力。

减少碳排放，实现可持续发展，对北京来说，既是挑战，也是机遇。积极发展低碳经济，建设低碳城市，是北京实现可持续发展的内在需求，也是促进北京实现经济增长方式转变的难得机遇。低碳城市发展模式以低消耗、低排放、可持续为特征，通过技术创新、制度创新、产业转型、新能源开发等多种手段，尽可能减少温室气体排放。近年来，北京市在新能源开发、低碳社区建设、碳金融研发、公共交通辐射、建筑节能建造、法律法规制定等多个领域发力，形成了独具特色的发展模式。低碳城市建设初显成效。

（二）北京市低碳城市建设状况

1. 加快利用新能源

新能源又称非常规能源，指刚开始开发利用或正在积极研究、有待推广的能源，如太阳能、地热能、风能、海洋能、生物质能和核聚变能等。具体到北京市，由于自然禀赋和地理位置的限制，海洋能和核聚变能被排除在外；地热能由于分布极少，也不适合大力发展，因此北京市在太阳能、风能和生物质能上做文章，积极打造多元化的能源结构，努力降低化石能源在总能源中的消耗比重。

（1）太阳能

北京市年太阳能日照时数约 2600 小时，属二类资源地区，是北京市资源最丰富的可再生能源品种。此外，科技研发水平和新能源产业制造能力也在全国领先，因此北京市发展太阳能条件已经成熟。2010 年 1 月 5 日，北京市发改委等五部门联合发布《北京市加快太阳能开发利用促进产业发展指导意见》，明确指出北京将从 2010 年开始，重点实施六大"金色阳光"工程，加快太阳能的开发利用，力争成为太阳能研发高端制造和示范中心及一流阳光都市。据估算，到 2012 年，北京市太阳能集热器利用面积达到 700 万平方米，太阳能发电系统达到 70 兆瓦，太阳能产业产值超过 200 亿元。

（2）风能

北京地区唯一的风力发电场—官厅风力发电场，43 台机组已经组装完毕，开始发电，每年向北京提供 1 亿度"绿电"。这仅仅是北京市风力发电迈出的第一步，北京市在风力发电领域具有非常广阔的前景。首先，华北著名的风口就坐落在北京市的康庄地区，年有效发电小时数为 1800 小时以上，可以说风能利用潜力巨大。其次，风力发电设备企业纷纷在延庆安家落户，这里不仅有年产 300 套风机叶片的中材科技风电叶片股份有限公司，生产风电塔柱的北京天最鑫业金属结构制品有限公司，还有生产风电机头的北京中能发电力设备有限公司，形成了风力设备产业集群。

（3）生物质能

生物质能是仅次于煤、石油、天然气并列第四位的能源。生物成长过程中吸收的二氧化碳，在燃烧过程中等量释放出来，符合零温室气体排放原则。北京市首先发展的是生物质燃料，它以零散木材，残留的树枝、树叶以及农田中的废弃物为原材料，通过设备将其打碎、压缩，变"废"为"宝"成为生物质能源。据悉，北京市第一批以林业生产经营废弃物为原料的生物质燃料，在延庆县林业生物质能源基地正式下线，这标志着该市生物质能产业正式进入试生产阶段。

2. 低碳社区

低碳社区是通过能源、资源、交通、用地、建筑等综合手段，来减少社区规划建设和使用管理过程中的温室气体排放；并且在不同的功能社区，人们还可以从居家、办公和休闲等各方面来营造低碳社区的理念。据悉，丰台长辛店要建起一座5平方千米的低碳生态城，区域碳排放低于常规方案的50%，可再生能源占比20%。生态城的碳排放目标主要是通过优化空间布局和丰富能源结构两个方面实现的。

在规划长辛店生态城的空间布局时，考虑到风向的问题，设计了南北走向的主干道。为了减少冬季建筑物的总散热面积，各建筑物之间布局尽量紧凑。这种紧凑的布局还有另外一个好处，就是可以减少机动车使用率，居民借助机动车以外的交通工具也能够满足基本的出行要求。为此，生态城为居民设计了城内独立的公共交通工具，居民最多步行500米，就可以乘坐它，方便地到达生态城的任何地方。

长辛店低碳社区通过采用可再生能源和清洁能源，使能源结构更趋合理。除了常规能源，生态城将大量使用太阳能和地热能，以此来满足部分照明，热水、供暖、制冷等日常生活所需。据估算，生态城中可再生能源的使用比例可以达到20%，因此，低碳社区的规划建成，不仅有利于北京市低碳经济的发展，而且对其他地区也有良好的示范效应。

3. 碳金融

对碳金融（CDM）的定义目前没有一个统一的说法。一般而言，泛指所有服务于减少温室气体排放的金融活动 / 包括直接投融资、碳排放指标交易等。在实践中，由于以下原因，碳金融在我国的发展比较缓慢。首先，对碳金融缺乏认识，企业不了解CDM项目蕴含的巨大价值；金融机构对碳金融交易规则、操作模式等知之甚少。其次，缺乏专业的技术咨询体系，金融机构无法有效识别项目风险和交易风险。再次，作为目前主要交易方式的CDM项目，具有开发周期长、风险因素多、收入不确定等特点，使得很多金融机构处于观望状态。

碳金融发展障碍重重。但是机遇与挑战是并存的，经过不懈的努力和探索，北京市已经开始成为全球重要的碳资产交易中心。2008年8月5日成立的北京环境交易所，是国内首家专业服务于环境权益交易的市场平台，不但促成天平汽车保险股份有限公司成功购买北京奥运会期间"绿色出行碳路行动"产生的8026吨碳减排指标，还联合纽交所集团子公司BLUENEXT交易所联合开发了中国第一个自愿碳减排标准—熊猫标准。

4. 低碳交通

在现代城市，随着机动车保有量的攀升，道路不断拥堵，能源供应日益紧张，城市环境也不断恶化。在城市大力发展低碳经济的同时，交通也是不可忽视的一部分。低碳交通指的是低能耗、低排放、低污染的交通方式，由于它顺应了城市可持续发展的趋势，所以在近几年里发展十分迅速。目前，城市中的低碳交通方式以公交、地铁、轻轨等为主，自行车由于在行驶过程中达到了绝对零排放，成为低碳交通中的重要一员。北京市通过出台相关政策，统筹规划各方面资源，在低碳交通领域形成了独具特色的发展模式：

一是公共交通系统发达。通过近几年的大力建设，一方面，北京市的地面公共交通覆盖全市，逐渐形成了快线网、普线网和支线网互相交织的巨大网络。

二是新能源环保汽车成为"新宠"。2009 年，北京市采购了 1000 辆油电混合动力的节能环保公交车，同时在环卫、出租等公共服务领域开展以混合动力和纯电动汽车为重点的规模示范应用；与此同时，完善配套设施建设，不仅加快建设天然气加气站，扩大天然气汽车应用规模，同时配套建设充电站等相关设施，为电动汽车的广泛使用作铺设。

三是将自行车纳入交通规划。2009 年，北京市正式将自行车纳入全市交通规划，不仅修建自行车专用车道，还规划在重点地区和历史文物保护区中建设自行车交通示范街区；同时完善自行车与公共交通的换乘，在地铁站、公交枢纽等重点地区除了建设自行车停车场，还鼓励发展自行车租赁。

5. 低碳建筑

低碳建筑是指在建筑材料与设备制造、施工建造和建筑物使用的整个生命周期内，减少化石能源的使用，提高能效，降低二氧化碳排放量。目前低碳建筑已逐渐成为国际建筑界的主流趋势。

低碳建筑的实现主要是通过先进的节能理念和节能技术来支撑的。节能理念是指通过提高能源利用效率来降低碳排放量，而节能理念的实现离不开节能技术的开发。低碳建筑的节能技术大体包括外部节能技术和内部节能技术：外部节能技术主要包括建筑外墙、门窗和屋顶的节能技术；内部节能技术则包括屋内采暖、制冷和照明方面的节能技术。

具体来说，外墙节能技术包括内附保温层、外附保温层和火心保温层三种，我国普遍采用火心保温层。门窗节能技术包括中空玻璃、镀膜玻璃、高强度 LOW2E 防火玻璃、采用磁控真空溅射方法镀制含金属银层的玻璃以及最特别的智能玻璃。屋顶节能技术包括太阳能集热屋顶和可控制的通风屋顶等。屋内的采暖和制冷采用地（水）源热泵系统和置换式新风系统，照明则采用节能灯。

耗时 6 年建造的北京电视台新大楼，于 2009 年正式投入使用。它总高达 258 米，总建筑面积约 19.7 万平方米，地下地上共有 44 层，是国内首座超高层纯钢结构建筑。大楼外部为玻璃幕墙，内部采用通透的落地玻璃窗，因此整栋大楼采光良好。大楼的顶部铺上了电动遮阳板。这些遮阳板具有感光性，可随阳光的强度自动调整角度。夏天，遮阳板覆盖楼顶，起到遮阳和降低温度的作用。冬天，遮阳板打开，让阳光照进楼内，提高温度，起到节能的作用。在大楼的内部，通过采用新型采暖和制冷技术，降低能耗。

6. 相关政策法规

制度创新与发展目标的关系是辩证统一的，远大的发展目标决定了要有完善的制度作为支撑，同时制度的不断更新调整能促进远大目标的更好实现。低碳城市的发展模式不仅包括新能源开发、技术创新、产业转型，还包括与之相适应的制度创新。近几年，为了促进城市的可持续发展，北京市认真研究当前形势，出台了一系列行业标准、指导意见和法律规范。

据悉，相关部门正研究制定绿色产业的准入标准，严格控制产能过剩行业新上项目，研究碳排放指标和碳汇生产、计量、交易等相关标准体系；研究制定主要耗能产品和公共建筑能耗限额标准，修订重点耗能单位节能标准，修订居住建筑节能保温工程施工质量验收；完善固定资产投资节能审查制度，探索能效评估机制。

北京市建设低碳城市密集出台了一些法律规范，以指导低碳经济的健康发展。比如，2009 年 6 月 16 日会议通过《城市轨道交通安全运营管理办法》，2009 年 12 月 7 日发布《实施〈中华人民共和国节约能源法〉办法（修订草案）》，2009 年 12 月 23 日公布《绿色北京行动计划（2010 ～ 2012 年（讨论稿）》，2010 年 1 月 1 日正式执行《北京市加快太阳能开发利用促进产业发展指导意见》，2010 年 3 月 1 日施行《北京市绿化条例》，2010 年 3 月 17 日发布《北京市振兴发展新能源产业实施方案》等，这些都将为北京市减缓和适应气候变化、发展低碳经济提供了强有力的支持。

二、保定市低碳城市建设实践

（一）保定市建设低碳城市背景

2008 年，保定市和上海市被世界自然基金会列为"中国低碳城市发展项目"首批两个试点城市。新能源产业及低碳经济发展先进理念和经验的引入、保定市成功经验的国内外推广、保定市新能源产业发展的能力建设三项内容是保定市与世界自然基金会合作的重点。保定市建设了保定国家高新技术产业开发区试点工程，提出"中国电谷·低碳保定"的城市发展目标。保定市新能源产业发展迅猛，已形成完整的产业集群。

在发展可再生能源产业方面，保定已具备了系统的发展思路与产业体系，形成了光电、风电、节电、储电、输变电与电力自动化设备制造六大产业集群。

（二）保定市低碳城市建设状况

城市政府出台鼓励建设低碳城市的相关文件和规划，发布了《保定市人民政府关于建设低碳城市的意见（试行）》《保定市低碳城市发展规划》（制定中）《全面推进节能减排建设低碳保定的决定》《保定市人民政府关于建设保定"太阳能之城"的实施意见》《关于在市区开展"蓝天行动"实施方案》等一系列政府文件和行业发展指导文件，确立城市低碳发展的基调。

1. 充分利用太阳能

打造"太阳能之城"，对市区建筑、园林、交通信号、景区等领域进行太阳能改造建设。完成 102 个主要交通路口的太阳能信号灯应用改造，33 条路段的太阳能路灯和 LED 光源应用改造；159 个小区太阳能光电及光热改造；市属和区属 69 所学校、24 家医疗单位、15 家以上酒店和 67 家市属及区属监管企业的太阳能应用改造。

2. 出台"蓝天行动"方案

行动以"拆锅炉、拔烟囱"为重点，取缔市区内的分散燃煤设施，全面推广集中供热和清洁能源，改善大气环境质量。

3. 鼓励市民选择低碳生活

发布《低碳城市家庭行为手册》，鼓励市民选择更为"低碳"的生活方式。比如，乘坐公共交通工具出行或以步代车，科学合理使用家用电器，推进住房实施节能装修，倡导消费本地产品，减少商品在运输过程中的碳排放。

4. 大力发展新能源

提出打造"中国电谷"的发展目标，发展新能源产业。大力培育可再生能源设备制造业，发展节能节电产业，发展资源再生利用的静脉产业，目前，在保定国家高新技术产业开发区初步形成了光伏发电、风力发电、节电设备制造三大完整产业链。未来 10 年，将保定建成一个国际化的可再生能源与电力设备产业基地。

5. 发展循环经济，推广清洁生产

推进省级循环经济试点建设工作，完善编制循环经济发展规划方案。每年培育和储备一批标准高、示范性强的园区、企业，争取国家、省级资金和政策支持。积极开展资源综合利用，对电力、冶金、有色金属、煤炭、石化、轻工等行业生产废弃物进行管理，提高工业"三废"综合利用率，综合利用各种建筑废弃物及农业废弃物，加快城市污水再生利用设施建设和垃圾资源化利用。

6. 推进科技进步和创新

加快企业技术创新体系建设，实施一批节能减排、可再生能源重大技术和装备产业示范项目，推广节能减排新技术，积极研发可再生能源应用技术。加快技术服务体系建设，进一步完善企业服务支撑体系。加快节能服务和污染治理市场化进程，鼓励排放单位委托专业公司承担污染治理或设施运营。

7. 开展节能减排活动

设立节能减排专项资金，建立企业节能奖励制度。2008 年，安排节能减排各类资金 1500 万元，以后逐年增加，用于节能。

8. 实施能源差别价格制度

完善能源价格机制，实行能源差别价格制度。推行阶梯式水价、超计划超定额用水加价和差别水价。制定城市生活垃圾处理收费政策及标准，严格执行国家二氧化硫排污征收标准，杜绝"协议收费"和"定额收费"。

9. 其他低碳建设活动

城镇实现雨污分流，城乡规划明确区域分工，解决工业不集中、居民区和工厂混杂的问题，探索出一条有步骤、有程序的减少村庄数量、提高城市化率的道路，解决空间格局和社会格局中潜在的巨大浪费环节。在全社会倡导节约型消费理念，培育低碳文化。

第三节　案例总结

一、低碳城市建设实践的构成要素

低碳城市建设虽然在实践上各城市构成和重点有所不同，但在以下几个方面有着共同点：第一，都制定了减排目标；第二，关注人力资源和教育培训；第三，强调低碳发展的经济机遇；第四，通过技术发展减少排放；第五，都制定了分部门的减排目标和具体行动；第六，市政府机构以身作则，优先落实减排行动，起到示范效果；第七，强调行为主体的相互合作和市民日常行为的改变，鼓励不同层面的机构和人员参与。

分析以上城市的低碳城市建设实践，可以看出：城市层面的建设都有相对固定的要素，包括低碳城市整体发展目标、目前各部门碳排放情况、碳减排目标确定、各主要部门（家庭、交通、商业、新开发等）的碳减排目标与行动、通过大型项目推动低碳化发展、转变能源使用结构政策、低碳城市理念宣传教育、实施效果反馈与评估等。归纳起来就是从城市的基本功能入手，通过居住、就业、交通、游憩相关的各部门的碳排放目标和行动计划的制定，达到减少二氧化碳排放和适应气候变化的目的。在此基础上，各城市根据自身城市发展阶段和发展侧重点的不同，结合城市特色分别选择适合城市低碳建设发展路径的行动内容。

二、低碳建设与经济发展

无论是发达国家还是发展中国家，经济发展机遇是低碳城市建设过程中的重要前提，通过发展包括新能源、新服务和新产业等途径积极打造低碳绿色经济，以培育新的经济增长动力，推动城市经济增长。低碳城市行动在经济上的考虑，主要集中在低碳经济发展可能带来的就业岗位、新产业的市场潜力、新技术发展带来的能源效率优化等内容上。

三、低碳建设与建设主体

低碳城市建设与城市生活的各方主体息息相关，低碳城市建设必然会影响到政府、企业和公众，同时低碳城市建设的推进也有赖于政府、企业和公众几方的积极参与和相互合作。

政府在低碳城市发展中应担当"指导员""裁判员"的角色，通过制订明晰的碳减排和气候适应计划，确立城市整体的低碳发展基调。企业是低碳城市建设的重要组成部分，企业最了解城市经济运作，在有效连接低碳发展的供求和需求两端，落实具体的低碳发展解决方案等方面需要企业的积极参与。而公众作为数量最大的参与方，居民生活和消费模式对低碳城市建设起关键作用。通过教育和宣传在公众中形成低碳生活、低碳出行等理念，同时通过产品供应和低碳市场推广等活动，引导公众的消费向低碳模式转变。

四、减排行动与适应行动

低碳城市建设需要同时考虑减排和适应行动。减排行动是从城市建设和城市运行的各个方面，提高能源使用效率、增加清洁能源使用和尽量节省能源，以此减少化石燃料的使用，最终减少城市二氧化碳排放量。减排行动是为了在城市运行结构上根本性地改变二氧化碳形成机制，从源头上控制气候变化。适应行动是在承认当今二氧化碳引起的气候变化不可避免的前提下，通过适应气候变化的基础设施建设以增强居民抵抗气候变化所带来的自然灾害的能力，是城市低碳建设不可或缺的组成部分。

第八章　低碳经济视角下旅游经济研究

第一节　低碳经济视角下旅游开发

一、新形势下旅游产品开发的诱因

（一）低碳经济发展的要求

随着绿色科技、工艺的广泛应用，绿色产品的生产和消费量在逐渐增加，人们的绿色意识逐渐增强。低碳经济的发展已经成为旅游可持续发展的必然选择。提倡低碳旅游、绿色旅游，提倡旅游的精神文化消费、适度的物质消费，尽力做到消费文明化、消费减量化和无害化，提倡合理、健康、有限量的消费行为，努力使旅游消费行为不破坏生态的系统协调，真正实现人类与自然之间的和谐相处，促进节约社会、文明社会的建设。

（二）旅游消费需求转变的要求

随着社会文明程度的提高，人们休闲度假的方式日趋多元化、个性化，已经开始自觉寻求"绿色度假"及清洁生产类的旅游服务项目。低碳旅游是发展低碳经济在旅游中的响应方式，是绿色旅游的具体体现。所以，旅游经营者只有针对大众消费潮流的走向，把握旅游者多元化、个性化的趋势，及时进行旅游产品创新，才能不断刺激消费者产生旅游动机，促进旅游业稳定、可持续发展。

二、低碳旅游产品开发原则

（一）低碳化原则

低碳旅游产品的主题是"低碳"，在旅游活动的过程中尽可能降低二氧化碳的排放量，为旅游者营造低碳旅游吸引物、提供低碳旅游服务、配置低碳旅游设施，倡导低碳旅游消费方式，积极培育低碳旅游体验环境。

（二）体验愉悦性原则

旅游产品的开发应倡导低碳生活理念，引起旅游者共鸣，并通过多种参与性的旅游活动和项目，让游客亲身体验"低碳"，获得更好的旅游体验效果。

（三）协同性原则

旅游是一个集群产业，旅游产品的设计开发应将"低碳"理念渗透到食、住、行、游、娱、购等环节，承担应负的社会责任，既要促进旅游目的地整体发展，又要充分发挥产品的各种功能，带给游客全新的体验。

（四）创新性原则

低碳旅游的发展离不开新科技的支持。因此，旅游产品的开发应及时了解旅游者需求、低碳技术及相关产品的进展，更新旅游项目和设施，不断创新，不断增强旅游产品对游客的持续吸引力。

三、低碳旅游产品开发内容

从供给角度看，旅游产品一般由旅游资源、旅游设施、旅游服务、旅游购物品和旅游便捷性等多种要素构成，其中以旅游资源和旅游服务为核心。因此，低碳旅游产品开发的具体内容，就是挖掘旅游产品各构成要素的低碳内涵，形成一个由低碳设计—低碳生产—低碳消费构成的动态发展体系，如图8-1所示。

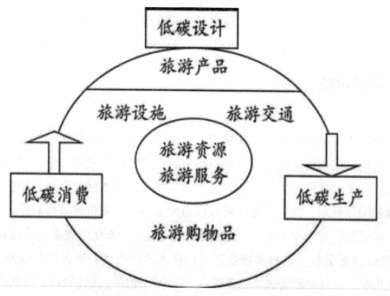

图8-1 低碳旅游产品开发示意图

（一）旅游资源

低碳旅游资源开发要始终坚持"先规划、后开发、重保护、慎开发"，并在不降低旅游质量的前提下，尽可能"多利用，少开发"，进行合理开发与布局，减少对环境的干扰，避免造成资源的过度开发和浪费。在市场调研、精心策划的基础上，制订多套规划方案，选择真正具有地方特色、开发潜力大、环境容量高的资源和产品，进行重点开发。另外，还要在明确生态评估、保护和管理工作重要性的基础上，严格执行环境影响评估制度，加强对生态影响和旅游承载力等方面的评估分析。

（二）旅游服务

1. 旅游服务观念

旅游服务人员要进行服务观念创新。可以定期对员工开展各种形式的环保培训，通过自己的一举一动进行低碳生产、清洁销售，加强环保意识，把低碳经济的理念落实到工作中。

2. 旅游服务项目

开展旅游服务项目要在为游客提供独特体验的同时，保护旅游资源，提高资源利用效率。如坪林低碳旅游景区设计了"碳减量计数器"活动，在游客结束每一次低碳之旅活动之前，导游会引导游客按下活动减碳计数按钮，计算游客所从事的活动与一般旅游模式相比减少的二氧化碳排放量。低碳旅游作为一种可量化的旅游，还可以通过购买绿色电力或植树来进行"碳补偿"。如一次 1200 公里的航空旅行，会产生 166.8kg 的二氧化碳，如要进行碳补偿，则可以种植 2 棵树木。这些活动，不仅对低碳旅游起到了宣传作用，而且达到了传播低碳理念的目的。通过推广清洁项目、绿色项目、生态项目，可以丰富旅游服务项目中以爱护环境、注重环保为核心的绿色文化。

（三）旅游设施

1. 专门设施

旅游企业要实施清洁生产，减少旅游产品生产和服务中的资源使用量，使部分要素得到循环利用，实现污染物排放量的最小化，实现低碳化发展。怡景假日酒店中央空调废热回收、北京新世纪饭店中水回用、青年湖公园雨水回收利用、即墨市厨余垃圾综合处理和循环利用、深圳东部华侨城风力发电站、青青世界垃圾利用、西双版纳热带花卉园环境友好型企业建设等，为旅游的低碳化、生态化发展提供了较好的范例。

（1）低碳旅游餐饮。食材选择应尽量选择本地区食物，选择绿色食品，积极开发地方特色小吃，鼓励旅游者选择自备餐具，尽量不使用一次性餐具。合理设计菜量，向游客宣传低碳的餐饮方式，调整饮食结构，倡导素食。

（2）低碳旅游住宿。应尽量使用当地材料，采用新型节能设备；注重采光设计，减少用电量；注重通风效果设计，减少换气设备的使用。引导客人在睡觉前关闭所有的光源和电源；严格控制生活用品的换洗率，减少一次性用品的使用，鼓励游客尽量自带洗漱用品，并将没用完的香皂、小瓶洗发水等带走继续使用。

（3）低碳旅游娱乐。如旅游娱乐场所可配备一些带有脚踏发电机或手动发电机等装置的器械器材和各种充电电池，让有需要的游客在做运动或进行娱乐活动的同时，补充日常电能的消耗。关于娱乐活动的内容方面，可以设计并开发一些就地取材的、具有较强参与性的游乐活动，或利用当地资源开展一些康体类的娱乐活动。

2. 基础设施

可以实施"预防为主，治理为辅"的清洁生产和环保策略，营造绿色的旅游环境，获得最佳的生态经济效益。如公共厕所就可采用生物发泡智能免冲厕所或其他智能型厕所。全面推行分类环保垃圾箱，并在垃圾箱上注明垃圾的类别名称或印上相应的图案。

（四）旅游购物品

充分利用当地的资源，进行旅游购物品的设计和开发，突出环保性、实用性，包装应简单、无污染。同时，采用前店后坊等方式，使旅游者参与纪念品的设计和制作过程，丰富旅游经历，既能降低资源的消耗和运输成本，也能使当地居民和企业从中获利。

（五）旅游交通

1. 旅游交通线路

旅游区域应处于交通便利之地，尽量减少因交通运输而带来的物质与能源消耗。尽可能将线路由大尺度、线状的传统观光型向小尺度、点状的休闲度假型转变，减少交通工具的使用量，同时，要对道路、线路交通网进行合理的生态设计。

2. 旅游交通工具

汽车交通运输过程中汽油的总能量利用率仅为 0.3% ~ 0.5%。可根据城市地形特点和能源构成情况，积极发展以公共交通系统为核心的大交通，积极推广轻型化、节能化及利用新能源的交通工具，如电瓶车、环保观光小火车等，或者以步代车，减少对大气的污染，突出城市交通的特色。在旅游淡季，旅游车队可以提供对外出租等服务，避免车辆闲置造成的浪费。

发展低碳旅游，一要转变现有旅游模式，倡导公共交通和混合动力汽车、电动车、自行车等低碳或无碳方式，同时也要丰富旅游生活，增加旅游项目；二要扭转奢华之风，强化方便、舒适的功能性，增强文化的品牌性；三要加强旅游智能化发展，提高运行效率，及时、全面引进节能减排技术，降低碳消耗，最终形成全产业链的循环经济模式。新形势下旅游产品的开发和设计，不仅要在过程中体现和贯彻低碳理念，还应在产品创意、技术创新、服务质量管理提升等方面进行积极探索，在满足旅游市场日益多样化的需求的同时，兼顾经济效益、环境效益和社会效益。

第二节　低碳经济背景下我国旅游经济发展模式

在全球化发展视域下，保护环境、降低能耗、绿色可持续发展，成为国际各国经济发展的共识。在此背景下，"低碳经济"一词被广泛地推广及运用，同时旅游产业对环境的负面影响，也逐渐受到人们的关注与重视，人们逐渐意识到旅游产业的发展对生态环境产生较大的影响与压力。因此，我国旅游产业在经济发展进程中，不仅要追求经济效益，也更要注重经济效益与社会效益的协调平衡，将低碳经济引入其中，推动我国旅游产业向低碳经济发展，增强我国旅游产业核心竞争力，从而促进我国旅游产业走可持续发展路径。

一、低碳经济对我国旅游经济发展模式的影响

（一）积极影响

1. 有助于低碳思想的传播

在社会经济发展进程中，促使自然环境承受较大的压力，在此环境下，低碳经济应运而生。而低碳经济思想是我国旅游产业发展的未来趋势，能进一步激发我国旅游产业潜能，推动我国旅游产业向低碳经济可持续发展。而我国旅游产业在低碳经济发展背景下以低碳管理低碳服务、低碳营销、低碳项目体验为主，促进游客进行低碳旅游经济的体验，向游客传递低碳信息，使游客在精神思想层面上认知低碳经济思想，获得低碳经济生活带来的满足感，以此立足于游客自身发展模式，推进低碳经济的广泛传递，使更多的人投入低碳经济发展进程中。

2. 实现我国旅游业态与生态环境的空发展模式

我国旅游业态的经济发展推动了我国整体社会经济的进程，使旅游业态成为我国社会经济发展的有力支撑。但，在我国旅游业态发展呈现良好的态势视域下，对自然生态环境形成了一定的破坏性。例如：开发过程中破坏生态环境、一些游客在旅游观光中随意乱扔垃圾破坏生态环境，而这些问题阻碍我国旅游行业可持续发展。在低碳经济背景下，我国旅游行业践行低碳思想发展理念，能够促进我国旅游业态整体发展

模式及规划模式的革新，使我国旅游业态在尊重自然环境的基础上保护环境，并实现自身项目的合理开发与运用，进而为游客提供多模式的我国旅游生态项目活动。同时，我国旅游业在低碳经济发展进程中以警示牌、广告语为自身低碳发展进行宣传，加强对游客的引领，提升游客的文明性，减少我国旅游业态对生态环境的破坏，实现我国旅游业态与自然环境共发展，这也是我国旅游业态走可持续发展及创新发展的有力路径。

（二）负面影响

1. 增加我国旅游业态的经济输出成本

低碳经济背景下，实质地创新我国旅游业态发展模式，促使我国旅游景区的美化，增强人们我国旅游的体验感。但与此同时，增加了我国旅游业态经济输出的成本。低碳旅游经济发展模式是一个较为长远的旅游业态经济发展趋势，能够为我国旅游业态发展带来长足的经济效益。但其短期投入的资金较大，如果我国旅游业太没有充足的资金流，容易在低碳经济的旅游发展模式过程中陷入资金流困境，影响整个旅游业态的经济发展模式，也不利于我国旅游业态向低碳经济发展，而这一问题，使多数旅游企业在低碳旅游发展模式中持观望态度。

2. 取消高污染、高能耗的旅游项目

低碳经济发展背景下，要求我国旅游业态走绿色环保、低耗能的发展路径。基于我国地大物博，各地景区风俗各异，一些传统的旅游项目虽然是游客们喜闻乐见、乐于参与的项目，但存在高污染、高耗能的环境污染问题，这不利于我国旅游业态向低碳经济方向发展，如烟花表演，该旅游项目表演虽然能吸引较多的游客，但其对环境污染较为严重。因此，我国旅游业态在低碳经济发展过程中，应取消这些高污染、高耗能的传统项目，重视对我国旅游业态的经济发展引领，使旅游业态以更为环保的旅游项目吸引游客，提升自身产业发展模式。

二、低碳经济背景下我国旅游经济发展的新模式

（一）低碳经济为我国旅游产业注入环保元素

我国旅游产业践行低碳经济思想，是以低污染、低能耗为主发展特性，促进游客从中享受低碳旅游带来的效益，不仅推进低碳经济广泛传播，也为我国旅游产业发展注入了绿色、环保元素。在此背景下，对于我国旅游产业发展而言，以低碳经济为主的宣传模式，为游客提供生态环保的自然项目活动，增强游客生态生活的体验感，并将该思想以多营销方式植入游客思想；针对游客而言，出行尽可能选择低耗能的方式，如从以往的自驾出行改为电动大巴等交通方式出行，而通过这些绿色元素环保元

素的融入，我国旅游产业的景区耳目一新，游客从中获取较多的生态旅游项目的体验感。

（二）低碳经济对我国旅游产业注入科技元素

低碳经济背景下，我国旅游业态的发展模式离不开科技技术的融入；同理，我国旅游产业向低碳经济方向发展，也为我国旅游产业注入较多的科技元素，以科技技术为保障，推动我国旅游产业更好地在低碳经济模式中发展。相比较传统的高消耗、高污染的旅游项目和设备设施模式，将先进技术融入其中，导致我国旅游业态所投入的资金成本较高。但如果从长远来看，先进技术运用到我国旅游业态发展模式中，并推入我国旅游产业向低碳经济发展，也能降低环境污染，提升景区的观赏性，从而为我国旅游业态发展注入源源不断的动力与活力，增强我国旅游业态核心竞争力，使我国旅游业态在市场发展中占据一定的份额。

（三）低碳经济为我国旅游产业注入创新发展元素

低碳经济背景下，为我国旅游业态发展注入创新元素，既要推动自身经济发展模式与时代发展契合，也促进这些旅游项目的革新，以此更好地吸引游客，促进游客融入其中。因此，我国旅游产业发展应走创新发展的路径。而将生态经济融入其中，以生态环保理念为发展导向，使我国旅游产业达到创新发展的诉求，从而促进我国旅游景区的市场化生态化共同发展趋势。

三、低碳经济背景下我国旅游经济发展新模式的路径

（一）加强地方政府对我国旅游产业的扶持

低碳经济背景下，政府应在我国旅游产业发展进程中加以引领，以此推动我国旅游产业向低碳经济发展进程。首先，政府应加强低碳经济的宣传力度，立足于地方我国旅游产业发展模式，提升地方我国旅游产业对低碳经济的发展认知度，让地方产业践行低碳经济发展模式。其次，发挥政策引领功效，加强地方我国旅游的低碳经济实践的扶持力度，对我国旅游产业拓宽资金流，使我国旅游产业以足够的经济实力走低碳经济发展路线。例如：加强政策的扶持，针对旅游产业发展模式，拓宽旅游产业的金融融资渠道。最后，地方政府立足于自身产业发展模式，结合我国旅游产业的低碳经济发展模式，加强我国旅游产业低碳经济发展的引领，使我国旅游产业在旅游项目更新中，以生态保护为导向推出地方产业的生态经济发展模式。

（二）树立我国旅游低碳经济发展观念

低碳经济背景下，我国旅游产业的低碳经济发展模式，要树立我国旅游低碳经济发展观念。首先，我国旅游产业要加强低碳经济的宣传力度，不仅提升工作人员对低碳经济的认识，也提高游客的低碳经济认知。其次，优化我国旅游产业管理模式，在旅游产业项目开发中，对景区美观度进行评价，以低碳经济为主开发思想，使旅游产业开发出低污染、低能耗的项目模式。例如：在项目开发中重视人文思想、审美价值的融入，将以往高污染、高能耗的项目转化为环保绿色的模式。最后，我国旅游业态在宣传过程中，应将绿色生态环保的标志牌放在最显眼的位置，引起游客的注意，促进我国旅游产业更好的发展。

（三）创新模式

低碳经济背景下，我国旅游产业向低碳经济发展模式，创新旅游项目是其发展与实践的重点。首先，在创新中，重视文化的挖掘，结合地方文化发展模式，重视文明的打造。例如，以地方文化、民族文化、艺术文化等模式来吸引游客，包含京剧、戏曲等，以项目的活动开展，营造良好的旅游氛围。其次，旅游产业多开发一些体验的表演模式，融入文化信息与思想理念，打造独具特色的我国旅游产业项目模式，以此提升游客的重游率。例如，以地方文化为导向，深入研究真人体验活动，游客置身于情景中，进行相关的实践与思维，并获取最后的通关，提升游客对地方我国旅游产业的体验满意度。

（四）形成低碳我国旅游发展格局

低碳经济背景下，我国旅游产业的发展应形成低碳旅游的格局。基于此，使我国旅游产业更好地在市场发展进程中实践。首先，将低碳旅游发展模式上升到旅游产业的领导层，加强我国旅游产业发展的布局，将低碳旅游思想融入旅游发展过程中的方方面面，以此推动生态我国旅游发展模式的实践实施。其次，在旅游产业发展进程中，推出国际化进程，汲取国际化旅游业态发展的先进思维，立足我国旅游业态的实际发展趋势，形成低碳旅游发展的新格局模式，从而将低碳经济更好地融入旅游产业发展进程中，使旅游业在国际市场中更好地发展，增强我国综合国力。

低碳经济背景下，我国旅游经济发展模式的实践能以低碳经济思想推动旅游产业发展，并立足低碳经济视域分析旅游产业发展不足的问题，使我国旅游产业践行低碳经济发展模式，提升旅游产业经济发展水平，获取更多的市场经济份额。推动旅游产业向低碳经济发展，彰显旅游产业生态保护的价值性。

第三节 低碳经济背景下我国旅游经济的绿色发展

经济全球化背景影响之下，环境问题、生态问题频发，社会产业发展的过程中，对低碳经济、绿色发展有更多的期待，这也是世界人民共同关注的工作。我国在新经济结构影响之下，有转变农业大国经济模式的意向，因此旅游业、服务业的发展获得机遇。针对旅游产业发展所导致的环境问题、生态影响，聚焦社会热点问题，将低碳经济理念合理利用，探讨改善环境，提升旅游业发展实力的有效措施，应用旅游经济绿色发展模式，我国的经济建设、科技发展奠定良好条件，结合实践开展分析探讨如下：

一、现阶段我国旅游产业发展实际

（一）开发建设管理问题，出现环境破坏现象

旅游资源的基础构成是自然资源，还包含人造资源、人文资源等等，其中人造的旅游资源，就涉及前期的旅游项目的开发管理，不同地区的旅游产业发展战略规划不同，因此要实现有效管理难度较大，多数地区会采用盲目开采、开发管理的模式；进行旅游资源开发应用的过程中，开发商所进行的工作有社会效益，但是其核心目标是追求经济利益，因旅游景点的社会效益以及环境效益的影响，开发商对各项工作不够重视，景区建设未能满足实践工作的要求，导致景区人流管控以及垃圾管理阶段的问题，严重影响当地的环境质量。

我国在推进旅游业发展的过程中，确定旅游资源开发以及建设工程，缺乏规划引导是普遍存在的问题。在建设旅游景点的过程中，建设方忽略区域发展特色极为普遍，出现千篇一律的景点，甚至于景区之中的古建筑、道路设置应用的是同一模板。这种情况之下，旅游规划既没有突出地方特色性，也忽略在历史发展阶段，文化背景、历史事件等地方建设发展的影响。经过调查研究表明，进行旅游项目开发建设的过程中，开发商未能做好景区周边居民的安置工作，忽略当地的人文特色以及传统文化发展的需要，也容易引起社会矛盾问题，限制旅游项目后期的开发与管理工作。

（二）游客环保意识不足，导致资源浪费问题

开展旅游活动的过程中，游客是其中的行为主体。伴随着旅游产业规模化发展的要求，游客数量增多，没有足够的环保意识、低碳发展意识，就会对旅游经济绿色发

展带来不良影响。我国推出各类政策，加快社会主义社会建设，实现环境保护、节约应用能源条件的目标。但在这种情形之下，仍然有很多游客会出现破坏环境的行为，影响生态环境质量。最常见的是食物浪费的现象，游客在酒店之中肆意饮食，认为到此处旅游的机会来之不易，一定要将当地的特色美食全部品尝完。这种情形之下，点餐数量过多必然会造成食物浪费的情形。还有部分旅客在旅行过程中，因为住宿、交通的方式不够环保，导致酒店资源浪费，出行不会选择公交、地铁等环保型的交通工具，没有低碳环保的意识。

一些游客进入景区之后，对景区设施的属性一知半解，比方说观赏性的设施一定要用手触摸，或坐在景区的雕塑之上拍照等等，便会破坏设施。景区的绿化带有人为种植也有自然生长的，践踏绿化带或者折花草的现象普遍存在。综合来看游客的环保意识、文明意识不足，会对景区中的自然资源、文化遗产等带来不可挽回损失，这种行为会影响个人道德素质，更会造成对生态环境严重破坏的现象，影响我国的旅游经济绿色发展。

（三）旅游产业开发管理问题，造成高碳排放量

社会产业规划发展的过程中，基础工作仍然是围绕公民衣食住行几个方面的，当然不同的社会生活、工作方面的需求，所造成的碳排放量有所不同，目前在旅游产业之中酒店、饭店、交通等环节是出现高碳排放量的环节。人们旅游意识增强，给交通运输行业的发展奠定基础，这是旅游行业所不能忽略的环节，公路、铁路、航空、水运等交通方式，会因为交通工具频繁使用，而加剧碳排放量，目前，碳排放量最大的是航空以及公路。旅客到达目的地之后，有饮食以及住宿的需求，这一类场所的人口密度较大，频繁的人员流动，对于酒店服务行业来讲，也是不断完善工作的有效途径，提供更优质的服务，会出现自然资源以及能源耗损的问题，导致碳排放量增加。随着人们的生活水平提升，对旅游活动的需求增多，因此酒店、交通行业的碳排放量也是成倍数增长的状态，这种情形之下，难免会影响当地的生态环境质量，限制旅游业的可持续发展。

二、围绕低碳经济发展要求，推进旅游经济绿色发展目标的相关措施

（一）融入绿色发展的相关要素

结合实践研究表明，低碳旅游更注重低污染、低能耗的旅游模式，在景区开发商、

游客管理的过程中，应用低碳环保的发展理念极为关键。景区旅游过程中，控制各个环节的能源耗损问题，有利于实现旅游景区绿色发展的目标。从游客出行方式来看，使用公共交通出行工具较好，如果必要采用自驾的方式，则可以通过电动大巴或拼车的方式，保障交通工具的利用率。

景区管理阶段，要根据绿色环保发展要求，将景区规划建设以及管理指导的工作指标确立，对景区的美观度进行分析，将低碳经济视为旅游景观布局，旅游项目开发的核心思想。突出生态经济发展的要求，将现代化的审美思想与人文精神有效融合，也就是说开发商以及管理者，将低碳经济视为基础，完成产品项目的管理。在景区之中，需要使用低能耗、清洁型的旅游产品，展现项目的低碳环保的特质。

从旅游服务管理工作来看，在景区之内落实低碳经济发展的目标，景区之内使用新能源交通工具，以及污水净化装置，将低碳理念与不同管理工作有效结合，此时能保障低碳经济与绿色旅游的深度结合。后期进行旅游宣传管理工作，管理人员将绿色环保的宣传标语，贴在标识牌、宣传册之中，以警示游客注意自己的行为。将生态要素与之有效结合，将旅游景区的美观度、整洁性提升，构建更加焕然一新的景区，给游客带来优质的旅游体验。

（二）构建低碳旅游格局

旅游产业对地方经济发展有关键影响，这是因为现代人更注重旅游活动的便捷性，希望能在旅游目的地之中，获得餐饮、交通、住宿、手工艺品制造等一条龙的优质服务。当低低碳经济与旅游经济发展目标深入结合，构建以旅游业为基础，实现不同产业以及行业的低碳发展目标。从交通行业发展情况来看，旅游产业要确定景区之中，各种交通设备以及交通设施的新能源设备的应用。通常情况下，较大的景区会提供游客自行车服务，或将电瓶车辅助工作有效落实，最终目的是满足旅游绿色发展需要，使得绿色出行能从旅游景区开始，逐步渗透到当地的交通产业之中。

旅游经济应用绿色发展的理念，推出地方特色性的小吃或食品是基础工作。特色小吃能满足游客感受地方风情、特色的机会，但同时，也要考虑特色小吃的口感，以及能否适应来自全国各地游客的饮食需求。为避免游客出现食物浪费的情形，控制周边自然环境污染的问题，有关的管理部门以及食品加工生产的企业，可以从传统的食品包装工作开始，将绿色、无污染的食品包装应用，包装用荷叶、纸包等等，不仅能将美食的特点展现，后续遗弃食品包装也能有效降低环境污染问题。

有关于工艺品制造以及纪念品加工相关工作，做市场调研发现全国景区都存在纪念品同质化的问题，为突出地方特色性。政府以及相关管理目标，应该鼓励企业或个体商户，将生态经济发展目标确立，应用清洁型、循环型的能源，为工艺加工原材料提供基础，同时突出地方工艺品、纪念品的特色性，避免生产或销售服务等不同阶段的工作不当，造成旅游景区污染的问题。

（三）注重民众的低碳环保意识的引导

游客是享受旅游景区自然风光，以及各类服务的主体。进入景区之后有良好的主观意识，才能实现正确的行为判断。有正确的主观意识必然能完成自我行为的约束，避免环境污染问题的出现。相关的旅游管理部门以及企业单位，需要将低碳经济以及绿色旅游宣传管理工作有效落实，始终坚持绿色发展的理念。做好景区游客思想教育管理，提升游客的环境保护意识。游客在旅游的过程中有文明旅游的意识，观赏风景不破坏绿色植物，观察景观建筑不随意刻画或触摸。

有条件的游客在旅游的过程中，通常会选择自驾游出行的方式。此时旅游管理部门以及管理人员，可以加强低碳环保的教育管理，让游客在规划旅行的过程中，能够将自己的责任意识增强，主动配合各类宣传管理工作，避免游客出现其他的不环保行为，游客的低碳环保意识增强，在低碳经济影响之下，绿色旅游产业的发展目标得以落实。

低碳经济理念影响之下，要实现旅游经济绿色发展的目标，要从游客服务以及管理引导的各个方面入手，在过程中，社会群体以及则政府相关部门，要做好协调合作，经过相互适应、相互监督才能为旅游经济市场的良性发展创造有利条件。因此游客以及管理部门，要提升低碳环保的意识，在低碳经济以及绿色旅游模式影响之下，探索全新的旅游经济发展策略。

参考文献

[1] 陈俊荣. 低碳经济背景下的低碳产业发展之路 [M]. 北京：九州出版社，2016.

[2] 陈秋华，等. 林业应对气候变化与低碳经济系列丛书 森林旅游低碳化研究 [M]. 北京：中国林业出版社，2015.

[3] 单蕊，车俊文，肖贤飞. 低碳经济背景下旅游企业财务管理制度设计 [M]. 济南：山东人民出版社，2018.

[4] 邓志敏. 基于低碳经济视角的区域发展模式研究 [M]. 北京：九州出版社，2018.

[5] 董良泉，童涛. 旅游开发与区域经济发展研究 [M]. 北京：中国商业出版社，2022.

[6] 董小君. 低碳经济与国家战略 [M]. 北京：北京出版社，2018.

[7] 樊森. 低碳经济 [M]. 西安：陕西科学技术出版社，2015.

[8] 何忠伟，陈艳芬，罗红. 低碳经济背景下北京乡村旅游转型升级研究 [M]. 北京：中国农业出版社，2015.

[9] 贺腊梅. 绿色发展背景下旅游经济增长研究 [M]. 成都：四川大学出版社，2022.

[10] 华振. 低碳经济视角下的区域创新体系建设研究 [M]. 黑龙江：黑龙江大学出版社，2017.

[11] 贾林娟，刘辉. 全球低碳经济发展与中国的路径选择 [M]. 合肥：合肥工业大学出版社，2019.

[12] 厉新建. 旅游经济发展十讲 [M]. 北京：旅游教育出版社，2021.

[13] 刘佳杰. 分享经济视角下旅游 P2P 住宿商业模式发展机理研究 [M]. 秦皇岛：燕山大学出版社，2020.

[14] 马海龙. 旅游经济学 [M]. 银川：宁夏人民教育出版社，2020.

[15] 马潇，韩英. 旅游景区开发与区域经济发展 [M]. 太原：山西经济出版社，2022.

[16] 马晓红. 低碳经济形势下的旅游发展策略研究 [M]. 成都：西南财经大学出版社，2019.

[17] 佘曙初.区域文化资源与旅游产业经济协同发展研究 [M].北京：经济日报出版社，2019.

[18] 石德生.低碳旅游产业论 [M].南京：东南大学出版社，2014.

[19] 史姗姗.智慧旅游管理与实践研究 [M].长春：吉林人民出版社，2022.

[20] 苏洁.低碳经济下绿色旅游发展模式及运行机制研究 以贵州省为例[M].北京:中国文史出版社，2016.

[21] 唐娟，温晓琼.低碳经济视角下低碳消费研究 [M].北京：经济日报出版社，2017.

[22] 王慧娴.中国旅游政策的经济效应研究 [M].北京：中国旅游出版社，2019.

[23] 徐大丰.我国低碳经济的发展 [M].上海：复旦大学出版社，2019.

[24] 袁尧清.响应低碳经济的湘西区域旅游产业安全研究 [M].西安：西安交通大学出版社，2016.

[25] 原静.低碳经济与旅游经济发展研究 [M].青岛：中国海洋大学出版社，2019.

[26] 张剑波.低碳经济法律制度研究 [M].北京：中国政法大学出版社，2013.

[27] 张鹏杨，田里.旅游经济增长的低效锁定与路径依赖研究 [M].北京：中国旅游出版社，2020.